Thomas Möbius

Wie interpretiere ich Lyrik? Übungen mit Lösungen

51 Gedichte und ihre Interpretationsaufsätze

Ein epochenbezogenes Kompendium für Lehrer
und ein Übungsbuch für Schüler der Mittel- und Oberstufe

Inhalt

* Gedichte, die für die Mittelstufe besonders geeignet sind

* Gedichte, die für die Mittelstufe besonders geeignet sind

Symbole in diesem Buch

Lesetext

Wichtig

Wissenswertes

Übung

Hinweise zur Benutzung des Buches

Der vorliegende dritte Band der Lyrik-Lernhilfenreihe des Bange Verlags ist nach der theoretischen Annäherung an Lyrik im ersten Band (Matzkowski) und der Anleitung zur Gedichtinterpretation im zweiten Band (Brand) ein an der Praxis der Gedichtinterpretation orientiertes Übungsbuch.

Mehr als 51 Gedichte aus allen in der Schule behandelten literarischen Epochen stellen ein Kompendium möglicher Aufgabenstellungen für Klassenarbeiten dar. Schülerinnen und Schüler haben die Möglichkeit, sich intensiv auf das Unterrichtsthema „Gedichtinterpretation" vorzubereiten oder für bevorstehende Klausuren zu üben.

Die wesentlichen Gedichtformen sind vertreten: Ballade, Minnelied, Erlebnislyrik, Gedankenlyrik, Lied, Liebeslyrik, moderne Lyrik und Sonett. Die jeweiligen Aufgabenstellungen sind typisch für die Klausur über Lyrik: Zumeist wird als erstes eine inhaltliche bzw. gedankliche Analyse verlangt, dann sollen die poetischen Mittel herausgearbeitet werden und schließlich wird das Gedicht in einer zusammenfassenden Gesamtinterpretation gewürdigt.

Der Lösungsvorschlag enthält die verlangten Antworten in Grundzügen. Der Hauptteil ist größtenteils stichwortartig verfasst, während Einleitung und Schluss knapp ausformuliert werden. Dahinter steht die Erfahrung, dass Schülerinnen und Schüler es häufig als schwierig empfinden, den richtigen Ton für den Interpretationsaufsatz „anzustimmen". Außerdem enthält die Einleitung meist noch zusätzliche Informationen, die Schülerinnen und Schülern nicht bekannt sein dürften. Der stichwortartige Hauptteil eignet sich dagegen für einen Vergleich mit den eigenen Ergebnissen der Analyse und der Interpretation besser als ein ausformulierter Text. Darüber hinaus haben die Schülerinnen und Schüler hierbei noch eigenständige Formulierungsarbeit zu leisten, wenn sie einen eigenen Interpretationsaufsatz verfassen wollen.

Für die Arbeit mit diesem Buch empfehlen sich zwei Vorgehensweisen: Ein Weg, der sich am ehesten für die Mittelstufe anbietet, stellt eine induktive Umgangsweise mit dem Buch in den Vordergrund, indem Schülerinnen und Schüler den literarischen Text und sofort anschließend den Lösungsvorschlag lesen. Der Lösungsvorschlag wird konkret am Text nachvollzogen – etwa durch Anstreichungen und Randnotizen, was im Lesebuch der Schule im Normalfall nicht möglich ist. Dann versucht man, vom durchgearbeiteten Text ausgehend, eine Interpretation zu schreiben.

Schülerinnen und Schüler der Mittelstufe können auch an den nicht mit * gekennzeichneten Texten üben, wenn sie sich auf die Erarbeitung einer Inhaltsangabe, die Erarbeitung der Aussage sowie einzelner sprachlicher Mittel beschränken.

Der andere Weg, der sich für die Oberstufe eignet, sieht so aus, dass man sich das Gedicht und die Arbeitsaufgabenstellung durchliest und dann entscheidet, ob man eher die Gesamtaufgabe oder eine Teilaufgabe, z.B. das Erkennen sprachlicher Mittel, üben möchte. Die stichwortartige Bearbeitung der Aufgabe kann auf einem separaten Blatt erfolgen. Beim späteren Vergleich mit dem Lösungsvorschlag sollte man sich die Fehlerquellen genau notieren. Nach der Kontrolle der eigenen Ergebnisse ist es sinnvoll, die vorhandenen Stichworte in der Form eines Aufsatzes zu formulieren; der Deutschlehrer oder die Deutschlehrerin ist sicherlich bereit, sich den Aufsatz durchzulesen.

Über den Charakter eines Übungsbuches für Schülerinnen und Schüler hinaus stellt der Band ein überblicksartiges Kompendium für Unterrichtende dar. Zwar kann die Übernahme vorgefertigter Interpretationsbausteine die eigene Beschäftigung mit dem Text nicht ersetzen, aber Auswahl und Anlage lassen verschiedene Verwendungsmöglichkeiten für Lehrerinnen und Lehrer zu:
- Kurzübersicht über die interpretationsrelevanten Gesichtspunkte eines im Unterricht zu behandelnden Textes;
- Ergänzung der in den jeweiligen Lesebüchern angebotenen Texte;
- Klassenarbeits- oder Klausurtexte mit Lösungsangeboten;
- Präsentation von stichwortartigen Lösungsvorschlägen als Anhaltspunkte für die Erstellung einer zusammenhängenden Interpretation.

Das Buch enthält auch Übungen zum Gedichtvergleich, der von Schülerinnen und Schülern oft als besonders schwierig angesehen wird. Die Anforderungen des Gedichtvergleichs lassen sich folgendermaßen beschreiben: Neben der häufigsten Form des thematischen Vergleichs, der auch die beiden Beispiele im Band angehören, bieten sich als weitere Möglichkeiten an:
- Vergleich zweier thematisch verschiedener Gedichte einer Epoche mit der Aufgabe, epochentypische Merkmale herauszustellen;
- Vergleich zweier Gedichte eines Autors (möglicherweise aus unterschiedlichen Schaffensphasen) mit der Aufgabe, die Behandlung der (möglicherweise) unterschiedlichen Motive darzustellen und zu interpretieren;
- Vergleich von Gedichten vor verschiedenen historischen oder religiös-philosophischen Hintergründen.

Bei der Gestaltungsweise des Interpretationsaufsatzes zum Gedichtvergleich lassen sich grundsätzlich zwei Arten unterscheiden:
- Verfahren der vergleichenden Einzelinterpretation, d.h., beide Gedichte werden zunächst einzeln für sich interpretiert, während der eigentliche Vergleich in der Zusammenschau am Ende erfolgt. Dieses Verfahren lässt sich für den Schreibenden und den Leser leicht nachvollziehen, allerdings besteht die

Gefahr, dass man zwei profunde Einzelinterpretationen verfasst, das vergleichende Moment dagegen vernachlässigt.
- Verfahren der Interpretation nach Einzelaspekten, d.h., die Gemeinsamkeiten und Unterschiede in jeweils einem thematischen oder sprachlichen Vergleichspunkt werden herausgearbeitet. Dieses Verfahren hat den Vorteil, dass der Vergleich deutlich und nachvollziehbar wird. Allerdings besteht der Nachteil, dass die Gesamtinterpretation unter Umständen zerstückelt wirkt.

In jedes Kapitel führen grundlegende Informationen über die jeweilige Epoche ein. Eine Liste motivgleicher Gedichte, die sich für den Gedichtvergleich eignen, ein umfangreiches Glossar zu den Grundbegriffen der Poetik und ein ausführliches Stichwortverzeichnis machen das vorliegende Buch zu einem nützlichen und kompetenten Nachschlagewerk für alle Fragen in Sachen Lyrik.

Stichwortverzeichnis

1 Mittelalter (750-1500)

Inhaltliche Merkmale	Hauptvertreter und Werke	Formale Merkmale
zunächst lateinisch-deutsche Glossare, dann geistliche Literatur; Kreuzzugsdichtung, literarische Verarbeitung der Ideale der ritterlichen Gesellschaft *(êre, mâze, zuht);* Idealisierung der höfischen Dame in Minneliedern	Malbergische Glossen (750); Abrogans (764/72); Hartmann v. Aue (1168-1220): *Erec, Iwein;* Wolfram von Eschenbach (1170-1220): *Parzival;* Walther von der Vogelweide (1170-1230): Lyrik	Ritterliche Literatur wie z.B. Minnelyrik und Heldenepos; Politische Spruchdichtung; Passionsspiele

1.1 Unbekannter Dichter

Du bist mîn

Arbeitsaufgabe: Interpretieren Sie das folgende Gedicht.

Unbekannter Dichter
Du bist mîn

Dû bist mîn, ich bin dîn:
des solt dû gewis sîn.

Dû bist beslozzen
in mînem herzen:

Verlorn ist daz slüzzelîn:
dû muost immer drinne sîn.

Lösungsvorschlag

Gliederung des Aufsatzes

A. Einleitung: Informationen zum Gedicht

B. Hauptteil: Interpretation
I. Inhalt, Aussage, Form
1. Inhalt
2. Aussage
3. Form
II. Liebesthematik

C. Schluss: Literarhistorische Einordnung

Stichwortartige Ausarbeitung des Aufsatzes

A. Einleitung: Gedicht als Abschluss eines lateinischen Liebesbriefes aus dem 12. Jh. überliefert, steht am Anfang von Karl Lachmanns berühmter Ausgabe *Des Minnesangs Frühling*. Verfasser unbekannt, Thema deutlich: Es geht um Liebe.

B. Hauptteil: Interpretation

I. Inhalt, Aussage, Form

1. Inhalt

Lyrisches Ich versichert der angesprochenen Person, dass beide zueinander gehören, dass die angesprochene Person gar im Herzen des lyrisch Ichs eingeschlossen sei. Sie muss für immer in diesem Herzen bleiben, da der Schlüssel verloren gegangen ist.

2. Aussage

Liebe nicht als kurz andauernder Affekt, sondern als ewig dauernde Gewissheit.

3. Form

Einfaches Gedicht, drei aneinandergereihte Verspaare, unreiner Reim (z.B. V.2f.), schmuckloser Ausdruck, knapper, parataktischer Stil. Symbol des Herzens als Sitz des Gefühls. Optische Anordnung: Verse, in denen mitgeteilt wird, dass die angesprochene Person im Herzen eingeschlossen ist, werden „eingeschlossen" von V.1f. und V.3f., symmetrisches Bauprinzip. Aufbau spiegelt Aussage wider.

II. Liebesthematik

Liebe als ewiges Zueinandergehören, das sich nicht mehr lösen lässt; das Sich-Binden und Sich-Schenken als Akt der Hingabe, der auch der Versicherung bedarf (vgl. V.2); kein Sexus, primär Eros.

C. Schluss: Als Liebesgedicht von der Minnethematik mit ihrem Dienstgedanken noch weit entfernt, auch formal entspricht es nicht dem Aufbau eines Minneliedes; inhaltlich aber: das Ideal der lebenslangen Liebe. Idealisierung auch als Merkmal der Minnelieder: Überhöhung der Frau.

Walther von der Vogelweide

Walther von der Vogelweide wird um 1170 vermutlich in Österreich geboren. 1198 verlässt er Wien und geht an den Hof Philipps von Schwaben. In den folgenden Jahren dient er an verschiedenen Höfen, z.B. bei Hermann von Thüringen, Dietrich von Meißen, Otto IV., Freidrich II., von dem er ein Lehen erhält. 1228 wird als sein Todesjahr angesehen.
Walther von der Vogelweide ist einer der bedeutendsten Dichter des Mittelalters. Sein Werk umfasst Minnelieder und politische Lyrik.

1.2 Walther von der Vogelweide

Ich saz ûf eime steine

Arbeitsaufgabe: Fassen Sie den Inhalt des folgenden Gedichts zusammen und erarbeiten Sie seine Aussage.

Walther von der Vogelweide (1168-1228)
Ich saz ûf eime steine

Ich saz ûf eime steine,
und dahte bein mit beine:
dar ûf satzt ich den ellenbogen:
ich hete in mîne hant gesmogen
daz kinne und ein mîn wange.
dô dâhte ich mir vil ange,
wie man zer welte solte leben:
deheinen rât kond ich gegeben,
wie man driu dinc erwurbe,
der keines niht verdurbe.
diu zwei sint êre und varnde guot,
daz dicke ein ander schaden tuot:
daz dritte ist gotes hulde,
der zweier übergulde.
die wolte ich gerne in einen schrîn.
jâ leider desn mac niht gesîn,
daz guot und weltlich êre
und gotes hulde mêre
zesamene in ein herze komen.
stîg unde wege sint in benomen:
untriuwe ist in der sâze,
gewalt vert ûf der strâze:
fride unde reht sint sêre wunt.
diu driu enhabent geleites niht, diu zwei enwerden ê gesunt.

Lösungsvorschlag

Gliederung des Aufsatzes

A. Einleitung: Vorstellung des Dichters, Thema des Gedichts

B. Hauptteil: Interpretation
I. Inhalt
II. Aussage

C. Schluss: Historischer Kontext

Stichwortartige Ausarbeitung des Aufsatzes

A. Einleitung: Walther (1170-1230) behandelt in seinen Minneliedern die Ideale der ritterlichen Gesellschaft wie *êre, mâze* und *zuht.* Daneben hat er sich in seiner Spruchdichtung auch der historischen Wirklichkeit zugewandt: Waren politische Schriften bis dahin nur in lateinischer Sprache verfasst worden, so ist Walther der erste politische Dichter, der in der deutschen Sprache schreibt. In seinem Gedicht *Ich saz ûf eime steine* reflektiert er die politische Situation im Deutschen Reich zwischen 1197 und 1200.

B. Hauptteil: Interpretation

I. Inhalt

V.1-5: Körperhaltung – der Sprecher sitzt mit übereinander geschlagenen Beinen auf einem Stein, er stützt den Ellenbogen auf ein Bein und schmiegt Kinn und Wange in seine Hand.

V.6-10: Der Sprecher denkt in dieser Körperhaltung darüber nach, wie man leben sollte. Er zeigt sich ratlos in Anbetracht der Frage, wie man drei Dinge besitzen kann, ohne dass diese sich einander Schaden zufügen.

V.11-14: Ansehen und Besitz schaden einander, Gottes Gnade ist das höchste Gut.

V.15-19: Obwohl er alle drei zusammen bringen möchte, ist es nicht möglich, dass sie in einem Herzen vereint werden.

V.20-24: Alle Wege ins Herz sind ihnen versperrt, weil Falschheit, Gewalt, Fried- und Rechtlosigkeit regieren. Bevor nicht Friede und Recht wiederhergestellt sind, werden Besitz, Ansehen und Gottes Gnade nicht vereint.

II. Aussage

Klage darüber, dass an gesellschaftliches Ansehen, Besitz und Gottes Gnade nicht zu denken ist, weil das Recht durch die Friedlosigkeit im Deutschen Reich außer Kraft gesetzt ist. Das Gedicht spiegelt die innenpolitische Situation nach 1197 wider: Nach dem Tod Heinrichs VI. ist der staufische Erbe noch nicht regierungsfähig; die Welfen beanspruchen den Thron. Es kommt zu Auseinandersetzungen um die Macht im Reich.

C. Schluss: In den weiteren Reichssprüchen wird deutlich, dass Walther das fehlende Oberhaupt der deutschen Nation als den Grund für die fehlende Ordnung ansieht. In der konkreten Situation ruft Walther zur Wahl des Staufers Philipp auf. Nach der Ermordung Philipps im Jahre 1208 wendet sich Walther dem

Welfen Otto IV. zu, nach dessen Vertreibung dem neuen Stauferkaiser Friedrich II., der von 1212-1250 regiert. Sein Opportunismus gründet sich letztlich in der Vorstellung vom *imperium*, in dem er das Römische Reich im Deutschen Reich fortgesetzt sieht. Dieses Heilige Römische Reich Deutscher Nation benötigt nach Walthers Meinung einen starken Herrscher, der die Durchsetzung von Recht und Gesetz und damit die Wiederherstellung der im Gedicht beschriebenen Werte garantiert.

1.3 Albrecht von Johansdorf

Ich vant âne huote

Arbeitsaufgabe: Entwickeln Sie eine ausführliche Inhaltsangabe des Gedichtes. Arbeiten Sie dabei das Verhältnis des lyrischen Ichs und der angesprochenen *frouwe* heraus.

Albrecht von Johansdorf

Albrecht von Johansdorf ist einer der bedeutendsten Minnesänger und gehört zwischen 1180 und 1209 zum Hof des Bischofs von Passau.

Albrecht von Johansdorf (zw. 1172 und 1209 urkundlich bezeugt)

Ich vant âne huote

Ich vant âne huote
die vil minneclîchen eine stân.
sâ dô sprach diu guote,
„waz welt ir sô eine her gegân?"
„frouwe, ez ist alsô geschehen."
„saget, war umbe sît ir her? des sult ir mir verjehen."
„Minen senden kumber
klage ich iu, vil liebe frouwe mîn"
„wê, waz saget ir tumber?
ir mugt iuwer klage wol lâzen sîn."
„frouwe, ichn mac ir niht enbern!"
„sô wil ich in tûsent jâren niemer iuch gewern."
„Ich bin ouch vil staete,
ob ir ruochet mir der wârheit jehen."
„volget mîner raete,
lât die bete diu niemer mac geschehen."
„sol ich alsô sîn gewert?"
„got der wer iuch anderswâ des ir an mich dâ gert."
„Sol mich dan mîn singen
und mîn dienest gegen iu niht vervân?"
„iu sol wol gelingen:
âne lôn sô sult ir niht bestân."
„wie meinet ir daz, frouwe guot?"
„daz ir deste werder sît und dâ bî hôchgemuot."

Lösungsvorschlag

Gliederung des Aufsatzes

A. Einleitung: Vorstellung des Dichters, Thema des Gedichts

B. Hauptteil: Interpretation
I. Inhalt
II. Einordnung als Minnelied
1. Form
2. Verhältnis lyrisches Ich – *frouwe*

C. Schluss: Vergleich mit spätem Minnelied

Stichwortartige Ausarbeitung des Aufsatzes

A. Einleitung: Albrecht von Johansdorf als einer der bedeutendsten Minnesänger, der zwischen 1172 und 1209, also in der Blütezeit des Minnesangs, lebt; Thema des vorliegenden Dialoggedichtes ist die Minne und insbesondere der Lohn für diesen Dienst.

B. Hauptteil: Interpretation

I. Inhalt
Lyrisches Ich trifft seine Minnedame, die liebenswerteste Frau der Welt, ohne bewachende Begleitung an. Sie fragt, warum der Sprecher so verbittert aussehe; er solle ihr sagen, warum er zu ihr gekommen ist. Daraufhin klagt er ihr seine tiefe Traurigkeit. Die Dame fordert ihn auf, diese Klage zu unterlassen. Dazu sei er nicht fähig, meint der Sprecher, was auf die entschiedene Ablehnung durch die *frouwe* stößt. Er sei beständig, versichert ihr der Minnesänger, wenn sie ihm nur die Wahrheit sagen wolle. Die Frau meint, er solle ihrem Rat folgen und die Wünsche nicht Wirklichkeit werden lassen. Das lyrische Ich fragt, ob sein Minnedienst nicht belohnt werde. Die Dame hält dagegen, dass er durch den Dienst Sittlichkeit und Hochgestimmtheit erfahre.

II. Einordnung als Minnelied
1. Form
Nicht die klassische Form des Minneliedes mit Achtzeilern, die in Auf- und Abgesang eingeteilt werden und jeweils vierhebige Kreuzreime aufweisen; hier: vierstrophige Schweifreime mir Kreuzreim und Paareim; wechselnde Hebungszahl. Von der traditionellen Aufteilung in Lob der Herrin, Hinweis auf den geleisteten Dienst, Wunsch nach Anerkennung, Klage, Nachdenken über Gründe für die Nichterhörung, meist neuer Lobpreis sind noch übrig: Lob der Herrin, Klage über ausbleibende Erhörung, Lohn/Lobpreis.

2. Verhältnis lyrisches Ich – frouwe

Minne als Beziehung zwischen Dame und Minnesänger; das Verhältnis bleibt unerfüllt, sexuelle Andeutungen bzw. auf eine mögliche Eheschließung hinweisende Gedanken finden sich nicht; Lohn besteht in der Freude am Dienst (V.20); zentrale Begriffe der hochhöfischen Minnelieder: Dienst (V.20), *hôchgemuot* (V.24), *lôn* (V.22) *staete* (V.13); *hôchgemuot* (V.24) meint dabei eine den ganzen Menschen bestimmende optimistische Welteinstellung, die als Entschädigung, als *lôn* (V.22), aufzufassen ist, *staete* (V.13) weist auf die Beständigkeit und die Treue hin. Von der Dame wird nicht erwartet, dass sie den Minnesänger erhört; ihre Funktion besteht darin, ein entrücktes Objekt für das dichterische Schaffen darzustellen, eine wirkliche Beziehung, die auf Gegenseitigkeit und Gleichheit aufgebaut ist, wird gar nicht angestrebt.

C. Schluss: Der Vergleich mit einem späten Minnelied, z.B. Neidharts *Uf dem Berge und in dem tal*, macht die besondere Minnekonzeption der hochhöfischen Zeit deutlich: Szene spielt im einsetzenden Frühling, die Natur beginnt zu blühen und auch die Menschen „erwachen" zu neuem Leben. Einer alten Frau erwächst so viel Energie, dass sie sich – so wird es angedeutet – im Konkurrenzkampf um einen Mann gegen die jüngeren Frauen durchsetzen kann. Keine Idealisierung der *frouwe* mehr wie noch bei Albrecht. Der körperliche, der sexuelle Gesichtspunkt steht im Vordergrund. Der *hohe muot*, den der Minnedienst in der klassischen Literatur mit sich bringt, wird nicht einmal mehr erwähnt.

Neidhart von Reuental (1180-1250)

Uf dem berge und in dem tal

Ûf dem berge und in dem tal
hebt sich aber der vogele schal,
hiure als ê
gruonet klê.
rûme ez, winter, dû tuost wê!

Die boume, die dâ stuonden grîs,
die habent alle ir niuwez rîs
vogele vol:
daz tuot wol.
dâ von nimt der meie den zol.

Ein altiu mit dem tôde vaht
beide tac und ouch die naht.
diu spranc sider
als ein wider
und stiez die jungen alle nider.

Neidhard von Reuental

Neidhart von Reuental wird um 1180 geboren. Sein Zuname *riuwental* (Trauertal) ist aus seiner Lyrik abgeleitet. Er lebt am Hofe Ottos II. von Bayern und nimmt vermutlich an der Kreuzfahrt Friedrichs von Österreich (1217-1219) teil. Neidhart ist schließlich in Lengenbach ansässig und stirbt um 1250.
Neidhart gehört der Spätphase des Minnesangs an, seine Lieder brechen das Minneideal auf ironische Weise. Seine Werke sind reich überliefert, besonders im Mittelalter wird er viel gelesen, es werden Neidhart-Spiele veranstaltet.

2 Renaissance und Reformation (1470-1600)

Inhaltliche Merkmale	Hauptvertreter und Werke	Formale Merkmale
Niedergang des Rittertums und Aufkommen des bürgerlichen Standes; mittelhochdeutsche Sprache verschwunden, aus der sächsischen Kanzleisprache entwickelt sich das Neuhochdeutsche (Luthers Bibelübersetzung); Ideal höchster individueller Persönlichkeitsentfaltung nach antikem Vorbild; humanistische Ideale	Hans Sachs (1494-1576): Meisterlieder, Fastnachtsspiele; Volksbücher: *Till Eulenspiegel, Faust;* Martin Luther (1483-1546): Bibelübersetzung; Sebastian Brant (1458-1521): *Narrenschiff*	Fastnachtsspiel; Schwank; Fabel; Bibelübersetzung, Reformationsschriften; Volksbuch

2.1 Martin Luther

Der XLVI. Psalm. Deus noster refugium et virtus *

Arbeitsaufgabe: Fassen Sie den Inhalt des Gedichtes zusammen und formulieren Sie einen Interpretationsansatz.

Martin Luther (1483-1546)
Der XLVI. Psalm. Deus noster refugium et virtus[1]

[1]Gott ist unsere Zuversicht und Stärke.

Ein feste burg ist unser Gott,
Ein gute wehr und waffen.
Er hilfft uns frey aus aller not,
die uns jtzt hat betroffen.
Der alt böse feind
mit ernst ers jtzt meint,
gros macht und viel list
sein grausam rüstung ist,

auff erd ist nicht seins gleichen.
Mit unser macht ist nichts getan,
wir sind gar bald verloren,
Es streit für uns der rechte man,
den Gott hat selbs erkoren.
Fragstu wer der ist?
Er heist Jhesu Christ,
der Herr Zebaoth,
Und ist kein ander Gott,
das felt mus er behalten.

Und wenn die welt voll Teuffel wer
und wolt uns gar verschlingen,
So fürchten wir uns nicht so sehr,
Es sol uns doch gelingen.
Der Fürst dieser welt,
wie saur er sich stelt,
thut er uns doch nicht,
das macht er ist gericht,
Ein wörtlein kan jn fellen.

Das wort sie sollen lassen stan
und kein danck dazu haben,
Er ist bey uns wol auff dem plan
mit seinem geist und gaben.
Nemen sie den leib,
gut, ehr, kind und weib,
las faren dahin,
sie habens kein gewin,
das reich mus uns doch bleiben.

Lösungsvorschlag

Gliederung des Aufsatzes

A. Einleitung: Vorstellung des Dichters, Thema des Gedichts

B. Hauptteil: Interpretation
- I. Inhalt und Aussage
  - 1. Inhalt
  - 2. Aussage
- II. Interpretationsansatz

C. Schluss: Literarhistorische Einordnung

Martin Luther

Martin Luther wird 1483 in Eisleben geboren. 1505 tritt er in das dortige Augustinerkloster ein. Nach dem Studium der Theologie wird er 1512 Universitätsprofessor in Leipzig. Die Veröffentlichung seiner 95 Thesen im Jahre 1517 begründet seinen Konflikt mit der römischen Amtskirche. In zahlreichen Flugschriften (*Die babylonische Gefangenschaft der Kirche, Von der Freiheit eines Christenmenschen*) stellt er seine Vorstellungen einer reformierten Kirche dar. Seine Schriften sind zugleich eine wichtige Station auf dem Weg zu einer deutschen Einheitssprache (Bibelübersetzung aus dem Hebräischen bzw. Griechischen ins Deutsche). Luther stirbt 1546 in Eisleben.

Stichwortartige Ausarbeitung des Aufsatzes

A. Einleitung: Martin Luther als Theologe, vor allem Reformator, der sich gegen den Ablasshandel der katholischen Kirche wendet, woraus die reformierte Kirche erwächst. Erlösung kann man sich seiner Vorstellung nach nicht mit Geld erkaufen, sondern nur durch den Glauben und die Gnade Gottes erlangen. Jesus Christus steht im Mittelpunkt und der Glaube an ihn. In dem Kirchenlied über den 46. Psalm wird die religiöse Überzeugung ausgedrückt, dass mit dem Glauben an Gott alle Gefahren der dieseitigen und jenseitigen Welt überwindbar sind.

B. Hauptteil: Interpretation

I. Inhalt und Aussage

1. Inhalt

Strophe 1: Gott schützt den Menschen vor Anfeindungen, er hilft ihm aus Notlagen heraus. Der Widersacher Gottes, der Teufel, hat den Kampf mit allem Ernst begonnen, er bedient sich der List und hat eine große Macht auf der Erde.

Strophe 2: Nur mit Menschenmacht könnte man nichts gegen den Teufel ausrichten. Gott selbst hat mit Jesus Christus den ausgewählt, der für die Menschen in den Kampf zieht.

Strophe 3: Selbst wenn die Welt nur von Teufeln bevölkert wäre, so bliebe der Gläubige doch zuversichtlich. Diese Zuversicht gründet sich auf Gott, der den Teufel, den Fürsten der Welt, besiegt. Der Teufel kann durch ein einziges Wort besiegt werden.

Strophe 4: Der Gläubige hat sein Leben auf Gott hin ausgerichtet. Selbst wenn Leben, Ansehen, Familie weggenommen würden, also alles, was den Menschen in dieser Welt wertvoll ist, so gäbe er es doch gerne auf, weil er in der Zuversicht auf die Teilnahme am Reich Gottes lebt.

2. Aussage

Dem Menschen, der sein Leben auf Gott gründet, kann der Verlust der Werte, die in der Welt gelten, nichts anhaben. Er ist sicher in Gott und Jesus Christus geborgen.

II. Interpretationsansatz

Von dieser Sicherheit in der Glaubensüberzeugung sprechen auch andere Bibelstellen. Im Neuen Testament z.B. Römer 8,31: *Ist Gott für uns, wer kann wider uns sein? Der auch seinen eigenen Sohn nicht verschont hat, sondern hat ihn für uns alle dahingegeben - wie sollte er uns nicht alles schenken?*

Gottesreichvorstellung: Dort, wo Gebote eingehalten werden, vor allem das Doppelgebot der Liebe *(Du sollst Gott lieben und deinen Nächsten wie dich selbst)*, da ist das Gottesreich schon auf Erden greifbar.

C. Schluss: Tiefe Glaubensüberzeugung kommt zum Ausdruck, nicht mit theologischen Gedanken überfrachtet, bei Johann Hess reformatorisches Gedankengut. Die Glaubensgewissheit erinnert an die Barockzeit, in der der Dualismus Welt/Gottesreich auch deutlich wird. Bei Luther liegt Betonung nicht so sehr auf der Vergänglichkeit oder der Nichtigkeit, als vielmehr auf der Bedeutung, die Gott für den einzelnen Menschen hat.

2.2 Johann Hess

O Welt, ich muß dich lassen

Arbeitsaufgabe: Fassen Sie den Inhalt des folgenden Gedichtes zusammen und beschreiben Sie die Situation, in der sich das lyrische Ich befindet.

Johann Hess (1490-1547)
O Welt, ich muß dich lassen

O Welt, ich muß dich lassen,
Ich fahr dahin mein Straßen
Ins ewig Vaterland,
Mein Geist will ich aufgeben,
Darzu mein Leib und Leben
Setzen gnädig in Gottes Hand.

Mein Zeit ist nun vollendet,
Der Tod das Leben schändet,
Sterben ist mein Gewinn:
Kein Bleiben ist auf Erden,
Das Ewig muß mir werden,
Mit Fried und Freud ich fahr dahin.

Ob mich gleich hat betrogen
Die Welt, von Gott abzogen
Durch Schand und Büberei,
Will ich doch nicht verzagen,
Sonder mit Glauben sagen,
Daß mir mein Sünd vergeben sei.

Auf Gott steht mein Vertrauen,
Sein Angsicht will ich schauen
Wahrlich durch Jesum Christ,
Der für mich ist gestorben,

Johann Hess

Johann Hess wird 1490 in Nürnberg geboren. Nach dem Studium der Theologie prägt er als Pfarrer in Breslau den schlesischen Protestantismus. Er stirbt dort 1547.

Des Vaters Huld erworben,
Mein Mittler er auch worden ist.

Die Sünd mag mir nit schaden,
Erlöst bin ich aus Gnaden,
Umbsonst, durch Christi Blut.
Kein Werk kumpt mir zu frummen,
So ich will zu ihm kommen
Allein der christlich Glauben gut.

Ich bin ein unnütz Knechte,
Mein Tun ist viel zu schlechte,
Denn daß ich ihm bezahl
Darmit das ewig Leben,
Umbsonst will er mirs geben
Und nit nach meim Verdienst und Wahl.

Drauf will ich fröhlich sterben,
Das Himmelreich erwerben,
Wie er mirs hat bereit.
Hier mag ich nit mehr bleiben,
Der Tod tut mich vertreiben,
Mein Seel sich von meim Leibe scheidt.

Damit fahr ich von hinnen.
O Welt, tu dich besinnen,
Wann du mußt auch hernach.
Tu dich zu Gott bekehren
Und von ihm Gnad begehren,
Im Glauben sei du auch nit schwach.

Die Zeit ist schon verhanden,
Hör auf von Sünd und Schanden
Und richt dich auf die Bahn
Mit Beten und mit Wachen,
Sonst all irdische Sachen
Sollt du gütiglich fahren lan.

Das schenk ich dir am Ende,
Ade, zu Gott dich wende!
Zu ihm steht auch mein Bgehr.
Hüt dich vor Pein und Schmerzen,
Nimb mein Abschied zu Herzen,
Meins Bleibens ist jetzt hie nit mehr.

Lösungsvorschlag

Gliederung des Aufsatzes

A. Einleitung: Titel, Dichter, Thema

B. Hauptteil: Interpretation
I. Inhalt
II. Situation des lyrischen Ichs

C. Schluss: Literarhistorische Einordnung

Stichwortartige Ausarbeitung des Aufsatzes

A. Einleitung: Johann Hess hat sein Gedicht *O Welt, ich muß dich lassen* in der Epoche der Renaissance und der Reformation geschrieben. Das lyrische Ich seines Gedichtes macht sich in zehn Strophen Gedanken über den Tod und das ewige Leben.

B. Hauptteil: Interpretation

I. Inhalt

Das Gedicht beginnt mit dem Abschied des lyrischen Ichs von der Welt. Es steht kurz vor dem Ableben und legt Leib und Leben in die Hand Gottes. In der zweiten Strophe wird der Abschiedsgedanke nochmals aufgegriffen; der Abschied geschieht angesichts des erwarteten ewigen Lebens in Freude und in Frieden. In der dritten Strophe wird auf den schlechten Einfluss verwiesen, den die Welt hat. Sie habe versucht, das lyrische Ich vom Glauben an Gott abzubringen. Der Versuch kann das lyrische Ich nicht von der Gewissheit entfernen, dass ihm die Sündenvergebung zuteil wird. Durch Jesus Christus erlangt es diese Vergebung, wie in der vierten Strophe erkennbar wird. Die fünfte Strophe hebt hervor, dass die Erlösung allein aus dem Glauben und nicht aus den guten Werken kommt. Die sechste Strophe begründet diese Vorstellung damit, dass das menschliche Tun viel zu schlecht sei, als dass damit ein so hohes Gut wie das ewige Leben „erkauft" werden könnte. Die Gnade Gottes erfährt das lyrische Ich ohne jede Vorleistung. Mit dieser Gewissheit stirbt es fröhlich, wie es in der siebten Strophe deutlich macht. Die achte Strophe beinhaltet eine Aufforderung an die Menschen, sich zu Gott zu bekehren. Sich von sündhaftem Handeln entfernen, Beten und der Verzicht auf irdische Güter sind Verhaltensweisen, die das lyrische Ich in der vorletzten Strophe empfiehlt. In der letzten Strophe bezeichnet es seine Worte als Vermächtnis und verabschiedet sich.

II. Situation des lyrischen Ichs

Todessituation, nicht verzweifelt, sondern in der Gottesgewissheit aufgehoben, daher kann es sich sogar freuen; religiöser Trost, Opfertat Christi überwiegt jedes Werk, allein durch den christlichen Glauben kommt es zu ihm; auch Appell an die Nachwelt, von gottlosem Treiben abzulassen und sich zu bekehren; Grund für Lebensende nicht gesagt, angesichts der Glaubensüberzeugung auch unwichtig.

C. Schluss: Nichtigkeit der irdischen Güter verbindet mit Barock, aber vor allem ist der Glaube an das Umsonst der göttlichen Gnade reformatorischer Art, *sola fide et gratia* lautet die Erkenntnis Martin Luthers, nicht durch Werke, mögen sie auch noch so gut sein, kann der Mensch ein so hohes Gut wie das ewige Leben erlangen, sondern nur durch den Glauben und die Gnade Gottes; Gedicht als reformatorisches Glaubensbekenntnis.

3 Barock (1600-1720)

Inhaltliche Merkmale

Kriegserfahrung prägt antithetische Grundstimmung zwischen *carpe diem* (Genuss- und Lebensgier) und der Orientierung an ewigen Werten;
Vergänglichkeit alles Irdischen (*vanitas*-Gedanke);
Entstehung einer einheitlichen deutschen Schriftsprache;
Übertreibung und Schwulst;
Satire (z.B. Grimmelshausen) als Mittel zur Auseinandersetzung mit der Realität

Hauptvertreter und Werke

Andreas Gryphius (1616-1664): Sonette;
Martin Opitz (1597-1639): *Buch von der Teutschen Poeterey;*
Hofmann von Hofmannswaldau (1617-1679): Lyrik;
Hans Jakob Christoffel von Grimmelshausen (1621-1676): *Der abenteuerliche Simplicissimus*

Formale Merkmale

Sonett;
Schelmenroman;
Antithetik als Strukturprinzip;
Erlebnislyrik;
Kirchenlied

Martin Opitz

Martin Opitz wird 1597 in Bunzlau/Bober geboren. Nach seinem Studium in Heidelberg wirkt er ab 1622 als Lehrer in Weißenburg/Siebenbürgen. 1625 wird er vom Kaiser in Wien mit dem Dichterlorbeer ausgezeichnet, 1627 erhält er den Adelstitel von Boberfeld. Ab 1632 ist er in verschiedenen diplomatischen Missionen unterwegs. Opitz stirbt 1639 in Danzig an der Pest. Er gilt als Erneuerer der deutschen Versdichtung, indem er die maßgeblichen Formen wie Ode, Sonett, Alexandriner einführt. Er verfasst mit dem *Buch von der Teutschen Poeterey* (1624) die erste Poetik der deutschen Sprache.

3.1 Martin Opitz

Francisci Petrarchae

Arbeitsaufgabe: Interpretieren Sie das folgende Gedicht, indem Sie insbesondere auf die poetischen Gestaltungsmittel eingehen.

Martin Opitz (1597-1639)
***Francisci Petrarchae*[1] (um 1620)**

Ist Liebe lauter nichts / wie daß sie mich entzündet?
Ist sie dann gleichwol was / wem ist jhr Thun bewust?
Ist sie auch gut vnd recht / wie bringt sie böse Lust?
Ist sie nicht gut / wie daß man Frewd' aus jhr empfindet?
Lieb' ich ohn allen Zwang / wie kan ich Schmertzen tragen?
Muß ich es thun / was hilfft's daß ich solch Trawren führ'?
Heb' ich es vngern an / wer dann befihlt es mir?
Thue ich es aber gern' / vmb was hab' ich zu klagen?

[1]Francisci Petrarchae bedeutet etwa dem Francisco Petrarca gewidmet. Petrarca (1304-1374) ist einer der berühmtesten italienischen Lyriker des Mittelalters. Er verfasste zumeist Liebesgedichte.

Ich wancke wie das Graß so von den kühlen Winden
Vmb Versperzeit bald hin geneiget wird / bald her:
Ich walle wie ein Schiff das durch das wilde Meer
Von Wellen vmbgejagt nicht kan zu Rande finden.
Ich weis nicht was ich wil / ich wil nicht was ich weis:
Im Sommer ist mir kalt / im Winter ist mir heiß.

Lösungsvorschlag

Gliederung des Aufsatzes

A. Einleitung: Dichter, Titel, literarische Gattung, Thema

B. Hauptteil: Interpretation
- I. Inhalt und Aussage
  - 1. Inhalt
  - 2. Aussage
- II. Formale und sprachliche Gestaltung
- III. Literarische Epoche

C. Schluss: Aktualität des Gedichts

Stichwortartige Ausarbeitung des Aufsatzes

A. Einleitung: In dem um 1620 entstandenen Sonett *Francisci Petrarchae* lässt Martin Opitz das lyrische Ich den Versuch unternehmen, das Phänomen Liebe durch seine verschiedenen Erscheinungsformen zu definieren.

B. Hauptteil: Interpretation

I. Inhalt und Aussage

1. Inhalt

Das Gedicht weist eine klare inhaltliche Struktur auf, wobei in den Quartetten die Existenz der Liebe, die ethische Bewertung und die Freiwilligkeit des Menschen im Vordergrund stehen, während in den Terzetten das Ergebnis der Überlegungen zusammengefasst wird: Im ersten Quartett geht Opitz der Frage nach, ob Liebe überhaupt existiert. Sie wirkt zwar im Menschen, ihre Tätigkeit wird dem Menschen aber nicht bewusst. Auch in ethischer Hinsicht ist Liebe ambivalent zu bewerten: Auf der einen Seite führt sie zu bösem Verlangen, auf der anderen Seite auch zu Freude. Im zweiten Quartett geht es um die Frage, ob der Mensch freiwillig und gern oder unfreiwillig und ungern liebt. Eine konkrete Antwort muss das lyrische Ich auch hier wieder schuldig bleiben. Aus diesem Grund gibt es seinen Definitionsversuch in den Terzetten schließlich auf und beschreibt die Widersprüchlichkeit und Unentschiedenheit, die es am eigenen Leibe erfährt.

2. Aussage

Martin Opitz möchte mit diesem Sonett deutlich machen, dass sich Liebe einer klaren (kausal)logischen Definiton verschließt. Sie lässt sich nur, so wie es das lyrische Ich am Ende erlebt, in ihrer Widersprüchlichkeit empfinden.

II. Formale und sprachliche Gestaltung

Es lassen sich die folgenden sprachlichen und formalen Gestaltungsmittel feststellen:

- Gedichtform: Sonett mit 2 Quartetten, 2 Terzetten; Quartette als Fragen formuliert mit dem Versuch, Liebe theologisch-philosophisch zu bestimmen (Existenz, Ethik, Freiwilligkeit); 2 Terzette mit psychologischer Kategorie und Fazit: Verzicht auf Definition, Beschreibung der Wirkung;
- Metrum: sechshebige Jamben mit Zäsur nach 3. Hebung (= Alexandriner), z.B.: *Ist Líebe láuter níchts / wie dáß sie mích entzúndet?* (V.1); Teilung des Verses nach 3. Hebung in These und Antithese (Ausnahme V.8-11);
- Parallelismus: V.1-8, gleiche syntaktische Konstruktion (Prädikat, Subjekt, Fragesatz) steigert Eindringlichkeit des Anliegens;
- Reimform: umarmender Reim (Quartette und V.9-12), Paarreim (V.13f.), Zusammengehörendes wird mit Reim verbunden: Vorüberlegungen als umarmender Reim, Fazit als Paarreim;
- Tautologie: *gut vnd recht* (V.3), besondere Betonung der Eigenschaften;
- Attribut: *gut vnd recht, böse* (V.3), ethische Bewertung der Eigenschaften;
- Anapher: *Ist sie dann gleichwol was / wem ist jhr Thun bewust?/ Ist sie auch gut vnd recht / wie bringt sie böse Lust?/ Ist sie nicht gut / wie daß man Frewd' aus jhr empfindet?* (V.2-4), Steigerung der Wirkung des Fragesatzes, deutet auf Wichtigkeit der Frage hin;
- Antithetik: vgl. V.1-8, Versuch, über antithetische Struktur zu einer Definition zu kommen;
- Vergleich: *Ich wancke wie das Graß (...)* (V.9), *Ich walle wie ein Schiff(...)* (V.11), lyrisches Ich fühlt sich Widersprüchen der Liebe ausgeliefert, Unmöglichkeit, eigene Definition des Phänomens zu finden;
- Enjambement in V.9f. und 11f. verdeutlicht Dynamik der Metapher;
- Inversion: *Vmb Versperzeit bald hin geneiget wird / bald her* (V.10), Hervorhebung der Unentschiedenheit;
- Assonanz: *Ich weis nicht was ich wil / ich wil nicht was ich weis* (V.13), s. Chiasmus;
- Chiasmus: *Ich weis nicht was ich wil / ich wil nicht was ich weis* (V.13), eingängige, auffällige Wendung, die die mangelnde Entschlusskraft des lyrischen Ichs unterstreicht;
- Wortspiel: *Ich weis nicht was ich wil / ich wil nicht was ich weis* (V.13), s. Chiasmus;
- Metapher: *Im Sommer ist mir kalt / im Winter ist mir heiß* (V.14), Liebe entzieht sich kausaler Annäherung; auch: Beschreibung des emotionalen Zustandes des lyrischen Ichs.

III. Literarische Epoche

Entstanden in der Zeit des Barock; vorherrschendes Thema von Barock-Gedichten: Leben angesichts Zerstörung der Welt; widerspruchsvolle *Lösung:* Lebensgenuss bzw. Orientierung am Unvergänglichen. Widersprüchlichkeit, Antithetik, ist auch Strukturelement im Sonett von Opitz.
Sonett als beliebte Gedichtform des Barock: Beschreibung eines Sachverhaltes (Quartette) und Lösung des Sachverhaltes (Terzette).

C. Schluss: Thema *Liebe* oftmals lyrisch gestaltet; misslungene Gestaltung häufig in Schlagern mit trivialen und klischeehaften Formulierungen und Aussagen; Opitz schreibt keine *Herz-Schmerz-Dichtung*, sondern unternimmt den ernstgemeinten Versuch einer Definition des Phänomens; Eingeständnis des Scheiterns eines Definitionsversuchs wirkt ehrlich, Beschreibung des Gefühlszustandes des lyrischen Ichs am Ende wird dem Phänomen Liebe am ehesten gerecht.

3.2 Christian Hofmann von Hofmannswaldau

Vergänglichkeit der Schönheit

Arbeitsaufgabe: Stellen Sie den inhaltlichen Aufbau des Gedichtes dar. Interpretieren Sie das Gedicht unter besonderer Berücksichtigung der verwendeten poetischen Mittel.

Christian Hofmann von Hofmannswaldau (1617-1679)
Vergänglichkeit der Schönheit (1695)

Es wird der bleiche tod mit seiner kalten hand
Dir endlich mit der zeit um deine brüste streichen /
Der liebliche corall der lippen wird verbleichen;
Der schultern warmer schnee wird werden kalter sand /
Der augen süßer blitz / die kräffte deiner hand /
Für welchen solches fällt / die werden zeitlich weichen /
Das haar / das itzund kan des goldes glantz erreichen /
Tilgt endlich tag und jahr als ein gemeines band.
Der wohlgesetzte fuß / die lieblichen gebärden /
Die werden theils zu staub / theils nichts und nichtig werden /
Denn opfert keiner mehr der gottheit deiner pracht.
Diß und noch mehr als diß muß endlich untergehen /
Dein hertze kan allein zu aller zeit bestehen /
Dieweil es die natur aus diamant gemacht.

Christian Hofmann v. Hofmannswaldau

Christian Hofmann von Hofmannswaldau wird 1617 in Breslau als Sohn eines kaiserlichen Kammerrates geboren. Die Stadt bleibt von den Wirren des 30-jährigen Krieges weitgehend verschont, sodass er eine friedvolle Jugend erlebt. Nach dem Studium der Rechtswissenschaft in Leiden und ausgedehnten Reisen wird er 1657 kaiserlicher Rat und später Ratspräsident in Breslau. Im Jahre 1679 stirbt er dort.

Lösungsvorschlag

Gliederung des Aufsatzes

A. Einleitung: Epocheneinordnung, Thema des Gedichtes

B. Hauptteil: Interpretation
- I. Inhalt, Aufbau, Aussage
  - 1. Inhalt und Aufbau
  - 2. Aussage
- II. Sprachliche und formale Mittel

C. Schluss: Eine weitere Interpretationsmöglichkeit

Stichwortartige Ausarbeitung des Aufsatzes

A. Einleitung: Gedichte und Bilder aus der Zeit des Barock verdeutlichen den engen Zusammenhang von Leben und Tod. Totentanz-Darstellungen zeigen, wie der Tod allem Lebendigen anhaftet. Auch die Schönheit ist ihm unterworfen, dies macht Christian Hofmann von Hofmannswaldau zum Thema seines Sonetts *Vergänglichkeit der Schönheit.*

B. Hauptteil: Interpretation

I. Inhalt, Aufbau, Aussage

1. Inhalt und Aufbau

1. Quartett: Im Laufe der Zeit wird der Tod sich der angesprochenen Person bemächtigen mit dem Ergebnis, dass ihre Lippen ihre lebendige Farbe verlieren und dass der Teint der Schultern, das Strahlen der Augen und das glänzende Haar zunichte gemacht werden (2. Quartett).

1. Terzett: Fuß und Gebärden werden vergehen. Die Schönheit der Angesprochenen ist dann zunichte gemacht.

2. Terzett: Noch viel mehr wird vergehen, nur das Herz ist ewig, weil es aus einem Diamant besteht.

Typischer Sonett-Aufbau: Quartette und 1. Terzett enthalten die Beschreibung, im 2. Terzett erfolgt eine unerwartete Wendung, die Pointe.

2. Aussage

Der Tod macht alles zunichte, was äußerliche Auszeichnung bedeutet. Nur das unsichtbare Innere des Menschen, das Herz als Sitz des Gefühls bzw. der Seele bleibt. Das Sonett enthält somit die Aufforderung, sich stärker an inneren als an äußeren Werten zu orientieren.

II. Sprachliche und formale Mittel

Im Dienst der Veranschaulichung stehen die folgenden poetischen Mittel:
- Sonett, Alexandriner, umarmender Reim (Quartette), Schweifreim (Terzette);

- Personifikation: *der bleiche Tod mit seiner kalten Hand* (V.1);
- Metapher: *corall der lippen* (V.3), *diamant* (V.14);
- Oxymoron: *schultern warmer schnee* (V.4);
- Vergleich: V.7 und V.8;
- Anapher/Parallelismus: V.4f.;
- Synekdoche/pars pro toto: *umb deine brüste* (V.2) stellvertretend für den ganzen Körper.

C. Schluss: Der Schluss: *Dein hertze kan allein zu aller zeit bestehen / Dieweil es die natur aus diamant gemacht.* (V.13f.), lässt sich auch anders interpretieren. Fasst man das Sonett als Liebesgedicht auf, so könnte der Grund für seine Abfassung darin liegen, dass das lyrische Ich von der Angebeteten noch immer nicht erhört worden ist. Ihre Schönheit wird zwar vergehen, wird also einer Veränderung unterworfen sein, ihr hartes Herz, das das lyrische Ich noch immer nicht erhört hat, wird sich auch in Zukunft nicht erweichen lassen. Somit wäre das Gedicht als eine Klage über die Hartherzigkeit der angesprochenen Frau zu interpretieren.

3.3 Andreas Gryphius

Thränen in schwerer Krankheit. Anno 1640

Arbeitsaufgabe: Stellen Sie den inhaltlichen Aufbau des Gedichtes dar. Interpretieren Sie das Gedicht unter besonderer Berücksichtigung der verwendeten poetischen Mittel.

Andreas Gryphius (1616-1664)
Thränen in schwerer Krankheit. Anno 1640

Mir ist ich weiß nicht wie / ich seufftze für und für.
Ich weine Tag und Nacht / ich sitz in tausend Schmertzen;
Und tausend fürcht ich noch / die Krafft in meinem Hertzen
Verschwindt / der Geist verschmacht / die Hände sincken mir.

Die Wangen werden bleich / der muntern Augen Zier
Vergeht / gleich als der Schein der schon verbrannten Kertzen.
Die Seele wird bestürmt gleich wie die See im Mertzen.
Was ist diß Leben doch / was sind wir / ich und ihr?

Was bilden wir uns ein! was wünschen wir zu haben?
Jtzt sind wir hoch und groß / und morgen schon vergraben:
Jtzt Blumen / morgen Koth / wir sind ein Wind / ein Schaum/

Andreas Gryphius

Andreas Gryphius (eigentlich Andreas Greif) wird 1616 in Groß-Glogau an der Oder geboren. Als Kind verliert er die Eltern und besucht von 1633 an das Gymnasium Academicum in Danzig. Erste schriftstellerische Versuche fallen in diese Zeit. Von 1638-44 macht er als Hauslehrer mit den Söhnen des Grafen Georg Schönborner eine ausgedehnte Bildungsreise, die ihn unter anderem nach Holland, Frankreich und Italien führt. Nach seiner Rückkehr ist er weiter als Hauslehrer und Dichter,

Ein Nebel und ein Bach / ein Reiff / ein Thau' / ein Schatten.
Jtzt was und morgen nichts / und was sind unser Thaten?
Als ein mit herber Angst durchaus vermischter Traum.

aber auch als Syndikus der protestantischen Landstände in schwierigen diplomatischen Aufgaben tätig. 1664 stirbt er in Glogau. Mit seinen Gedichten, in denen er das barocke Lebensgefühl treffend beschreibt, zählt er zu den wichtigsten Dichtern dieser Zeit.

Gliederung des Aufsatzes

A. Einleitung: Dichtung des Barock, Thema des Gedichts

B. Hauptteil: Interpretation
I. Inhaltlicher Aufbau
II. Sprachliche und formale Mittel

C. Schluss: Bezug zum Leben des Dichters

Stichwortartige Ausarbeitung des Aufsatzes

A. Einleitung: Martin Opitz bestimmt mit seiner Poetologie die Dichtung des Barock. Von ihm stammt das Verdikt, das Sonett und Alexandriner als vorbildhaft für die Dichtung festlegt. Im Sonett sieht er die vornehmste Form der Dichtung, der Alexandriner unterstreicht die rhetorischen Elemente des Sonetts mit einer pathetischen Gebärde. Dem folgen auch die meisten Dichter des Barock. Auch das vorliegende Gedicht *Thränen in schwerer Krankheit. Anno 1640* von Andreas Gryphius ist ein Sonett. Es thematisiert die Klage eines kranken lyrischen Ichs angesichts der Vergänglichkeit des menschlichen Lebens.

B. Hauptteil: Interpretation

I. Inhaltlicher Aufbau

1. Quartett: allgemeine Schilderung des Leidens des lyrischen Ichs: Das lyrische Ich weint Tag und Nacht, weil es starke Schmerzen aushalten muss. Lebenskraft und Bewusstsein sieht es langsam verkümmern.
2. Quartett: äußere Erscheinung und seelischer Zustand: Die Wangen des Kranken sind bleich, die Augen glanzlos. Die Seele ist voller Unruhe. Was ein solches Leben überhaupt noch wert sei, fragt das lyrische Ich am Ende des 2. Quartetts.
1. und 2. Terzett: Verallgemeinerung des subjektiven Eindrucks: Klage über die falsche Einbildung und falsche Wünsche der Menschen. Alles, was jetzt schön ist, kann am nächsten Tag schon wieder vergangen sein. Die Taten des Menschen, die sein Leben ausmachen, sind nur ein mit Angst vermischter Traum.

II. Sprachliche und formale Mittel

Sonett, sechshebiger Jambus mit Zäsur, in Quartetten umarmender Reim mit männlicher (V.1, V.4, V.5, V.8) und weiblicher Kadenz (V.2f., V.6f.), in

Terzetten Schweifreim mit männlicher (V.11, V.14) und weiblicher Kadenz (V.9f., V.12f.), pathetische Sprache, gravitätische Betonung durch Versmaß; Adjektive und Substantive, die die Depression beschreiben: z.B. seufzen (vgl. V.1), weinen (vgl. V.2), fürchten (vgl. V.3), verschwinden (vgl. V.4), verschmachten (vgl. V.4), *sincken* (V.4), Schmertzen (V.2), *Koth* (V.11), *Schaum* (V.11), *Nebel* (V.12), *Schatten* (V.12).

Die folgenden poetischen Mittel drücken die Vergänglichkeit anschaulich aus:

- Vergleich: *als der Schein der schon verbrannten Kertzen* (V.6);
- Vergleiche als Identifikationen und Metaphern, die menschliche Vergänglichkeit darstellen (vgl. V.11);
- Enjambement (V.5f.) mit der Betonung des Vergehens durch den Verswechsel;
- Ellipse in V.11 und V.12, Asyndeton in V.11f. und rhetorische Frage in V.8 sollen den Leser nachdenklich machen;
- Amplifikation (evtl. Hyperbel) in V.1f. als Ausdruck der Verzweiflung.

C. Schluss: Keine Erlebnisdichtung, sondern Rhetorik; Gryphius ist 24 Jahre alt, als er das Gedicht schreibt – mitten im Dreißigjährigen Krieg, der noch acht Jahre dauern wird. Der Dichter ist schwer erkrankt, was man an der Grundstimmung des Gedichtes deutlich merkt. Hier sei es also gestattet, Rückschlüsse zwischen Dichterleben und Gedicht zu ziehen. Gott nicht als Trost, aber mitgedacht; kommt z.B. im Gedicht *Auf das grausame Ungewitter/ so den 24. Aug.1654 entstanden* zum Ausdruck.

3.4 Andreas Gryphius

Auf das grausame Ungewitter / so den 24. Aug. 1654 entstanden

Arbeitsaufgabe: Interpretieren Sie das folgende Gedicht.

Kurzbiografie Andreas Gryphius s. S. 36

Andreas Gryphius (1616-1664)
Auf das grausame Ungewitter /
so den 24. Aug. 1654 entstanden

Der Himmel brand im Feur / die Lufft erklang vom krachen
Der schröcklich harten Donner Schläge /
Die Nacht verdeckte Land und Stege /
Die Nacht die in den Lauff des Lichts sich drang zu machen;
Der Wind heult / brüllt und bließ und rieß aus Ditis [1] Rachen /
Die tollen Geister wurden rege /
Die Mauern stürtzten und die Wege

Verdeckte Grauß und Kalck der Strom zustieß die Nachen [2];
Als mitten in dem Feld mich / HErr / der Todt ergriff /
Der hinter mir in Sturm / vor mir in Flammen lieff /
Vor mir die Bahn verfällt / und über mir die Hütten
In leichte Splitter stieß. Doch lebt ich / HErr / durch dich /
Mir selber war ich todt / dein Engel wacht um mich /
Stets neu gebohren wird / den GOtt wil stets begütten [3].

Lösungsvorschlag

Gliederung des Aufsatzes

A. Einleitung: Vorstellung des Dichters, Thema des Gedichtes

B. Hauptteil: Interpretation
- I. Inhalt und Aussage
  - 1. Inhalt
  - 2. Aussage
- II. Sprachliche und formale Mittel

C. Schluss: Unwetter in Schillers *Lied von der Glocke*

Stichwortartige Ausarbeitung des Aufsatzes

A. Einleitung: Andreas Gryphius gilt als einer der bedeutendsten Dichter des Barock. Mit ihm schreibt jemand über die Schrecken des Dreißigjährigen Kriegs, der das Kriegsleid in der eigenen Familie und am eigenen Körper erfahren musste. Auch in seinem 1654, also sechs Jahre nach dem Westfälischen Frieden, entstandenen Sonett werden menschliche Angst und menschliches Leid beschrieben; doch diesmal wird das menschliche Leben nicht durch den Krieg, sondern durch ein Unwetter bedroht.

[1] *Ditis: Dis* (Genitiv: *Ditis*), lat. Übersetzung von Pluto, dem Gott der Unterwelt

[2] *zustieß die Nachen: zerstörte die Boote*

[3] *begütten: gut machen,* hier im Sinne *von Schutz geben*

B. Hauptteil: Interpretation

I. Inhalt und Aussage

1. Inhalt

Das erste Quartett blendet sich ein, nachdem das Unwetter mit seiner vollen Wucht, mit Donner und Blitz, eingesetzt hat. Das Unwetter lässt den Tag wie eine Nacht erscheinen. Im zweiten Quartett wird der Wind beschrieben, der wie aus Plutos Rachen zu kommen scheint. Mauern stürzen um, Wege sind unpassierbar, Boote werden zerstört. Im ersten Terzett erscheint erstmals das lyrische Ich: Es befindet sich in einer lebensgefährlichen Situation, weil das Unwetter es mitten auf dem Feld überrascht hat. Das Weitergehen des lyrischen Ichs verhindert ein Feuer, zurückweichen kann es wegen des starken Sturmes auch nicht mehr. Das lyrische Ich glaubt sich dem Tod ausgeliefert. Im zweiten Terzett wird aber klar, dass es die gefährliche Situation überlebt hat. Das lyrische Ich schreibt es seinem Schutzengel zu, und es lobt Gott für die ihm gewährte Güte.

2. Aussage

Das Gedicht formuliert die religiöse Überzeugung, dass Gott dem Menschen in schwierigen Situationen, wie zum Beispiel in lebensbedrohlichen Unwettern, beisteht.

II. Sprachliche und formale Mittel

Es lassen sich die folgenden sprachlichen und formalen Mittel feststellen:

- Sonettform mit 2 Quartetten und 2 Terzetten als vorbildhafte Form des Barock; in den Quartetten Beschreibung des Unwetters und Bedrohung des lyrischen Ichs, in den letzten beiden Versen des 2. Terzetts „Lösung“ in der Sicherheit göttlichen Beistandes;
- keine einheitliche Hebungszahl: sechshebiger Jambus in Strophe 1 und 5 (Alexandriner und weibliche Kadenz), teilweise mit Zäsur (V.1), vierhebiger Jambus in Strophe 2f.und 6f. (jeweils mit weiblicher Kadenz), sechshebiger Jambus in Str. 4 (Alexandriner und weibliche Kadenz), Unregelmäßigkeit im Metrum evtl. als Hinweis auf die durch das Gewitter ausgelöste Unordnung;
- Terzette mit durchgehendem sechshebigem Jambus (Alexandriner), weibliche Kadenz in V.11 und V.14, teilweise mit Zäsur (V.10, 11, 13, 14), Regelmäßigkeit evtl. als Hinweis auf wiedergewonnene Sicherheit;
- Reim: umarmender Reim im 1. und 2. Quartett mit jeweils den gleichen Reimwörtern, Schweifreim in den beiden Terzetten;
- Metapher: *Der Himmel brand im Feuer* (V.1), übertriebene Ausdrucksweise als Veranschaulichung des unheimlichen Eindrucks und der Angst des lyrischen Ichs;
- Personifikation: *Der Wind heult* (V.5), *die tollen Geister wurden rege* (V.6), *der Tod ergriff* (V.9), als Verlebendigung des Geschehens;
- Enjambements: z.B. V.1, V.7f., V.11f, Verstärkung der beschriebenen Fallbewegung (Umstürzen von Mauern).

C. Schluss: Unwetter als Bedrohung der menschlichen Existenz und als Grund für die Hinwendung zu Gott; Schillers *Das Lied von der Glocke* nimmt dagegen den Einbruch der Naturgewalt nicht zum Anlass, Gottesglauben zu proklamieren: Das Unwetter bedroht die bürgerliche Existenz, es zeigt dem Menschen, dass seine Werke leicht durch Naturgewalten zerstört werden können; obgleich die geringe menschliche Macht damit demonstriert worden ist, fängt der Bürger dennoch nach dem Unwetter an, seine Existenz neu aufzubauen. Das Unwetter wird bei Schiller also zu einem Anlass, den unerschütterlichen Optimismus des arbeitenden Bürgers zu demonstrieren.

4 Aufklärung (1720-1785)

Inhaltliche Merkmale	Hauptvertreter und Werke	Formale Merkmale
Verstand und Vernunft als Richtschnur in allen Bereichen; Postulate: religiöse Toleranz, Gleichheit der Menschen, Kritik an absolutistischer Machtausübung; Überwindung von Grenzen; Glaube an die Erziehbarkeit und die Belehrbarkeit von Menschen; Literatur mit erziehender Funktion; naturwissenschaftliche Erkenntnisse gegen kirchliche Dogmen	Johann Christoph Gottsched (1700-1766): *Versuch einer kritischen Dichtkunst;* Christian Fürchtegott Gellert (1715-1769): Fabeln und Erzählungen; Gotthold Ephraim Lessing (1729-1781): *Miß Sara Sampson, Nathan der Weise*, Fabeln; Christoph Martin Wieland (1733-1813): *Geschichte des Agathon, Musarion*	Drama mit erziehender Funktion; Bürgerliches Trauerspiel (Aufhebung der aristotelischen Ständeklausel); Fabel; Parabel *(Ringparabel);* Blankvers; Aphorismus (knappe, inhaltsreiche Gedanken mit überraschender Wendung)

4.1 Christian Fürchtegott Gellert

Der Tanzbär *

Arbeitsaufgabe: Erarbeiten Sie den Inhalt und den gedanklichen Aufbau des Gedichtes. Erörtern Sie die zum Ausdruck kommende Lehre.

Christian Fürchtegott Gellert

Christian Fürchtegott Gellert wird im Jahre 1715 als Pfarrerssohn in Hainichen im Erzgebirge geboren. Nach dem Besuch der Fürstenschule in Meißen studiert er Theologie, Philosophie und Literatur in Leipzig.

Christian Fürchtegott Gellert (1715-1769)
Der Tanzbär (1746)

Ein Bär, der lange Zeit sein Brot ertanzen müssen,
Entrann und wählte sich den ersten Aufenthalt.
Die Bären grüßten ihn mit brüderlichen Küssen
Und brummten freudig durch den Wald,

Und wo ein Bär den anden sah,
So hieß es: „Petz ist wieder da!“
Der Bär erzählte drauf, was er in fremden Landen
Für Abenteuer ausgestanden,
Was er geschn, gehört, getan.
Und fing, da er vom Tanzen red’te,
Als ging er noch an seiner Kette,
Auf polnisch schön zu tanzen an.

Die Brüder, die ihn tanzen sahn,
Bewunderten die Wendung seiner Glieder,
Und gleich versuchten es die Brüder;
Allein anstatt, wie er, zu gehen,
So konnten sie kaum aufrecht stehn,
Und mancher fiel die Länge lang darnieder.
Um desto mehr ließ sich der Tänzer sehn;
Doch seine Kunst verdroß den ganzen Haufen.
„Fort“, schrien alle, „fort mit dir!
Du Narr willst klüger sein als wir?“
Man zwang den Petz, davonzulaufen.

Sei nicht geschickt, man wird dich wenig hassen,
Weil dir dann jeder ähnlich ist;
Doch je geschickter du vor vielen andern bist,
Je mehr nimm dich in acht, dich prahlend sehn zu lassen.
Wahr ist’s, man wird auf kurze Zeit
Von deinen Künsten rühmlich sprechen;
Doch traue nicht, bald folgt der Neid
Und macht aus der Geschicklichkeit
Ein unvergebliches Verbrechen.

Von 1745 an ist er Dozent und später Professor für Poesie und Rhetorik (später auch für Moral) in Leipzig, wo er 1760 stirbt. Gellert gilt als einer der beliebtesten Schriftsteller der Aufklärung. Sein besonderes Interesse gilt den epischen Kleinformen, die er in zwei Bänden *Fabeln und Erzählungen* 1746 und 1748 veröffentlicht.

Lösungsvorschlag

Gliederung des Aufsatzes

A. Einleitung: Fabel in Gedichtform, Thema des Gedichtes

B. Hauptteil: Interpretation
- I. Inhalt und Aufbau
  1. Inhalt
  2. Aufbau
- II. Lehre

C. Schluss: Aktualität des Gedichtes

Stichwortartige Ausarbeitung des Aufsatzes

A. Einleitung: Fabel in Gedichtform, Fabel will belehren und unterhalten. Im Mittelpunkt stehen Tiere, die menschliche Eigenschaften verkörpern *(fabula docet et delectat)*. Besonders in der Aufklärung literarische Form – bedeutende Fabeln von Lessing (z.B. *Der Rabe und der Fuchs, Der Wolf und das Schaf, Der Tanzbär*) – auch um möglichen Sanktionen durch kritisierte Macht zu entkommen. Gellert als einer der beliebtesten Schriftsteller der Aufklärung und besonders als Dichter von Fabeln, nimmt sich in seiner Fabel *Der Tanzbär* keinem politischen Thema, sondern einem allgemein menschlichen Thema, dem des Neids, an.

B. Hauptteil: Interpretation

I. Inhalt und Aufbau

1. Inhalt

Einem Tanzbären gelingt nach vielen Jahren die Flucht, er wird von seiner Familie im Wald herzlich aufgenommen. Beim Erzählen über seine Erlebnisse in der Fremde fängt der Bär zu tanzen an. Die Brüder, die ihm zusehen, bewundern sein Kunststück und versuchen es selbst. Es gelingt keinem anderen Bären, es dem Tanzbären gleich zu tun. Daher macht sich Verärgerung über den Tanzbären breit, dem man Überheblichkeit vorwirft. Schließlich wird er von den anderen Bären davongejagt.
In der Lehre wird formuliert, man solle seine Fertigkeiten am allgemeinen Durchschnitt ausrichten. Wenn man über besondere Fertigkeiten verfüge, solle man besonders aufpassen, dass man nicht als überheblich angesehen wird. Doch auch diese Vorsicht nütze nichts, da die Fertigkeiten bald bekannt würden und man unweigerlich dem Neid der Mitmenschen ausgeliefert sein werde.

2. Aufbau

Gedicht ist nach der Grundform der Fabel aufgebaut: Promythion (fehlt), Darstellung der Situation (1. Strophe), Auslösung der Handlung (1. Handlungsteil: Bär zeigt seine Tanzkunststücke, 2. Strophe), Reaktion des Betroffenen (2. Handlungsteil: anderen Bären misslingt der Versuch, 3. Strophe), Ergebnis (sie verjagen den Tanzbären, 3. Strophe), Epimythion (nachgestellte Lehre, 4. Strophe).

II. Lehre

Die Lehre ist letztlich, dass man, wenn man unbehelligt und in Frieden mit den anderen leben möchte, sich dem allgemeinen Durchschnitt anzupassen hat. Man soll keine besonderen Eigenschaften zeigen, da sonst Neid die Reaktion der anderen ist. Natürlich ist das eine sehr pessimistische, wenn auch durchaus realistische Lehre.

C. Schluss: Gedicht sehr aktuell, z.B. Umgang von Schülern mit besonders begabten Mitschülern. Literarische Gestaltung des Themas in Max Frischs *Andorra*: Dort erlebt man, dass selbst der Versuch sich anzupassen scheitert, wenn die Vorurteile zu dominierend sind. Daher lässt sich der Lehre der Fabel auch nicht uneingeschränkt zustimmen. Die sicherlich allgemeinmenschliche Eigenschaft ändert man nicht, wenn man das Problem behandelt, wie es in der „Lösung“ vorgeschlagen wird. Wichtig wäre es, eine Bewusstseinsänderung herbeizuführen, die die Besonderheit als eine Bereicherung des Lebens betrachtet.

4.2 Gottfried August Bürger

Der Bauer. An seinen durchlauchtigen Tyrannen *

Arbeitsaufgabe: Interpretieren Sie das folgende Gedicht, indem Sie insbesondere auf die sprachlichen und formalen Gestaltungsmittel eingehen.

Gottfried August Bürger (1747-1794)
Der Bauer. An seinen durchlauchtigen Tyrannen (1775)

Wer bist du, Fürst, daß ohne Scheu
Zerrollen mich dein Wagenrad,
Zerschlagen darf dein Roß?

Wer bist du, Fürst, daß in mein Fleisch
Dein Freund, dein Jagdhund, ungebleut
Darf Klau' und Rachen haun?

Wer bist du, daß durch Saat und Forst
Das Hurra deiner Jagd mich treibt,
Entatmet, wie das Wild? –

Die Saat, so deine Jagd zertritt,
Was Roß und Hund und du verschlingst,
Das Brot, du Fürst, ist mein.

Du Fürst hast nicht, bei Egg' und Pflug,
Hast nicht den Erntetag durchschwitzt.
Mein, mein ist Fleiß und Brot!

Ha! du wärst Obrigkeit von Gott?
Gott spendet Segen aus, du raubst!
Du nicht von Gott, Tyrann!

Gottfried August Bürger

Gottfried August Bürger wird 1747 in Molmerswende/Unterharz als Sohn eines Pfarrers geboren. Nach dem Studium der Theologie, der Rechtswissenschaft und der Philosophie wird er Dozent für Ästhetik an der Universität Göttingen. Literarisch steht er dem Göttinger Hain und dem Sturm und Drang nahe. Er stirbt 1794 in Göttingen.

Lösungsvorschlag

Gliederung des Aufsatzes

A. Einleitung: Historischer Bezug, Thema des Gedichts

B. Hauptteil: Interpretation
- I. Aufbau, Inhalt und Aussage
  - 1. Aufbau
  - 2. Inhalt
  - 3. Aussage
- II. Sprachliche und formale Mittel

C. Schluss: Historischer Ausblick

Stichwortartige Ausarbeitung des Aufsatzes

A. Einleitung: Im Jahre 1775, dem Entstehungsjahr des vorliegenden Gedichtes, „verpachteten" einige deutsche Fürsten, unter anderem der Herzog von Braunschweig, über 28000 Männer an die Engländer. Diese schickten sie in den amerikanischen Unabhängigkeitskrieg, wo nahezu die Hälfte umkam. Dies ist ein spektakuläres Beispiel des Selbstverständnisses deutscher Fürsten im 18. Jahrhundert, die glaubten, über ihre Untertanen frei verfügen zu dürfen. Dass sich gegen diese Behandlung im Zuge der Aufklärung literarischer Widerstand regte, zeigt das vorliegende Gedicht *Der Bauer. An seinen durchlauchtigen Tyrannen* von Gottfried August Bürger.

B. Hauptteil: Interpretation

I. Aufbau, Inhalt und Aussage

1. Aufbau

Es lässt sich ein zweiteiliger Aufbau feststellen: Strophe 1-3 (Anklage des Bauern mit Beispielen für Fürstenwillkür), Strophe 4-6 (Betonung der eigenen Leistung und Zweifel an der Rechtmäßigkeit fürstlicher Herrschaft).

2. Inhalt

Anklage des Bauern mit Beispielen für Fürstenwillkür: Fürst überrollt mit seinem Wagen den Bauern oder lässt ihn durch sein Pferd oder seinen Jagdhund schwer verletzen und sogar töten. Der Fürst jagt den Bauern wie ein Wildtier. Die Saat des Ackers, die der Fürst beim Darüberreiten zerstört, und das Brot, das er und seine Tiere verschlingen, sind Eigentum des Bauern. Der Bauer stellt klar, dass er durch seine Arbeit das Brot produziert hat. Schließlich bezweifelt der Bauer, dass der Fürst mit göttlicher Legitimation handelt, da von Gott nur segensreiche Dinge kommen, der Fürst sich aber wie ein Dieb benimmt.

3. Aussage

Die Behandlung der Bauern durch die Fürsten ist unmenschlich. Die Fürsten, die noch nicht einmal selbst für ihren Lebensunterhalt aufkommen, sondern diesen nur durch Raub bestreiten, haben kein Recht, ihre Legitimation von Gott herzuleiten.

II. Sprachliche und formale Mittel

Es lassen sich die folgenden sprachlichen und formalen Mittel feststellen:
- 6 dreizeilige Strophen, reimlos, die ersten beiden Verse jeweils mit vierhebigen Jamben, dritter Vers stets dreihebig;
- die verwendeten sprachlichen Mittel drücken die Wut des lyrischen Ichs aus. Sie äußert sich in der direkten Anrede, die zu Beginn jeder Strophe steht (Wiederholung und Parallelismus);
- die Aufgebrachtheit kommt eindringlich durch die unmittelbar wirkende Interjektion *Ha!* (V.16) zum Ausdruck. Die Wut verschlägt dem Sprecher die Stimme, er formuliert noch nicht einmal mehr vollständige Sätze: *Du nicht von Gott, Tyrann!* (V.18).

C. Schluss: Hinweis auf französische Revolution, die der Fürstenwillkür zwar ein Ende bereitete, an ihre Stelle aber zunächst eine andere Gewaltherrschaft setzte, die im Namen des Volkes urteilte. Hinweis auf *Virginia Bill of Rights* 1776, die erstmals allgemeine Menschenrechte wie z.B. die Menschwürde oder das Recht auf Unversehrtheit des Lebens festschrieb. Menschenrechte erst im 20. Jahrhundert weltweit – mit einigen Ausnahmen – anerkannt.

5 Empfindsamkeit und Sturm und Drang (1740/67-1780/85)

Inhaltliche Merkmale	Hauptvertreter und Werke	Formale Merkmale
Schwärmerei, Tyrannenhass (Empfindsamkeit); Freiheitsstreben; Geniegedanke, grenzenloser Individualismus; gegen Erstarrung der Vernunftherrschaft (Rousseau: *Gefühl ist mehr als Denken);* radikale Weiterführung des Humanitätsgedankens; Ambivalenz zwischen grenzenloser Hingabe und Selbstbehauptung	Johann Gottfried Herder (1744-1803): *Journal meiner Reise im Jahre 1769;* Jakob Michael Lenz (1751-1792): *Der Hofmeister oder die Vorteile der Privaterziehung;* Friedrich Maximilian Klinger (1752-1831): *Sturm und Drang;* Johann Wolfgang von Goethe (1749-1832): *Die Leiden des jungen Werthers,* Gedichte; Friedrich Schiller (1759-1805): *Die Räuber*	Briefroman; Erlebnislyrik; freier Rhythmus in Gedichten; natürliche Prosasprache; Abkehr von den aristotelischen Einheiten (zahlreiche Schauplätze, lange Handlungsdauer, Aufgabe der Ständeklausel)

5.1 Johann Wolfgang von Goethe

Prometheus

Arbeitsaufgabe: Interpretieren Sie das folgende Gedicht. Arbeiten Sie dabei besonders die sprachlichen Mittel heraus und begründen Sie die Zuordnung zur Epoche des Sturm und Drang.

Johann Wolfgang von Goethe (1749-1832)
Prometheus (1774)

Bedecke deinen Himmel, Zeus,
Mit Wolkendunst!
Und übe, Knaben gleich,
Der Diesteln köpft,
An Eichen dich und Bergeshöhn!
Mußt mir meine Erde

Doch lassen stehn,
Und meine Hütte,
Die du nicht gebaut,
Und meinen Herd,
Um dessen Glut
Du mich beneidest.

Ich kenne nichts Ärmer's
Unter der Sonn', als euch Götter.
Ihr nähret kümmerlich
Von Opfersteuern
Und Gebetshauch
Eure Majestät
Und darbtet, wären
Nicht Kinder und Bettler
Hoffnungsvolle Toren.

Da ich ein Kind war,
Nicht wußte, wo aus, wo ein,
Kehrt ich mein verirrtes Aug'
Zur Sonne, als wenn drüber wär'
Ein Ohr, zu hören meine Klage,
Ein Herz wie meins,
Sich des Bedrängten zu erbarmen.

Wer half mir wider
Der Titanen Übermut?
Wer rettete vom Tode mich,
Von Sklaverei?
Hast du's nicht alles selbst vollendet,
Heilig glühend Herz?
Und glühtest, jung und gut,
Betrogen, Rettungsdank
Dem Schlafenden da droben?

Ich dich ehren? Wofür?
Hast du die Schmerzen gelindert
Je des Beladenen?
Hast du die Tränen gestillet
Je des Geängsteten?

Hat nicht mich zum Manne geschmiedet
Die allmächtige Zeit
Und das ewige Schicksal,
Meine Herren und deine?

Johann Wolfgang von Goethe

Johann Wolfgang von Goethe wird 1749 in Frankfurt am Main als Kind wohlhabender Eltern geboren. Schon früh beginnt er kleinere Erzählungen und Gedichte zu verfassen. Von 1765 bis 1771 studiert er Rechtswissenschaften in Leipzig. Während seiner Tätigkeit als Gerichtsreferendar in Wetzlar ab 1772 schreibt er den Briefroman *Die Leiden des jungen Werthers*, der ihn berühmt macht. Von 1775 an ist er als Geheimer Rat und Berater des Erbprinzen von Sachsen-Weimar in Weimar tätig. Während seiner Reise nach Italien (1786-1788) entwickelt er das klassische Kunstideal und das idealistische Menschenbild; er realisiert sie z.B. in seinem Drama *Iphigenie auf Tauris*. 1794 beginnt die intensive Freundschaft mit Friedrich Schiller, die erst durch Schillers Tod 1805 beendet wird. Goethe stirbt 1832 in Weimar. Er gilt neben Schiller als der herausragende Dichter des Sturm und Drang und der Klassik. Sein umfangreiches Werk umfasst neben naturwissenschaftlichen Studien Gedichte, Dramen (*Faust I und Faust II, Egmont, Wallenstein*) und epische Werke (*Wilhelm Meisters Lehrjahre*).

Wähntest du etwa,
Ich sollte das Leben hassen,
In Wüsten fliehen,
Weil nicht alle Knabenmorgen-
Blütenträume reiften?

Hier sitz' ich, forme Menschen
Nach meinem Bilde,
Ein Geschlecht, das mir gleich sei,
Zu leiden, weinen,
Genießen und zu freuen sich,
Und dein nicht zu achten,
Wie ich.

Lösungsvorschlag

Gliederung des Aufsatzes

A. Einleitung: Hymne, Thema des Gedichts, Figur des Prometheus

B. Hauptteil: Interpretation
- I. Inhalt und Aussage
  - 1. Inhalt
  - 2. Aussage
- II. Sprachliche und formale Mittel

C. Schluss: Vergleich mit Goethes Briefroman *Werther* und *Ganymed* als Vergleichsgedicht

Stichwortartige Ausarbeitung des Aufsatzes

A. Einleitung: Hymne ursprünglich als meist religiöser Lob- und Preisgesang, im Mittelalter besonders in Klöstern gern benutzt; Hymne der Neuzeit losgelöst aus dem gottesdienstlichen Bereich, sie dient dem Lob Gottes, von Fürsten, von Tugenden; Klopstock gibt der Hymne neue formale Elemente wie den sogenannten freien Rhythmus, Abschnittseinteilung und kühne Metaphern. Goethe übernimmt Klopstocks formale Anregungen und gestaltet sie in seinem 1774 entstandenen Gedicht *Prometheus*, das das Selbstbewusstsein des Menschen gegenüber Gott thematisiert. Prometheus ist in der griechischen Sage einer der Titanen und gilt als Schöpfer der Menschen. Da er dem Willen der Götter nicht gehorcht und den Menschen das Feuer bringt, wird er an einen Felsen im Kaukasus geschmiedet, wo ihm ein Adler täglich ein Stück der Leber entreißt. Erst Herakles befreit ihn später aus seiner Gefangenschaft.

B. Hauptteil: Interpretation

I. Inhalt und Aussage

1. Inhalt

Prometheus weist Zeus darauf hin, dass er die Erde und alles, was darauf ist, erschaffen habe und er meint, dass Zeus ihn darum beneidet. Die Götter seien arme Wesen, weil sie sich nur von Opfern ernähren, die von Kindern und Bettlern stammen. Prometheus gibt zu, dass auch er sich als unverständiges Kind an die Götter gewendet und auf ihr Mitgefühl gehofft habe. Von ihnen habe er aber keine Hilfe erfahren, meint Prometheus; sein eigenes mutiges Herz habe ihm aus der Bedrängnis geholfen. Fälschlicherweise habe er den schlafenden Göttern dafür gedankt. Zeus habe niemals Schmerzen gelindert oder Trauernden geholfen. Genauso wie Prometheus sei er der Zeit und dem Schicksal unterworfen. Prometheus erschaffe Menschen, die der Freude, des Leidens, des Genießens fähig seien und die Zeus genau wie er selbst nicht anerkennen.

2. Aussage

Absage an einen Herrschergott und seine stolze Selbstbehauptung, Ausleben des unerschöpflichen Schöpfer- und Lebensdrangs, wie er in der Natur und im Künstler (Geniegedanke des Sturm und Drang) wirkt. Prometheus erfährt höchste Kraftfülle in trotziger Vereinzelung, Stichwort: „Verselbstigung".

II. Sprachliche und formale Mittel

Die trotzige Selbstbehauptung zeigt sich im Verzicht auf klassische metrische Formen und im leidenschaftlichen Gestus des Gedichts. Der freie Rhythmus, bei dem feste metrische Formen, Reime, gleiche Vers- oder Strophenlänge aufgegeben werden und der rhythmisch stark gegliedert ist, ist die angemessene Ausdrucksform des sich emanzipierenden Individuums; er entspricht der emotionalen Grundstimmung des Gedichts, verdeutlicht die aufgewühlten Gefühle. Die Ablehnung Gottes und seine Machtlosigkeit werden in dem Vergleich: *Knaben gleich, der Diesteln köpft* (V.3f.) anschaulich gemacht. Zahlreiche Enjambements (z.B. in Strophe 1) verstärken die Dynamik, die dem Aufbegehren innewohnt. Der Parallelismus: *ein Ohr (...) ein Herz* (V.26f.) deutet auf den enttäuschten Wunsch nach Hilfe hin. Aufzählungen und Parallelismen in V.56f. stellen die Gemeinsamkeit zwischen Prometheus und den von ihm erschaffenen Menschen dar. Der Neologismus *Knabenmorgenblütenträume* (V.51) weist die schöpferische Kraft des unabhängigen Individuums nach, das sich auch seine Sprache selbst erfindet. Das Symbol *Herz* (V.27, V.34) als Ort der subjektiven Selbstvergewisserung ist das zentrale sprachliche Bild des Sturm und Drang.

C. Schluss: Trotzige Selbstbehauptung gegenüber Gott zeichnet die Lebenseinstellung des Prometheus aus. In dem wenige Monate später entstandenen Parallelgedicht *Ganymed* wird mit der völligen Hingabe an das Göttliche eine gegensätzliche Einstellung beschrieben. Sie drückt sich besonders gut in Goethes Briefroman *Die Leiden des jungen Werthers* aus und lässt sich auch in Schillers *Die Räuber* nachweisen (Todessehnsucht Karls). In *Die Leiden des jungen Werthers* offenbart sich der Wunsch nach Verschmelzung mit der Natur bzw. dem geliebten Objekt als Wunsch nach Aufgabe des Ichs. Beide Formen, „Verselbstigung“ und „Entselbstigung“, bestimmen das Menschenbild des Sturm und Drang.

5.2 Johann Wolfgang von Goethe

Ganymed

Arbeitsaufgabe: Interpretieren Sie das Gedicht.

Kurzbiografie Johann Wolfgang von Goethe s. S. 49

Johann Wolfgang von Goethe (1749-1832)
Ganymed (1774)

Wie im Morgenrot
Du rings mich anglühst,
Frühling, Geliebter!
Mit tausendfacher Liebeswonne
Sich an mein Herz drängt
Deiner ewigen Wärme
Heilig Gefühl,
Unendliche Schöne!

Daß ich dich fassen möcht'
In diesen Arm!

Ach, an deinem Busen
Lieg' ich, schmachte,
Und deine Blumen, dein Gras
Drängen sich an mein Herz.
Du kühlst den brennenden
Durst meines Busens,
Lieblicher Morgenwind,
Ruft drein die Nachtigall
Liebend nach mir aus dem Nebeltal.

Ich komme! Ich komme!
Wohin? Ach, wohin?

Hinauf, hinauf strebt's,
Es schweben die Wolken
Abwärts, die Wolken
Neigen sich der sehnenden Liebe,
Mir, mir!

In eurem Schoße
Aufwärts,
Umfangend umfangen!
Aufwärts
An deinem Busen,
Alliebender Vater!

Lösungsvorschlag

Gliederung des Aufsatzes

A. Einleitung: Hymne, Thema des Gedichts, Figur des Ganymed

B. Hauptteil: Interpretation
- I. Inhalt und Aussage
  - 1. Inhalt
  - 2. Aussage
- II. Sprachliche und formale Mittel

C. Schluss: Vergleich mit Goethes *Werther* und *Prometheus* als Vergleichsgedicht

Stichwortartige Ausarbeitung des Aufsatzes

A. Einleitung: Hymne ursprünglich als meist religiöser Lob- und Preisgesang, im Mittelalter besonders in Klöstern gern benutzt; Hymne der Neuzeit losgelöst aus dem gottesdienstlichen Bereich, sie dient dem Lob Gottes, von Fürsten, von Tugenden; Klopstock gibt der Hymne neue formale Elemente wie den sogenannten freien Rhythmus, Abschnittseinteilung und kühne Metaphern. Goethe übernimmt Klopstocks formale Anregungen und gestaltet sie in seiner wenige Monate nach *Prometheus* entstandenen Hymne *Ganymed*, die das Erlebnis des Göttlichen thematisiert. Ganymed ist in der griechischen Sage der schöne Mundschenk des Zeus, nachdem er von dessen Adler in den Olymp entführt worden ist.

B. Hauptteil: Interpretation

I. Inhalt und Aussage

1. Inhalt

Im Hymnus wird die Naturerfahrung mit dem Erlebnis der Gottheit verglichen. Das lyrische Ich spricht Gott an, wie es in V.32 deutlich wird, und bezeichnet ihn als *Frühling* und *Geliebte(n)* (V.3). Es drückt die Liebe aus, mit der es sich nach ihm sehnt. Es möchte ihn mit dem Arm umfassen. Das Erlebnis des Göttlichen bedeutet Sehnsucht, aber auch Erfüllung. Dies wird in den Metaphern der Blumen und des Grases und des Morgenwindes erkennbar. Eine Nachtigall ruft das lyrische Ich aus einem Nebeltal; es antwortet darauf mit seiner Bereitschaft dem Ruf zu folgen, auch wenn es nicht weiß, wohin es folgen soll. In den letzten beiden Abschnitten wird der Aufstieg beschrieben, der Flug des Adlers durch die Wolken hinauf zu Zeus, der als *alliebender Vater* (V.32) bezeichnet wird.

2. Aussage

Alles Lebendige will umfangend umfangen sein, Aufgehoben-Sein im Göttlichen, Sehnsucht nach dem Hinschmelzen, Stichwort: „Entselbstigung".

II. Sprachliche und formale Mittel

Das Verschmelzen mit dem Göttlichen wird auch in der Sprache und in der Wahl der poetischen Mittel verdeutlicht: Freie Rhythmen, Verzicht auf Reime, zahlreiche Enjambements (vgl. V.1f., V.4f., V.11 und öfter), unvollständige Sätze (vgl. z.B. V.9f.) und die Abschnittsgliederung deuten auf den unmittelbaren Gefühlsausdruck hin, der sich keiner vorgefertigten formalen Ordnung bedient. Die spontane Gefühlsäußerung, das Angerührt-Sein vom Erlebnis des Göttlichen, drücken die ausdrucksstarke Sprechweise (Wortwahl, z.B.: *anglühst*, V.2, *tausendfacher Liebeswonne*, V.4, *ewige Wärme*, V.6, *unendliche Schöne*, V.8) und die assoziative Fügung der Satzglieder aus (vgl. z.B. V.4-8 und V.27-32). Kühne Metaphern wie z.B. V.22-26 und V.27-32 verstärken den zum Ausdruck kommenden Wunsch nach Aufgabe des Ichs. Das Symbol *Herz* (V.5, V.14) als das zentrale Symbol der literarischen Epoche ist der Ort der emotionalen Selbstvergewisserung, der Ort von *heilig Gefühl* (V.7) und *brennende(m) Durst* (V.15).

C. Schluss: In der Hymne finden wir keine trotzige Selbstbehauptung gegenüber Gott wie im wenige Monate vorher entstandenen *Prometheus*; in *Ganymed* steht die völlige Hingabe an das Göttliche. Sie drückt sich besonders gut auch in Goethes Briefroman *Die Leiden des jungen Werthers* aus und lässt sich auch in Schillers *Die Räuber* nachweisen (Todessehnsucht Karls). In *Die Leiden des jungen Werthers* offenbart sich der Wunsch nach Verschmelzung mit der Natur bzw. dem geliebten Objekt als Wunsch nach Aufgabe des Ichs. Beide Formen, „Verselbstigung" und „Entselbstigung", bestimmen das Menschenbild des Sturm und Drang.

5.3 Johann Wolfgang von Goethe *Mailied* *

Arbeitsaufgabe: Erarbeiten Sie den inhaltlichen Aufbau des Gedichtes. Stellen Sie dar, wie das lyrische Ich Liebe und Natur erlebt und wie das Erlebnis durch die verwendeten poetischen Mittel ausgedrückt wird.

Kurzbiografie Johann Wolfgang von Goethe s. S. 49

Johann Wolfgang von Goethe (1749-1832)
Mailied (1771)

Wie herrlich leuchtet
Mir die Natur!
Wie glänzt die Sonne!
Wie lacht die Flur!

Es dringen Blüten
Aus jedem Zweig
Und tausend Stimmen
Aus dem Gesträuch

Und Freud und Wonne
Aus jeder Brust.
O Erd', o Sonne,
O Glück, o Lust,

O Lieb', o Liebe,
So golden schön
Wie Morgenwolken
Auf jenen Höhn,

Du segnest herrlich
Das frische Feld –
Im Blütendampfe
Die volle Welt!

O Mädchen, Mädchen,
Wie lieb' ich dich!
Wie blinkt dein Auge,
Wie liebst du mich!

So liebt die Lerche
Gesang und Luft,
Und Morgenblumen
Den Himmelsduft,

Wie ich dich liebe
Mit warmem Blut,
Die du mir Jugend
Und Freud' und Mut

Zu neuen Liedern
Und Tänzen gibst.
Sei ewig glücklich,
Wie du mich liebst.

Lösungsvorschlag

Gliederung des Aufsatzes

A. Einleitung: Naturerfahrung des Sturm und Drang, Thema des Gedichtes

B. Hauptteil: Interpretation
I. Inhalt
II. Naturerlebnis des lyrischen Ichs
III. Formale und sprachliche Mittel

C. Schluss: Naturerlebnis der Romantik im Vergleich

Stichwortartige Ausarbeitung des Aufsatzes

A. Einleitung: Hinweis auf Naturerfahrung Werthers in Goethes Briefroman *Die Leiden des jungen Werthers*; Natur als Spiegel der Seele und Projektionsfläche der Liebesbeziehung zu Lotte; Verbindung von Liebe und Natur auch in Goethes Gedicht *Mailied*, entstanden 1771, drei Jahre vor dem *Werther*.

B. Hauptteil: Interpretation

I. Inhalt

1. Strophe: freudiges Naturempfinden
2. Strophe: Entfaltung des Lebens in der Natur (Blüten, Tierleben)
3. Strophe: Glücksempfinden des lyrischen Ichs in der Natur
4.+5. Strophe: Vergleich der Schönheit der Liebe mit Naturerscheinungen
6. Strophe: wechselseitige Liebe des lyrischen Ichs und des Mädchens
7. Strophe: Vergleich der Liebe mit lebensnotwendigen Vorgängen aus der Natur
8. Strophe: Wirkungen der Liebe auf das lyrische Ich: Jugend, Lebensfreude
9. Strophe: Anregungen für das künstlerische Schaffen, Wunsch nach ewiger Dauer der Liebe

II. Naturerlebnis des lyrischen Ichs
Einheitserlebnis des lyrischen Ichs mit der Natur in Verbindung mit dem Gefühl der Liebe, beides wird in schwärmerischer Weise erlebt; sinnliche Erfahrung der Liebe (*Mit warmem Blut, Lust*) und religiöse Erfahrung (*segnest*); Glaube an die Dauerhaftigkeit der Liebe

III. Formale und sprachliche Mittel
Die verwendeten Mittel unterstützen die schwärmerische Auffassung der Natur und das Harmonieerlebnis durch:
- 9 zweihebige, jambische Vierzeiler, Reimschema: abcb (Ausnahme: Kreuzreim in der 3. Strophe); Regelmäßigkeit unterstreicht Feierlichkeit der Aussage, Loblied auf Liebe und Natur;
- Personifikation: *Wie lacht die Flur!* (V.4), die segnende Liebe (vgl. V.13-17);
- Enjambement (vgl. z.B. V.1-10, Strophensprung in V.32f.), Ineinanderfließen als Einheitserfahrung;
- Ausrufe, Interjektionen (vgl. V.11-13): Ausdruck der inneren Erregung;
- Vergleich: *wie Morgenwolken* (V.15), V.25-28, Unterstreichung der Einheit von Mensch und Natur;
- Wortwahl: religiöser Bereich (*segnest,* V.17) als feierlich-sakraler Ausdruck, auch metaphysische Legitimation;
- synästhetische Ausdrücke: *Blütendampfe* (V.19), zwei wichtige Sinne werden angesprochen (Nase, Auge), Naturerfahrung nimmt den ganzen Menschen in Beschlag;
- Parallelismus und Anapher (vgl. V.22-24) als Betonung der gegenseitigen Liebe.

C. Schluss: Harmonieerfahrung des lyrischen Ichs als Ausdruck der Übereinstimmung zwischen Mensch und Natur; in Romantik Naturerfahrung als Projektion menschlicher Sehnsucht nach dem Zuhause, z.B. Joseph von Eichendorffs *Mondnacht*; im 20. Jahrhundert keine Harmonie von Mensch und Natur, auch in Gedichten deutlich (Themen z.B. Industrialisierung, Umweltzerstörung, Krieg und Gefangenschaft), vgl. z.B. *An die Lerche* von Günther Eich (s. S. 58).

Vgl. zum Problemkreis „Harmonieerfahrung des lyrischen Ichs" auch das nebenstehende Gedicht aus dem 20. Jahrhundert

Günter Eich (1907-1972)

An die Lerche (1948)

Da schon das Gras zu Staub zertreten ist,
die Wüste unter unseren Füßen wächst,
da schon die Apfelbäume, die entrindeten,
zweiglos wie gelb gebleichte Baumskelette
geschändet stehen: Ach, da fliehen uns
die bunten Vögel. Keine Kehle sänge
den Mai uns vor, den schallenden von Liedern,
bliebst du nicht, Lerche, Vogel der Gefangenen.

Du graues Wesen, wie dein einfach Lied
hoch über unsern Häuptern jubiliert,
als wär der steinern trockne Lehm ein Kornfeld,
als wären wir nicht dürr und unfruchtbar,
als solle Saat und Halm aus uns entsprießen
und unser Los gediehe noch zur Ähre.

Oh sing uns keinen falschen Schlummertrost,
sei uns Prophet und sing die kalte Zukunft,
die jubelnde!

6 Klassik (1786-1805)

Inhaltliche Merkmale

Ideal vollkommener Schönheit;
Harmonie und Ausgewogenheit;
hoher Wert des sittlichen Handelns;
Humanität und Toleranz;
kosmische Ordnung als Notwendigkeit;
Herausstellung des Erhabenen

Hauptvertreter und Werke

Johann Wolfgang v. Goethe (1749-1832): *Iphigenie auf Tauris, Faust I und II,* Gedichte und Balladen;
Friedrich Schiller (1759-1805): *Über Anmut und Würde, Über die ästhetische Erziehung des Menschen;*
Nachklassik:
Heinrich von Kleist (1777-1811): *Der zerbrochene Krug, Michael Kohlhaas;*
Friedrich Hölderlin (1770-1843): *Der Tod des Empedokles;*
Jean Paul (1763-1825): *Flegeljahre*

Formale Merkmale

Harmonie zwischen Aussage und Form als Ideal: Kunstballade;
Dinggedicht;
Gedankenlyrik;
Hymne;
Verwendung antiker Formen und Stilmittel;
Entwicklungsroman;
Ballade;
Ideendrama, analytisches Drama

6.1 Johann Wolfgang von Goethe

Gesang der Geister über den Wassern

Arbeitsaufgabe: Interpretieren Sie das Gedicht. Wie lassen sich die Naturbeobachtungen auf die Aussagen über das Leben des Menschen beziehen?

Kurzbiografie Johann Wolfgang von Goethe s. S. 49

Johann Wolfgang von Goethe (1749-1832)
Gesang der Geister über den Wassern (1779)

Des Menschen Seele
Gleicht dem Wasser:
Vom Himmel kommt es,
Zum Himmel steigt es,
Und wieder nieder
Zur Erde muß es
Ewig wechselnd.

Strömt von der hohen,
Steilen Felswand
Der reine Strahl,
Dann stäubt er lieblich
in Wolkenwellen
Zum glatten Fels,
Und leicht empfangen
Wallt er verschleiernd,
Leisrauschend
Zur Tiefe nieder.

Ragen Klippen
Dem Sturz entgegen,
Schäumt er unmutig
Stufenweise
Zum Abgrund.

Im flachen Bette
Schleicht er das Wiesental hin,
Und in dem glatten See
Weiden ihr Antlitz
Alle Gestirne.

Wind ist der Welle
Lieblicher Buhler;
Wind mischt von Grund aus
Schäumende Wogen.

Seele des Menschen,
Wie gleichst du dem Wasser!
Schicksal des Menschen,
Wie gleichst du dem Wind!

Lösungsvorschlag

Gliederung des Aufsatzes

A. Einleitung: Entstehung, Thema des Gedichts

B. Hauptteil: Interpretation
- I. Inhalt
- II. Sprachliche und formale Mittel
- III. Naturbeobachtungen

C. Schluss: Hinweis auf ähnliche Motive in anderen Gedichten Goethes

Stichwortartige Ausarbeitung des Aufsatzes

A. Einleitung: Goethe schrieb das Gedicht während seiner zweiten Schweizer Reise 1779 und schickte es an Charlotte von Stein. Anlass war das Erlebnis des Staubbach-Wasserfalls. Gedicht als Rollengedicht, als Gesang von *Geistern*. Thema des Rollengedichtes ist das menschliche Leben, das mit dem Lauf des Wassers verglichen wird.

B. Hauptteil: Interpretation

I. Inhalt

Die Seele des Menschen befindet sich wie das Wasser in einem ewigen Kreislauf vom Himmel zur Erde und wieder zurück. Das Wasser stürzt von einem Wasserfall hinab, Dampf steigt den Fels empor, das Wasser fließt weiter. Klippen bewirken ein Aufschäumen des Wassers. Das Wasser fließt in einem flachen Flussbett durch ein Tal, es mündet in einen See, in dem sich die Sterne spiegeln. Der Wind erzeugt Wellen auf dem Wasser. Die Seele des Menschen gleicht dem Wasser, das Schicksal des Menschen gleicht dem Wind.

II. Sprachliche und formale Mittel

Es lassen sich die folgenden sprachlichen und formalen Mittel feststellen:
- 6 Strophen von unterschiedlicher Länge;
- freie Rhythmen, meist zweihebig, nur V.24f. dreihebig als Ausdruck des langsamen Dahinfließens;
- Assonanz, z.B. der Binnenreim *wieder nieder* (V.5), *ewig wechselnd* (V.7), *unmutig, Stufenweise, Zum Abgrund* (V.19-21);
- Alliteration: *Erde, ewig* (V.6f.), *st*-Alliterationen in V.8-11, *w*-Alliterationen in *Wind, Welle, Wogen, Wasser* (V.28-V.33);
- Parallelismus: *Vom Himmel kommt es, Zum Himmel steigt es* (V.3f.), Zusammenhang zwischen Menschlichem und Göttlichem, Regelmäßigkeit des kreislaufartigen Geschehens.

III. Naturbeobachtungen

Bild des Wasserfalls: Jugend
Bild der verlangsamten Bewegung: das Älter-Werden
Bild der Klippen: Gefährdungen des Lebens
Bild der gespiegelten Gestirne: Verbindung des Göttlichen mit dem Menschlichen, alles Lebendige als Hinweis auf göttlichen Schöpfer
Bild des Windes und des Wassers: Wind als Schicksal des Menschen, manchmal freundlich, manchmal feindlich, Wasser als Seele des Menschen.

C. Schluss: Als Gedicht aus der Frühklassik enthält es manche Parallelen zu anderen Natur- und Weltanschauungsgedichten Goethes: Bild des ewigen Kreislaufs (vgl. V.7) auch in der Ring-Symbolik in *Grenzen der Menschheit* (1781): *Ein kleiner*

Ring/Begrenzt unser Leben,/Und viele Geschlechter/Reihen sich dauernd/An ihres Daseins/Unendliche Kette. Vgl. auch das Naturbild im 1783 entstandenen Gedicht *Das Göttliche* (Wind als Schicksal): *Wind und Ströme,/Donner und Hagel/Rauschen ihren Weg/Und ergreifen/Vorüber eilend/Einen um den andern* (V.20-25).

6.2 Johann Wolfgang von Goethe

Das Göttliche

Arbeitsaufgabe: Interpretieren Sie das Gedicht und ordnen Sie es literarhistorisch ein.

Kurzbiografie Johann Wolfgang von Goethe s. S. 49

Johann Wolfgang von Goethe (1749-1832)
Das Göttliche (1783)

Edel sei der Mensch,
Hilfreich und gut!
Denn das allein
Unterscheidet ihn
Von allen Wesen,
Die wir kennen.

Heil den unbekannten
Höhern Wesen,
Die wir ahnen!
Ihnen gleiche der Mensch;
Sein Beispiel lehr uns
Jene glauben.

Denn unfühlend
Ist die Natur:
Es leuchtet die Sonne
Über Bös' und Gute,
Und dem Verbrecher
Glänzen wie dem Besten
Der Mond und die Sterne.

Wind und Ströme,
Donner und Hagel
Rauschen ihren Weg
Und ergreifen
Vorüber eilend
Einen um den andern.

Auch so das Glück
Tappt unter die Menge,
Faßt bald des Knaben
Lockige Unschuld,
Bald auch den kahlen
Schuldigen Scheitel.

Nach ewigen, ehrnen,
Großen Gesetzen
Müssen wir alle
Unseres Daseins
Kreise vollenden.

Nur allein der Mensch
Vermag das Unmögliche:
Er unterscheidet,
Wählet und richtet;
Er kann dem Augenblick
Dauer verleihen.

Er allein darf
Den Guten lohnen,
Den Bösen strafen,
Heilen und retten,
Alles Irrende, Schweifende
Nützlich verbinden.

Und wir verehren
Die Unsterblichen,
Als wären sie Menschen,
Täten im Großen,
Was der Beste im Kleinen
Tut oder möchte.

Der edle Mensch
Sei hilfreich und gut!
Unermüdet schaff er
Das Nützliche, Rechte,
Sei uns ein Vorbild
Jener geahneten Wesen!

Lösungsvorschlag

Gliederung des Aufsatzes

A. Einleitung: Autor, Titel, Thema des Gedichtes

B. Hauptteil: Interpretation
- I. Inhalt und Aufbau, Aussage
  1. Inhalt und Aufbau
  2. Aussage
- II. Literarhistorische Einordnung in die Epoche der Klassik

C. Schluss: Ausblick auf anderes Gedicht der Epoche

Stichwortartige Ausarbeitung des Aufsatzes

A. Einleitung: In dem 1783 von Johann Wolfgang von Goethe verfassten Gedicht *Das Göttliche* wird das Menschenbild der Klassik formuliert; außerdem geht es um das Verhältnis zwischen Menschen und höheren Wesen.

B. Hauptteil: Interpretation

I. Inhalt und Aufbau, Aussage

1. Inhalt und Aufbau

10 Strophen, wobei die erste und die zehnte Strophe durch den Appell an den Menschen, hilfreich und gut zu sein, einen Rahmen bilden.

Strophe 1: Appell, hilfreich und gut zu sein im Bewusstsein, dass es das ist, was den Menschen vom Tier unterscheidet.

Strophe 2: Begrüßung der erahnten höheren Wesen; das Leben des guten Menschen soll glaubensstärkend wirken.

Strophe 3: Natur nimmt keine moralische Bewertung vor.

Strophe 4: Naturereignisse wie Wind und Gewitter treffen gute wie schlechte Menschen.

Strophe 5: Auch das Glück macht keinen Unterschied zwischen guten und schlechten Menschen.

Strophe 6: Ewige Gesetze bestimmen den Verlauf des menschlichen Lebens.

Strophe 7 und 8: Der Mensch allerdings kann eine moralische Wertung vornehmen und eine Strafe aussprechen.

Strophe 9: Menschen verehren Götter als absolute Realisierung dessen, was der vorbildhafte Mensch vermag.

Strophe 10: Der Mensch soll im Kleinen ein Vorbild dieser großen Götter sein. Dazu soll er hilfreich und edel sein und sich unermüdlich um das Gute bemühen.

2. Aussage
Die Ahnung ermöglicht dem Menschen eine Vorstellung der Götter. Das Streben des Menschen nach dem Göttlichen ist sein herausragender Wesenszug und als moralischer Anspruch, als ethischer Appell zu verstehen.

II. Literarhistorische Einordnung in die Epoche der Klassik
Die literarhistorische Einordnung in die Epoche der Klassik lässt sich folgendermaßen begründen:
- keine Selbstbehauptung des Menschen gegen Götter wie z.B. im Sturm und Drang (vgl. Goethe *Prometheus*), Götter vielmehr als Vorbilder für das gute menschliche Handeln (vgl. V.6-12);
- der Mensch ist ewigen Gesetzen unterworfen, die er nicht beeinflussen kann (vgl. V.32ff.);
- besonders in letzter Strophe kommt sittlicher Idealismus der Klassik zum Ausdruck, der Glaube an die reine Menschlichkeit wird im Begriff *der edle Mensch* (V.54) zusammengefasst. Der edle Mensch ist nach Kant derjenige, der das Sittengesetz des vernunftbegabten Menschen verkörpert. In seiner Kritik der praktischen Vernunft (1788) heißt es: *Handle so, dass du die Menscheit sowohl in deiner Person als in der Person eines jeden anderen jederzeit zugleich als Zweck, niemals bloß als Mittel brauchst;*
- Primat der Vernunft, die richtet und steuert; Ziel: Erschaffung des Nützlichen (vgl. V.47 und V.57);
- Einordnung in die Frühklassik (Hochklassik beginnt mit Goethes italienischer Reise 1786-88) auch inhaltlich begründbar. Schillers Vorstellung des erhabenen Menschen, in dem Pflicht und Neigung harmonisch zusammenfallen und der als *schöne Seele* bezeichnet wird, klingt in *Das Göttliche* noch nicht an; auch seine Vorstellung von der Bildungsaufgabe der Kunst, der ästhetischen Erziehung, die den Menschen zur *schönen Seele* macht, wie er sie in *Anmut und Würde* (1793) oder in *Briefe über die ästhetische Erziehung des Menschen* (1795) formuliert, ist noch keine Rede;
- die idealistische Vorstellung, dass die Verbesserung des einzelnen Menschen schließlich zur Verbesserung der Gesellschaft führt, lässt sich in Andeutungen aus den letzten beiden Strophen herauslesen;
- der in V.54-59 geäußerte Humanitätsgedanke verbindet das Gedicht z.B. mit Goethes *Iphigenie*, in der die der Wahrheit verpflichtete *schöne Seele* das Kantsche Sittengesetz durch ihre unerhörte Tat verwirklicht.

C. Schluss: Das Verhältnis des Menschen zu dem Göttlichen wird auch in einem anderen Gedicht Goethes aus der Frühklassik thematisiert. In *Grenzen der Menschheit* (1781) wird die Warnung ausgesprochen, der Mensch solle nicht versuchen, sich mit den Göttern zu vergleichen (vgl. V.11-20). Während die Götter ewig seien, müsse sich der Mensch seine eigene Vergänglichkeit bewusst machen, die ihn von jenen unterscheidet (vgl. V.29-36). Ehrfurcht solle das den Menschen bestimmende Gefühl gegenüber den transzendenten Mächten sein (vgl. V.9). Von dem aus dieser Haltung resultierenden sittlichen Appell, wie er in *Das Göttliche* formuliert wird, ist noch nicht die Rede; gedanklich wird er jedoch bereits 1781 vorbereitet.

Johann Wolfgang von Goethe (1749-1832)
Grenzen der Menschheit (1781)

Wenn der uralte
Heilige Vater
Mit gelassener Hand
Aus rollenden Wolken
Segnende Blitze
Über die Erde sät.
Küss ich den letzten
Saum seines Kleides,
Kindliche Schauer
Treu in der Brust.

Denn mit den Göttern
Soll sich nicht messen
Irgendein Mensch.
Hebt er sich aufwärts
Und berührt
Mit dem Scheitel die Sterne
Nirgends haften dann
Die unsichern Sohlen,
Und mit ihm spielen Wolken und Winde.

Steht er mit festen,
Markigen Knochen
Auf der wohlgegründeten
Dauernden Erde,
Reicht er nicht auf,
Nur mit der Eiche
Oder der Rebe
Sich zu vergleichen.

Was unterscheidet
Götter von Menschen?
Daß viele Wellen
Vor jenen wandeln,
Ein ewiger Strom:
Uns hebt die Welle,
Verschlingt die Welle,
Und wir versinken.

Ein kleiner Ring
Begrenzt unser Leben,
Und viele Geschlechter
Reihen sich dauernd
An ihres Daseins
Unendliche Kette.

6.3 Johann Wolfgang von Goethe

Auf dem See

Kurzbiografie Johann Wolfgang von Goethe s. S. 49

Arbeitsaufgabe: Geben Sie den Inhalt des Gedichtes wieder und entwickeln Sie seine Aussage. Erarbeiten Sie, wie die formale und sprachliche Gestaltung die Aussage unterstützt.

Johann Wolfgang von Goethe (1749 - 1832)
Auf dem See (1775)

Und frische Nahrung, neues Blut
Saug' ich aus freier Welt;
Wie ist Natur so hold und gut,
Die mich am Busen hält!
Die Welle wieget unsern Kahn
Im Rudcrtakt hinauf,
Und Berge, wolkig himmelan,
Begegnen unserm Lauf.

Aug', mein Aug', was sinkst du nieder?
Goldne Träume, kommt ihr wieder?
Weg, du Traum, so gold du bist:
Hier auch Lieb' und Leben ist.

Auf der Welle blinken
Tausend schwebende Sterne,
Weiche Nebel trinken
Rings die türmende Ferne;
Morgenwind umflügelt
Die beschattete Bucht,
Und im See bespiegelt
Sich die reifende Frucht.

Lösungsvorschlag

Gliederung des Aufsatzes

A. Einleitung: Thema des Gedichtes

B. Hauptteil: Interpretation
- I. Inhalt und Aussage
  - 1. Inhalt
  - 2. Aussage
- II. Sprachliche Gestaltung

C. Schluss: Aktualitätsbezug

Stichwortartige Ausarbeitung des Aufsatzes

A. Einleitung: In dem Gedicht *Auf dem See* von Johann Wolfgang von Goethe geht es um die Naturerfahrung des lyrischen Ichs.

B. Hauptteil: Interpretation

I. Inhalt und Aussage

1. Inhalt

In der ersten Strophe befindet sich das lyrische Ich in einem Boot auf einem See. Es lobt die Natur, die es als nährend und gut bezeichnet. In der zweiten Strophe beginnt der Sprecher zu träumen. Mit dem Argument, dass Lebendiges und Liebe auch hier zu finden seien, verscheucht er den Traum. Die dritte Strophe enthält die Beschreibung eines Morgenidylls. Die Sterne spiegeln sich noch im Wasser und Nebel steigt aus dem See, während ein Morgenwind sich erhebt und sich Früchte im Wasser spiegeln.

2. Aussage

Lob der positiven Wirkung der Natur auf den Menschen.

II. Sprachliche Gestaltung

Es lassen sich die folgenden poetischen Gestaltungsmittel erkennen:
- Metrum: Jambus in der ersten Strophe als lautliche Untermalung des Rudertakts, Trochäus in der zweiten Strophe als Ausdruck der veränderten Stimmung (Verlangsamung des Sprechens als Folge des Nachdenkens), in der dritten Strophe Trochäus zusammen mit einem daktylischen Metrum in V.14, V.16, V.18, V.20 als Ausdruck von feierlicher Beschwingtheit;
- Kreuzreim und gleiche Verszahl in der ersten und dritten Strophe: Hinweis auf Zusammengehörigkeit (positive Grundstimmung); die zweite Strophe weist einen Paarreim auf und hat nur die Hälfte der Verse der ersten bzw. dritten Strophe: Hinweis auf kurzen und nicht nachhaltigen Stimmungswechsel;

- Enjambement: z.B. V.1f, V.7f. und v.a. V.13-V.20, besondere Betonung der Verbindung von ursprünglich Getrenntem, in V.1 als Mittel, das den Vorgang des „Energietankens" verdeutlicht;
- Alliteration: *Welle wieget* (V.5), Verstärkung der wiegenden Bewegung;
- zweite Strophe mit zwei Fragen und einem Befehl, verdeutlicht Entschlossenheit des Sprechers;
- positive Adjektive wie z.B. *frische* (V.1), *hold, gut* (V.3) als Hinweis auf die belebende Kraft der Natur.

C. Schluss: Natur entfaltet ihre beruhigende Wirkung auf den Menschen, der aus ihr Lebenskraft zieht. Mögliche Aktualisierung: Problem der zunehmenden Urbanisierung und des zunehmenden Massentourismus mit der daraus resultierenden Tatsache, dass ungetrübtes Naturerleben immer schwieriger ist.

6.4 Friedrich Schiller

Das Lied von der Glocke

Arbeitsaufgabe: Erarbeiten Sie den inhaltlichen Aufbau des Gedichtes. Weisen Sie nach, dass es sich um ein Gedicht aus der Epoche der Klassik handelt.

Kurzbiografie Friedrich Schiller s. S. 71

Friedrich Schiller (1759-1805)
Das Lied von der Glocke (1800)

Vivos voco
Mortuos plango
Fulgura frango[1]

Fest gemauert in der Erden
Steht die Form, aus Lehm gebrannt.
Heute muß die Glocke werden,
Frisch, Gesellen, seid zur Hand.
Von der Stirne heiß
Rinnen muß der Schweiß,
Soll das Werk den Meister loben,
Doch der Segen kommt von oben.

Zum Werke, das wir ernst bereiten,
Geziemt sich wohl ein ernstes Wort;
Wenn gute Reden sie begleiten,
Dann fließt die Arbeit munter fort.
So laßt uns jetzt mit Fleiß betrachten,

[1] **Übersetzung:**
Die Lebenden rufe ich,
die Toten beklage ich,
die Blitze breche ich.

Was durch die schwache Kraft entspringt,
Den schlechten Mann muß man verachten,
Der nie bedacht, was er vollbringt.
Das ists ja, was den Menschen zieret,
Und dazu ward ihm der Verstand,
Daß er im innern Herzen spüret,
Was er erschafft mit seiner Hand.

Nehmet Holz vom Fichtenstamme,
Doch recht trocken laßt es sein,
Daß die eingepreßte Flamme
Schlage zu dem Schwalch hinein.
Kocht des Kupfers Brei,
Schnell das Zinn herbei,
Daß die zähe Glockenspeise
Fließe nach der rechten Weise.

Was in des Dammes tiefer Grube
Die Hand mit Feuers Hülfe baut,
Hoch auf des Turmes Glockenstube
Da wird es von uns zeugen laut.
Noch dauern wirds in späten Tagen
Und rühren vieler Menschen Ohr
Und wird mit dem Betrübten klagen
Und stimmen zu der Andacht Chor.
Was unten tief dem Erdensohne
Das wechselnde Verhängnis bringt,
Das schlägt an die metallne Krone,
Die es erbaulich weiterklingt.

Weiße Blasen seh ich springen,
Wohl! die Massen sind im Fluß.
Laßts mit Aschensalz durchdringen,
Das befördert schnell den Guß.
Auch von Schaume rein
Muß die Mischung sein,
Daß vom reinlichen Metalle
Rein und voll die Stimme schalle.

Denn mit der Freude Feierklange
Begrüßt sie das geliebte Kind
Auf seines Lebens erstem Gange,
Den es in Schlafes Arm beginnt;
Ihm ruhen noch im Zeitenschoße
Die schwarzen und die heitern Lose,
Der Mutterliebe zarte Sorgen

Bewachen seinen goldnen Morgen.
Die Jahre fliehen pfeilgeschwind.
Vom Mädchen reißt sich stolz der Knabe,
Er stürmt ins Leben wild hinaus,
Durchmißt die Welt am Wanderstabe.
Fremd kehrt er heim ins Vaterhaus,
Und herrlich, in der Jugend Prangen,
Wie ein Gebild aus Himmelshöhn,
Mit züchtigen, verschämten Wangen.
Sieht er die Jungfrau vor sich stehn,
Da faßt ein namenloses Sehnen
Des Jünglings Herz, er irrt allein,
Aus seinen Augen brechen Tränen,
Er flieht der Brüder wilden Reihn.
Errötend folgt er ihren Spuren
Und ist von ihrem Gruß beglückt,
Das Schönste sucht er auf den Fluren,
Womit er seine Liebe schmückt.
O! zarte Sehnsucht, süßes Hoffen,
Der ersten Liebe goldne Zeit,
Das Auge sieht den Himmel offen,
Es schwelgt das Herz in Seligkeit.
O! daß sie ewig grünen bliebe,
Die schöne Zeit der jungen Liebe!

Wie sich schon die Pfeifen bräunen!
Dieses Stäbchen tauch ich ein,
Sehn wirs überglast erscheinen,
Wirds zum Gusse zeitig sein.
Jetzt, Gesellen, frisch!
Prüft mir das Gemisch,
Ob das Spröde mit dem Weichen
Sich vereint zum guten Zeichen.

Denn wo das Strenge mit dem Zarten,
Wo Starkes sich und Mildes paarten,
Da gibt es einen guten Klang.
Drum prüfe, wer sich ewig bindet,
Ob sich das Herz zum Herzen findet!
Der Wahn ist kurz, die Reu ist lang.
Lieblich in der Bräute Locken
Spielt der jungfräuliche Kranz,
Wenn die hellen Kirchenglocken
Laden zu des Festes Glanz.
Ach! des Lebens schönste Feier
Endigt auch den Lebensmai,

Friedrich Schiller

Friedrich Schiller wird am 10.11.1759 in Marbach/Neckar geboren. Er will zunächst Pfarrer werden, tritt 1773 aber in die Herzogliche Militär-Akademie (Karlsschule) ein und beginnt ein Rechtsstudium und später ein Medizinstudium. Schon während seiner Ausbildung in der von ihm als einengend empfundenen Karlsschule veröffentlicht er erste Werke, z.B. *Die Räuber* (1777). 1782 flieht er aus Stuttgart wegen der Beschränkung seiner dichterischen und persönlichen Freiheit. 1783 findet er in Mannheim eine Anstellung als Theaterdichter, 1788 erhält er eine Geschichtsprofessur in Jena. Eine finanzielle Unterstützung durch den Erbprinzen Friedrich Christian von Schleswig-Holstein ermöglicht ihm ein dreijähriges Studium philosophischer Schriften, das sich in entsprechenden Abhandlungen niederschlägt, die die Grundlage der deutschen Klassik darstellen. 1794 freundet er sich mit Goethe an. Schiller stirbt 1805.
Schiller und Goethe sind die wichtigsten Vertreter des Sturm und Drang und der deutschen Klassik. Berühmte Werke Schillers sind: *Don Karlos, Infant von Spanien* (1787), *Wallenstein* (1798), *Maria Stuart* (1800).

Mit dem Gürtel, mit dem Schleier
Reißt der schöne Wahn entzwei.
Die Leidenschaft flieht!
Die Liebe muß bleiben,
Die Blume verblüht,
Die Frucht muß treiben.
Der Mann muß hinaus
Ins feindliche Leben,
Muß wirken und streben
Und pflanzen und schaffen,
Erlisten, erraffen,
Muß wetten und wagen,
Das Glück zu erjagen.
Da strömet herbei die unendliche Gabe,
Es füllt sich der Speicher mit köstlicher Habe,
Die Räume wachsen, es dehnt sich das Haus.
Und drinnen waltet
Die züchtige Hausfrau,
Die Mutter der Kinder,
Und herrschet weise
Im häuslichen Kreise,
Und lehret die Mädchen
Und wehret den Knaben,
Und reget ohn Ende
Die fleißigen Hände,
Und mehrt den Gewinn
Mit ordnendem Sinn.
Und füllet mit Schätzen die duftenden Laden,
Und dreht um die schnurrende Spindel den Faden,
Und sammelt im reinlich geglätteten Schrein
Die schimmernde Wolle, den schneeigten Lein,
Und füget zum Guten den Glanz und den Schimmer,
Und ruhet nimmer.
Und der Vater mit frohem Blick
Von des Hauses weitschauendem Giebel
Überzählet sein blühend Glück,
Siehet der Pfosten ragende Bäume
Und der Scheunen gefüllte Räume
Und die Speicher, vom Segen gebogen,
Und des Kornes bewegte Wogen,
Rühmt sich mit stolzem Mund:
Fest, wie der Erde Grund,
Gegen des Unglücks Macht
Steht mir des Hauses Pracht!
Doch mit des Geschickes Mächten
Ist kein ewger Bund zu flechten,

Und das Unglück schreitet schnell.

Wohl! Nun kann der Guß beginnen,
Schön gezacket ist der Bruch.
Doch, bevor wirs lassen rinnen,
Betet einen frommen Spruch!
Stoßt den Zapfen aus!
Gott bewahr das Haus.
Rauchend in des Henkels Bogen
Schießts mit feuerbraunen Wogen.

Wohltätig ist des Feuers Macht,
Wenn sie der Mensch bezähmt, bewacht,
Und was er bildet, was er schafft,
Das dankt er dieser Himmelskraft,
Doch furchtbar wird die Himmelskraft,
Wenn sie der Fessel sich entrafft,
Einhertritt auf der eignen Spur
Die freie Tochter der Natur.
Wehe, wenn sie losgelassen
Wachsend ohne Widerstand
Durch die volkbelebten Gassen
Wälzt den ungeheuren Brand!
Denn die Elemente hassen
Das Gebild der Menschenhand.
Aus der Wolke
Quillt der Segen,
Strömt der Regen,
Aus der Wolke, ohne Wahl,
Zuckt der Strahl!
Hört ihrs wimmern hoch vom Turm?
Das ist Sturm!
Rot wie Blut
Ist der Himmel,
Das ist nicht des Tages Glut!
Welch Getümmel
Straßen auf!
Dampf wallt auf!
Flackernd steigt die Feuersäule,
Durch der Straße lange Zeile
Wächst es fort mit Windeseile,
Kochend wie aus Ofens Rachen
Glühn die Lüfte, Balken krachen,
Pfosten stürzen, Fenster klirren,
Kinder jammern, Mütter irren,
Tiere wimmern

Unter Trümmern,
Alles rennet, rettet, flüchtet,
Taghell ist die Nacht gelichtet,
Durch der Hände lange Kette
Um die Wette
Fliegt der Eimer, hoch im Bogen
Sprützen Quellen, Wasserwogen.
Heulend kommt der Sturm geflogen,
Der die Flamme brausend sucht.
Prasselnd in die dürre Frucht
Fällt sie, in des Speichers Räume,
In der Sparren dürre Bäume,
Und als wollte sie im Wehen
Mit sich fort der Erde Wucht
Reißen, in gewaltger Flucht,
Wächst sie in des Himmels Höhen
Riesengroß!
Hoffnungslos
Weicht der Mensch der Götterstärke,
Müßig sieht er seine Werke
Und bewundernd untergehen.

Leergebrannt
Ist die Stätte,
Wilder Stürme rauhes Bette,
In den öden Fensterhöhlen
Wohnt das Grauen,
Und des Himmels Wolken schauen
Hoch hinein.

Einen Blick
Nach dem Grabe
Seiner Habe
Sendet noch der Mensch zurück –
Greift fröhlich dann zum Wanderstabe,
Was Feuers Wut ihm auch geraubt,
Ein süßer Trost ist ihm geblieben,
Er zählt die Häupter seiner Lieben,
Und sieh! ihm fehlt kein teures Haupt

In die Erd ists aufgenommen,
Glücklich ist die Form gefüllt,
Wirds auch schön zutage kommen,
Daß es Fleiß und Kunst vergilt?
Wenn der Guß mißlang?
Wenn die Form zersprang?

Ach! vielleicht, indem wir hoffen,
Hat uns Unheil schon getroffen.

Dem dunkeln Schoß der heilgen Erde
Vertrauen wir der Hände Tat,
Vertraut der Sämann seine Saat
Und hofft, daß sie entkeimen werde
Zum Segen, nach des Himmels Rat.
Noch köstlicheren Samen bergen
Wir traurend in der Erde Schoß
Und hoffen, daß er aus den Särgen
Erblühen soll zu schönerm Los.

Von dem Dome,
Schwer und bang,
Tönt die Glocke
Grabgesang.
Ernst begleiten ihre Trauerschläge
Einen Wandrer auf dem letzten Wege.

Ach! die Gattin ists, die teure,
Ach! es ist die treue Mutter,
Die der schwarze Fürst der Schatten
Wegführt aus dem Arm des Gatten,
Aus der zarten Kinder Schar,
Die sie blühend ihm gebar,
Die sie an der treuen Brust
Wachsen sah mit Mutterlust
Ach! des Hauses zarte Bande
Sind gelöst auf immerdar,
Denn sie wohnt im Schattenlande,
Die des Hauses Mutter war,
Denn es fehlt ihr treues Walten,
Ihre Sorge wacht nicht mehr,
An verwaister Stätte schalten
Wird die Fremde, liebeleer.

Bis die Glocke sich verkühlet,
Laßt die strenge Arbeit ruhn,
Wie im Laub der Vogel spielet,
Mag sich jeder gütlich tun.
Winkt der Sterne Licht,
Ledig aller Pflicht
Hört der Pursch die Vesper schlagen,
Meister muß sich immer plagen.

Munter fördert seine Schritte
Fern im wilden Forst der Wandrer
Nach der lieben Heimathütte.
Blökend ziehen heim die Schafe,
Und der Rinder
Breitgestirnte, glatte Scharen
Kommen brüllend,
Die gewohnten Ställe füllend.
Schwer herein
Schwankt der Wagen,
Kornbeladen,
Bunt von Farben
Auf den Garben
Liegt der Kranz,
Und das junge Volk der Schnitter
Fliegt zum Tanz.
Markt und Straße werden stiller,
Um des Lichts gesellge Flamme
Sammeln sich die Hausbewohner,
Und das Stadttor schließt sich knarrend.
Schwarz bedecket
Sich die Erde,
Doch den sichern Bürger schrecket
Nicht die Nacht,
Die den Bösen gräßlich wecket,
Denn das Auge des Gesetzes wacht.

Heilge Ordnung, segenreiche
Himmelstochter, die das Gleiche
Frei und leicht und freudig bindet,
Die der Städte Bau gegründet,
Die herein von den Gefilden
Rief den ungesellgen Wilden,
Eintrat in der Menschen Hütten,
Sie gewöhnt zu sanften Sitten
Und das teuerste der Bande
Wob, den Trieb zum Vaterlande!

Tausend fleißge Hände regen,
Helfen sich in munterm Bund,
Und in feurigem Bewegen
Werden alle Kräfte kund.
Meister rührt sich und Geselle
In der Freiheit heilgem Schutz.
Jeder freut sich seiner Stelle,
Bietet dem Verächter Trutz.

Arbeit ist des Bürgers Zierde,
Segen ist der Mühe Preis,
Ehrt den König seine Würde,
Ehret uns der Hände Fleiß.

Holder Friede,
Süße Eintracht,
Weilet, weilet
Freundlich über dieser Stadt!
Möge nie der Tag erscheinen,
Wo des rauhen Krieges Horden
Dieses stille Tal durchtoben,
Wo der Himmel,
Den des Abends sanfte Röte
Lieblich malt,
Von der Dörfer, von der Städte
Wildem Brande schrecklich strahlt!

Nun zerbrecht mir das Gebäude,
Seine Absicht hats erfüllt,
Daß sich Herz und Auge weide
An dem wohlgelungnen Bild.
Schwingt den Hammer, schwingt
Bis der Mantel springt,
Wenn die Glock soll auferstehen,
Muß die Form in Stücken gehen.

Der Meister kann die Form zerbrechen
Mit weiser Hand, zur rechten Zeit,
Doch wehe, wenn in Flammenbächen
Das glühnde Erz sich selbst befreit!
Blindwütend mit des Donners Krachen
Zersprengt es das geborstne Haus,
Und wie aus offnem Höllenrachen
Speit es Verderben zündend aus;
Wo rohe Kräfte sinnlos walten,
Da kann sich kein Gebild gestalten,
Wenn sich die Völker selbst befrein,
Da kann die Wohlfahrt nicht gedeihn.

Weh, wenn sich in dem Schoß der Städte
Der Feuerzunder still gehäuft,
Das Volk, zerreißend seine Kette,
Zur Eigenhilfe schrecklich greift!
Da zerret an der Glocke Strängen
Der Aufruhr, daß sie heulend schallt

Und, nur geweiht zu Friedensklängen,
Die Losung anstimmt zur Gewalt.

Freiheit und Gleichheit! hört man schallen,
Der ruhge Bürger greift zur Wehr,
Die Straßen füllen sich, die Hallen,
Und Würgerbanden ziehn umher,
Da werden Weiber zu Hyänen
Und treiben mit Entsetzen Scherz,
Noch zuckend, mit des Panthers Zähnen,
Zerreißen sie des Feindes Herz.
Nichts Heiliges ist mehr, es lösen
Sich alle Bande frommer Scheu,
Der Gute räumt den Platz dem Bösen,
Und alle Laster walten frei.
Gefährlich ists, den Leu zu wecken,
Verderblich ist des Tigers Zahn,
Jedoch der schrecklichste der Schrecken,
Das ist der Mensch in seinem Wahn.
Weh denen, die dem Ewigblinden
Des Lichtes Himmelsfackel leihn!
Sie strahlt ihm nicht, sie kann nur zünden
Und äschert Städt und Länder ein.

Freude hat mir Gott gegeben!
Sehet! wie ein goldner Stern
Aus der Hülse, blank und eben,
Schält sich der metallne Kern.
Von dem Helm zum Kranz
Spielts wie Sonnenglanz,
Auch des Wappens nette Schilder
Loben den erfahrnen Bilder.

Herein! herein!
Gesellen alle, schließt den Reihen,
Daß wir die Glocke taufend weihen,
Concordia soll ihr Name sein,
Zur Eintracht, zu herzinnigem Vereine
Versammle sie die liebende Gemeine.

Und dies sei fortan ihr Beruf,
Wozu der Meister sie erschuf!
Hoch überm niedern Erdenleben
Soll sie in blauem Himmelszelt
Die Nachbarin des Donners schweben
Und grenzen an die Sternenwelt,

Soll eine Stimme sein von oben,
Wie der Gestirne helle Schar,
Die ihren Schöpfer wandelnd loben
Und führen das bekränzte Jahr.
Nur ewigen und ernsten Dingen
Sei ihr metallner Mund geweiht,
Und stündlich mit den schnellen Schwingen
Berühr im Fluge sie die Zeit,
Dem Schicksal leihe sie die Zunge,
Selbst herzlos, ohne Mitgefühl,
Begleite sie mit ihrem Schwunge
Des Lebens wechselvolles Spiel.
Und wie der Klang im Ohr vergehet,
Der mächtig tönend ihr entschallt,
So lehre sie, daß nichts bestehet,
Daß alles Irdische verhallt.

Jetzo mit der Kraft des Stranges
Wiegt die Glock mir aus der Gruft,
Daß sie in das Reich des Klanges
Steige, in die Himmelsluft.
Ziehet, ziehet, hebt!
Sie bewegt sich, schwebt,
Freude dieser Stadt bedeute,
Friede sei ihr erst Geläute.

Lösungsvorschlag

Gliederung des Aufsatzes

A. Einleitung: Vorstellung Schillers, Thema des Gedichtes

B. Hauptteil: Interpretation
I. Inhalt und Aufbau
II. *Die Glocke* als Gedicht der Klassik

C. Schluss: Lehre der *Glocke* in der Zeit des Vormärz

Stichwortartige Ausarbeitung des Aufsatzes

A. Einleitung: Schiller zählt neben Goethe zu den Begründern der deutschen Klassik. In dem umfangreichen *Lied von der Glocke*, das Schiller im Jahre 1800 verfasst hat, preist er die Werte des bürgerlichen Lebens und erhebt die Glocke zum Dingsymbol für die Wechselfälle des menschlichen Lebens schlechthin. Dieser enge Zusammenhang zwischen der Glocke und dem menschlichen Leben wird schon in dem Motto deutlich, das Schiller dem Lied voranstellt. Auf Deutsch lautet es: *Die Lebenden rufe ich, die Toten beklage ich, die Blitze breche ich.*

B. Hauptteil: Interpretation

I. Inhalt und Aufbau

Der Aufbau wird bestimmt durch den Wechsel von metrisch übereinstimmenden Meistersprüchen, in denen die Herstellung der Glocke beschrieben wird, und solchen Strophen, in denen das menschliche Leben zum Thema genommen wird. Meisterspruch und Liedstrophen sind jeweils thematisch aufeinander bezogen. Der Einfachheit halber werden Aufbau und Inhalt in Form einer Gegenüberstellung beschrieben.

In einem Aufsatz empfiehlt es sich, der Chronologie des Liedes zu folgen, damit der innere Zusammenhang der einzelnen Strophen deutlich wird.

1. Meisterspruch (V.1-8)
Aufforderung des Meisters an seine Gesellen mit der Arbeit an der Glocke zu beginnen

(V.9-20)
Ernste Reden sollen das Werk begleiten, Hinweis auf die Bedeutung von Herz und Verstand bei der Erschaffung eines Werkes

2. Meisterspruch (V.21-28)
Zubereitung des Glockengemischs aus Kupfer und Zinn

(V.29-40)
Glocke als lang währendes Zeugnis menschlicher Arbeit, sie begleitet die Wechselfälle des menschlichen Lebens

3. Meisterspruch (V.41-48)
Mischung beginnt zu kochen, ein späterer guter Klang ist davon abhängig, dass kein Schaum mehr darunter ist
Thema: Frühphase des Glockengusses

(V.49-79)
Thema: Frühphase des menschlichen Lebens
Säugling wird beim Taufgang von Glocke begleitet, Glück und Unglück erwarten ihn, von der Mutter wird er großgezogen; in der Jugend Trennung vom Elternhaus, Wanderschaft und Rückkehr ins Elternhaus, erste Liebe

4. Meisterspruch (V.80-87)
Prüfung der Mischung mithilfe eines eingetauchten Stäbchens
Thema: Vereinigung von Kupfer und Zinn zu einer lebenslangen Bindung (Glocke)

(V.88-146)
Thema: Vereinigung von Mann und Frau (Hochzeit)
Liebe als Voraussetzung für eine lebenslange Bindung, Aufgabe des Mannes: Erwerb des Lebensunterhaltes für sich und seine Familie, Aufgabe der Frau: Erziehung der Kinder, Mehrung des Wohlstandes, Hausarbeit, rastlose Arbeit, Zufriedenheit des Hausvaters über den Wohlstand der Familie Einschränkung: Glück währt nicht ewig

5. Meisterspruch (V.147-154)
Mischung ist fertig, der Guss kann beginnen; ein Gebet wird gesprochen, die Mischung fließt in die Form hinein
Thema: Macht des Feuers

(V.155-226)
Thema: Macht des Feuers
Feuer mit produktiver und destruktiver Kraft, Unwetter verwüstet eine Stadt, Versuch, die Feuer zu löschen, die Werke des Menschen werden zerstört; nach dem Unwetter und der Zerstörung seiner Habe, fängt der Mensch optimistisch neu an, Familie ist vollzählig

6. Meisterspruch (V.227-234)
Form in der *Erd* (V.227) ist mit dem Glockenbrei gefüllt, Hoffen auf ein gutes Gelingen der Glocke und Befürchtung, der Guss könnte misslungen oder die Form zersprungen sein
Stichwort: *Erd* (V.227)

(V.235-265)
Stichwort Erde (V.235)
Erde birgt sowohl die Saat als auch die Toten, aus der Erde soll neues Leben erwachsen; Grabgeläute der Glocke; Tod der Mutter

7. Meisterspruch (V.266-273)
Abkühlphase der Glocke bedeutet Freizeit für die Arbeiter
Thema: Freizeit

(V.274-333)
Thema: Freizeit, bürgerliche Idylle, bürgerliches Arbeitsethos;
Bauern gehen zum Tanz, Abendstimmung in der Stadt, Sicherheit der Bürger in der Nacht, weil das Gesetz wacht und schützt. Vaterlandsliebe als wichtigste innere Einstellung zur bestehenden gesellschaftlichen Ordnung, die den Menschen zivilisiert hat; hoher Wert der Arbeit, sie zeichnet den Bürger aus. Lob des Friedens, Hoffnung, der möge nicht durch den Krieg gestört werden

8. Meisterspruch (V.334-341)
Aufforderung, die Lehmform zu zerschlagen und die Glocke freizulegen
Thema: Zerschlagung der Form

(V.342-381)
Thema: Revolution (als Zerschlagung der bisherigen gesellschaftlichen Form).
Das Zerschlagen der Form muss mit Bedacht vor sich gehen, nur der Meister kann dies leisten; wenn sich der Glockenbrei selbst befreit, entsteht Zerstörung; so ist es auch, wenn sich Völker selbst befreien und dabei Gewalt anwenden; sinnlose Zerstörung ist die Folge solcher Befreiung. Unter der Parole Freiheit und Gleichheit greifen die Bürger zu den Waffen, auf den Straßen gilt das Gesetz des Stärkeren, Frauen üben Gewalt aus. Umkehrung der Werte: Wo Gutes gewesen ist, ist nun Böses, nichts Heiliges existiert mehr; der sich allmächtig glaubende Mensch als schlimmster Schrecken

9. Meisterspruch (V.382-389)
Glocke wird freigelegt
Thema: Freude

(V.390-417)
Thema: Feier
Taufe der Glocke auf den Namen Concordia (Eintracht); Aufgabe der Glocke: Begleitung des menschlichen Schicksals vom hohen Glockenturme aus; Memento Mori-Appell

10. Meisterspruch (V.418-425)
Mit einem Seil wird die Glocke aus dem Erdloch, in dem ihr Guss stattgefunden hat, in die Höhe gehoben. Sie soll für den Frieden läuten.

II. *Die Glocke* als Gedicht der Klassik

Das Lied von der Glocke lässt sich aufgrund seiner Entstehungszeit der Epoche der Klassik zuordnen.

Die zum Ausdruck kommenden bürgerlichen Wertvorstellungen lassen sich teilweise aus den Postulaten der Klassik ableiten. Dieser Zusammenhang soll an sechs ausgewählten Postulaten entfaltet werden:

- der Mensch der Klassik erkennt die übergeordneten Mächte der Sittlichkeit, der Kultur und der Natur an: vgl. V.37f, vgl. V.53f., bürgerliche Rollenverteilung (vgl. V.106-132), vgl. V.207-210;

- er glaubt an die freie Selbstbestimmung, die sich bei Schiller in der Haltung zur Arbeit äußert (vgl. V.132ff und V.318-321);

- Aussöhnung mit der Gesellschaft und ihren Normen, gegen das Empörertum des Sturm und Drang (vgl. V.291-309, V.322-333, V.354-381 - gegen die Französische Revolution);

- Lebensideale sind Humanität und (sittlicher) Idealismus (vgl. V.312-321), *Concordia* als Name der Glocke (vgl. V.393);

- durch die Erfahrung des Todes entfaltet der Mensch die Kraft zur Gegenwirkung gegen das Schicksal (vgl. V.240-243, V.250-265);

- die schöne Seele zeigt sich in der Harmonie von Neigung und Pflicht, von Gefühl und Verstand. Einen Widerschein dieses Gedankens findet man z.B. in V.19f.

C. Schluss: Die bürgerlichen Wertvorstellungen wie der Wert der Arbeit oder der Familie, die in dem *Lied von der Glocke* zum Ausdruck kommen, sind auch heute noch prägend für viele Menschen. In der Zeit des Vormärz konnte man verfolgen, dass diese Werte auch den Rückzug ins Private fördern können. Die Epoche des Biedermeier lässt sich geradezu als Verwirklichung der Postulate des Gedichtes ansehen, nachdem der Wiener Kongress nach 1815 die politische Restauration betrieben hatte. Die notwendige Erhebung der Bürger wird in der *Glocke* ausdrücklich abgelehnt. Andere Schriftsteller wie z.B. Büchner oder Gutzkow haben die politischen Missstände dagegen offen angeprangert und den Widerstand gefordert. Das Scheitern der 48er Revolution machte die bürgerlichen Wertvorstellungen von neuem bedeutsam.

6.5 Friedrich Schiller

Der Ring des Polykrates *

Arbeitsaufgabe: Interpretieren Sie die folgende Ballade.

Friedrich Schiller (1759-1805)
Der Ring des Polykrates (1797)

Kurzbiografie Friedrich Schiller s. S. 71

I

Er stand auf seines Daches Zinnen,
Er schaute mit vergnügten Sinnen
Auf das beherrschte Samos hin.
„Dies alles ist mir untertänig“,
Begann er zu Ägyptens König,
„Gestehe, daß ich glücklich bin.“

II

„Du hast der Götter Gunst erfahren!
Die vormals deinesgleichen waren,
Sie zwingt jetzt deines Zepters Macht.
Doch einer lebt noch, sie zu rächen,
Dich kann ein Mund nicht glücklich sprechen,
So lang des Feindes Auge wacht.“

III

Und eh der König noch geendet,
Da stellt sich, von Milet gesendet,
Ein Bote dem Tyrannen dar:
„Laß, Herr! des Opfers Düfte steigen,
Und mit des Lorbeers muntren Zweigen
Bekränze dir dein festlich Haar.

IV

Getroffen sank der Feind vom Speere,
Mich sendet mit der frohen Märe
Dein treuer Feldherr Polydor.“
Und nimmt aus einem schwarzen Becken,
Noch blutig, zu der beiden Schrecken,
Ein wohlbekanntes Haupt hervor.

V

Der König tritt zurück mit Grauen.
„Doch warn ich dich, dem Glück zu trauen“,
Versetzt er mit besorgtem Blick.
„Bedenke auf ungetreuen Wellen,
Wie leicht kann sie der Sturm zerschellen,
Schwimmt deiner Flotte zweifelnd Glück.“

VI

Und eh er noch das Wort gesprochen,
Hat ihn der Jubel unterbrochen,
Der von der Reede jauchzend schallt.
Mit fremden Schätzen reich beladen,
Kehrt zu den heimischen Gestaden
Der Schiffe mastenreicher Wald.

VII

Der königliche Gast erstaunet:
„Dein Glück ist heute gut gelaunet,
Doch fürchte seinen Unbestand.
Der Kreter waffenkund'ge Scharen
Bedrängen dich mit Kriegsgefahren:
Schon nahe sind sie diesem Strand."

VIII

Und eh' ihm noch das Wort entfallen,
Da sieht man's von den Schiffen wallen,
Und tausend Stimmen rufen: „Sieg!
Von Feindesnot sind wir befreiet,
Die Kreter hat der Sturm zerstreuet,
Vorbei, geendet ist der Krieg!"

XI

Das hört der Gastfreund mit Entsetzen:
„Fürwahr, ich muß dich glücklich schätzen,
Doch", spricht er, „zittr' ich für dein Heil.
Mir grauet vor der Götter Neide,
Des Lebens ungemischte Freude
Ward keinem Irdischen zuteil.

X

Auch mir ist alles wohlgeraten,
Bei allen meinen Herrschertaten,
Begleitet mich des Himmels Huld,
Doch hatt ich einen teuren Erben,
Den nahm mir Gott, ich sah ihn sterben,
Dem Glück bezahlt ich meine Schuld.

XI

Drum, willst du dich vor Leid bewahren,
So flehe zu den Unsichtbaren,
Daß sie zum Glück den Schmerz verleihn.
Noch keinen sah ich fröhlich enden,
Auf den mit immer vollen Händen
Die Götter ihre Gaben streun.

XII

Und wenn's die Götter nicht gewähren,
So acht auf eines Freundes Lehren
Und rufe selbst das Unglück her,
Und was von allen deinen Schätzen
Dein Herz am höchsten mag ergötzen,
Das nimm und wirf's in dieses Meer!"

XIII

Und jener spricht, von Furcht beweget:
„Von allem, was die Insel heget,
Ist dieser Ring mein höchstes Gut.
Ihn will ich den Erinnen weihen,
Ob sie mein Glück mir dann verzeihen."
Und wirft das Kleinod in die Flut.

XIV

Und bei des nächsten Morgens Lichte,
Da tritt mit fröhlichem Gesichte
Ein Fischer vor den Fürsten hin:
„Herr, diesen Fisch hab ich gefangen,
Wie keiner noch ins Netz gegangen,
Dir zum Geschenke bring ich ihn."

XV

Und als der Koch den Fisch zerteilet,
Kommt er bestürzt herbeigeeilet
Und ruft mit hocherstauntem Blick:
„Sieh, Herr, den Ring, den du getragen,
Ihn fand ich in des Fisches Magen,
O, ohne Grenzen ist dein Glück!"

XVI

Hier wendet sich der Gast mit Grausen:
„So kann ich ferner hier nicht hausen,
Mein Freund kannst du nicht weiter sein,
Die Götter wollen dein Verderben,
Fort eil ich, nicht mit dir zu sterben."
Und sprach's und schiffte schnell sich ein.

Lösungsvorschlag

Gliederung des Aufsatzes

A. Einleitung: Titel, Thema, Quelle der Ballade

B. Hauptteil: Interpretation
- I. Inhalt und Aufbau
  - 1. Inhalt
  - 2. Aufbau
- II. Sprachliche Mittel
- III. Aussage

C. Schluss: Aktuelle Bedeutung

Stichwortartige Ausarbeitung des Aufsatzes

A. Einleitung: Schillers Quelle ist die Polykrates-Überlieferung des griechischen Geschichtsschreibers Herodot: Polykrates ist im 6. Jh. v. Chr. Alleinherrscher über Samos, seine politischen Unternehmungen sind überaus erfolgreich. Die Erfolge des Polykrates veranlassen seinen Freund, den ägyptischen König Amasis, ihm in einem Brief auf die Gefahr hinzuweisen, die Götter könnten neidisch auf sein Glück werden. Er empfiehlt ihm, etwas gegen sein Glück zu tun und sich von dem zu trennen, was ihm am liebsten ist. Der Ring, den Polykrates daraufhin ins Meer wirft, wird nach einer Woche in einem Fisch gefunden, der dem König von einem Fischer zum Geschenk gemacht wird. Als Amasis davon erfährt, löst er den Freundschaftsbund, damit er bei der hereinbrechenden göttlichen Strafe nicht über ihn trauern muss. Schiller hat in seiner Ballade *Der Ring des Polykrates* das Geschehen auf zwei Tage gekürzt und auf eine persönliche Begegnung der beiden Könige konzentriert.

B. Hauptteil: Interpretation

<u>I. Inhalt und Aufbau</u>

1. Inhalt

Polykrates betrachtet seinen Machtbereich und fordert den ägyptischen König, gemeint ist Amasis, auf, sein Glück anzuerkennen. Dieser aber warnt ihn vor einem möglichen Rächer der von Polykrates Entmachteten. Der Kopf des getöteten Rächers wird kurz darauf als Entkräftung der Warnung herbeigebracht. Die zweite Warnung des Amasis bezieht sich auf die Gefahren, denen die königliche Flotte auf dem Meer ausgesetzt ist. Die Flotte läuft sofort nach dem

Aussprechen der Warnung reich beladen in den Hafen ein. Die dritte Warnung beinhaltet die kriegerische Bedrohung durch die Kreter. Doch auch diese Warnung erweist sich als unbegründet, da die Kreter kurz darauf besiegt werden. Amasis nimmt die dreimalige Widerlegung seiner Warnungen zum Anlass, Polykrates von seinem eigenen Schicksal zu erzählen. Auch ihm seien alle Unternehmungen geglückt, doch dann hätten die Götter einen Tribut in Gestalt seines Sohnes dafür gefordert. Wen die Götter derart begünstigten, der müsse mit einem schrecklichen Ende rechnen. Polykrates solle sich daher von dem trennen, was ihm am liebsten sei. Der Ring, den der Angesprochene daraufhin ins Meer wirft, wird am nächsten Tage in dem Fisch gefunden, der dem König zum Geschenk gemacht wird. Amasis verlässt den König von Samos mit der Bemerkung, dass die Götter den Untergang des Polykrates beschlossen hätten.

2. Aufbau

Voraussetzung	Glück des Polykrates (Strophe I)
1. Warnung	möglicher Rächer
1. Gegenbeweis	Rächer wird besiegt (Strophe II-IV)
2. Warnung	Gefahren des Meeres
2. Gegenbeweis	Schiffe kehren reich beladen zurück (Strophe V und VI)
3. Warnung	Kriegsgefahren
3. Gegenbeweis	siegreiche Armee (Strophe VII und VIII)
4. Warnung	kein Glück währt ewig, Aufforderung an Polykrates, ein freiwilliges Opfer zu leisten, er wirft den Ring ins Meer (Strophe IX bis XIII)
Ergebnis	Ring findet sich im Fisch, Gastfreund verlässt Polykrates (Strophe XIV-XVI)

II. Sprachliche Mittel

Es lassen sich die folgenden sprachlichen Mittel feststellen:
- 16 Strophen zu jeweils sechs Versen, jambischer Vierheber als bestimmendes Versmaß, weibliche und männliche Kadenzen, unreine Reime (z.B. *untertänig/König*, V.4f.), Reimschema: Schweifreim, dadurch: Zweiteilung der Strophen, rhythmisches bzw. gedankliches Innehalten nach drittem Vers;
- *Ring* als Symbol für das Glück des Polykrates;
- direkte Rede: z.B. V.4, V.6, Strophe 2, steht im Dienste der Spannungssteigerung (Ballade als poetische Gestaltung eines spannenden Ereignisses);
- Anaphern: z.B. V.1f. (mit parallel strukturierter Syntax), V.69f. und Alliterationen: z.B. *Herrschertaten/Himmels Huld* (V.56f.), Verbindung von inhaltlich Zusammengehörendem;
- Synekdoche: *Dich kann ein Mund nicht glücklich sprechen* (V.11), der engere Begriff *Mund* steht für den weiteren Begriff *die Menschen*;
- positive Ausdrücke, die das Glück des Polykrates unterstreichen: z.B. *mit vergnügten Sinnen* (V.2), *mit des Lorbeers muntren Zweigen* (V.17), *festlich Haar* (V.18).

III. Aussage und C. Schluss: Das Gedicht beinhaltet die Aussage, dass sowohl Glück als auch Leid untrennbar zum menschlichen Leben gehören. Diese Erkenntnis mag auf den ersten Blick befremdlich anmuten, weil es das ausgesprochene Ziel des Menschen ist, glücklich zu sein und leidvolle Situationen zu vermeiden. Dabei kann Leiderfahrung auch immer gleichzeitig einen Reifungsprozess anstoßen, der den Menschen das Glück umso nachhaltiger erfahren lässt. Mögliche Aktualisierung: Auch in unserer modernen Welt, in der alle Mittel aufgewendet werden, um das Leid des Menschen zu reduzieren, wo der Konsum immer neuer Produkte Sinnerfahrung stiftet und angeblich negative Leiderfahrung ausschaltet, wo zum Leben gehörende Phänomene wie der Tod aus dem öffentlichen Bewusstsein ausgeblendet werden, erscheint es nötig, an den Wert von Leiderfahrung zu erinnern. Erlebt der Mensch immer nur Glücksmomente, so wird er bei der Bewältigung erster Schwierigkeiten in Gefahr laufen zu scheitern. Das ist damit gemeint, wenn Amasis davon spricht, dass die Götter das Verderben des vom Glück begünstigten Menschen planen. An Leiderfahrung wächst der Mensch, das Bewusstsein seiner eigenen Unvollkommenheit lässt ihn auch mit einem veränderten Bewusstsein auf seine Mitmenschen zugehen: In der Sympathie, im *Mitleid*, kann sich wahre Humanität entfalten.

6.6 Matthias Claudius *Der Tod*
Rudolf Alexander Schröder *Zum Totensonntag*

Arbeitsaufgabe: Erarbeiten Sie eine vergleichende Interpretation der beiden Gedichte und stellen Sie dabei insbesondere die unterschiedliche Auseinandersetzung der Dichter mit ihrem Thema heraus.

Rudolf Alexander Schröder (1878-1962)

Zum Totensonntag

Alles Leben führt zum Tod,
Kannst es leicht betrachten:
Morgenrot bringt Abendrot,
Und was Tag, muß nachten.

Alles Leben führt zum Tod,
Hab Geduld: es endet.
Also grimm ist keine Not,
Die der Tod nicht wendet.

Rudolf Alexander Schröder

Rudolf Alexander Schröder wird 1878 in Bremen geboren. In seinen Werken setzt er sich mit der Tradition der christlich-abendländischen Kultur auseinander und legt die besondere Betonung auf die Bedeutung christlichen Gedankenguts. 1933 wird er Mitglied der Bekennenden Kirche. Schröder stirbt 1962 in Bad Wiessee.

Laß die Toten denn im Tod
Grab an Grab verwesen,
Du, ob Tod und Todes Not,
Weil du's weißt, erlesen.

Weißt, an dir ist keiner Not
Fürder Macht gegeben:
All dein Leben führt zum Tod,
All dein Tod zum Leben.

Matthias Claudius

Matthias Claudius wird 1740 in Reinfeld/Holstein als Sohn eines Pfarrers geboren. Nach dem Studium der Theologie und der Jurisprudenz lebt er als Schriftsteller und Bankrevisor in Wandsbeck, wo er von 1771-75 den Wandsbecker Boten herausgibt. Claudius stirbt 1815 in Hamburg.

Matthias Claudius (1740-1815)
Der Tod (1798)

Ach, es ist so dunkel in des Todes Kammer,
Tönt so traurig, wenn er sich bewegt
Und nun aufhebt seinen schweren Hammer
Und die Stunde schlägt.

Lösungsvorschlag

Gliederung des Aufsatzes

A. Einleitung: Gemeinsames Thema der Gedichte, Vorstellung der Dichter

B. Hauptteil: Interpretation
- I. Rudolf Alexander Schröder *Zum Totensonntag*
  1. Inhalt
  2. Formale und sprachliche Gestaltung
  3. Aussage
- II. Matthias Claudius *Der Tod*
  1. Inhalt
  2. Formale und sprachliche Gestaltung
  3. Aussage

C. Schluss: Zusammenfassender Vergleich

Stichwortartige Ausarbeitung des Aufsatzes

A. Einleitung: Rudolf Alexander Schröder wie auch Matthias Claudius betonen in ihren Werken christliche Wertvorstellungen. In den vorliegenden Gedichten, Schröders *Zum Totensonntag* und Claudius' *Der Tod*, setzen sich beide mit dem Tod in unterschiedlicher Weise auseinander.

Vgl. zu alternativen Vorgehensweisen bei der vergleichenden Gedichtinterpretation auch S. 8f.

B. Hauptteil: Interpretation

I. Rudolf Alexander Schröder *Zum Totensonntag*

1. Inhalt

Alles, was lebt, muss sterben, so wie es Nacht und Tag wird. Aufforderung zur Geduld, jede Not endet spätestens mit dem Tod. Aufforderung, man solle die Toten ruhen lassen, i.S. von keinen Gedanken an sie wenden; der Leser sei über den Tod erhaben (*erlesen* als *ausgesucht, auswählen*). In Strophe 4 folgt die Begründung dieser Behauptung: In der Gewissheit, dass mit dem Tod das (ewige) Leben beginnt, kann keine Not dem Glaubenden etwas anhaben.

2. Formale und sprachliche Gestaltung:

Es lassen sich die folgenden sprachlichen und formalen Mittel feststellen:
- vier trochäische Vierzeiler, mit vier bzw. drei Hebungen, Kreuzreim mit abwechselnd weiblichen und männlichen Kadenzen;
- Wiederholung: *Tod* (V.1, 5, 8f., 11, 15f.) dreimal als Endreim auf *Not* (V.5 und 7, V.9 und 11, V.13 und 15) als Hinweis auf die Zusammengehörigkeit von Not und Tod (*Todes Not*, V.11); *o* als dominierender Vokal (Morgenrot, Abendrot), erzeugt dunkle Stimmung;
- substantivische Sprache, keine Adjektive: sachliche Sprache, evtl. als Hinweis auf die religiöse Gewissheit, dass der Tod nur das irdische Leben beendet;
- Metapher: V.9f., Grauen hervorrufendes Bild als Kontrast zur christlichen Hoffnung;
- Chiasmus: V.15f., Ergebnis der Überlegungen, erhöhte Merkbarkeit durch chiastische Syntax;
- Vergleich: V.3f., Tod als natürlicher Vorgang;
- Neologismus: *nachten* (V.4);
- Inversion: V.10f., Betonung auf *erlesen* (V.12) und der religiösen Überzeugung des Sprechers.

3. Aussage

Der Mensch sieht sich mit dem Problem des Todes konfrontiert in der Tatsache, dass jeder Lebenstag, gar jede Lebensminute ihn dem Tod unweigerlich näher bringt. Dass dieser Tod zum Leben, zum ewigen Leben, führen soll, das ist die christliche Grundüberzeugung, die hinter dem Paradoxon in V.16 steht. Christen lösen das Paradoxon mit tröstender Wirkung auf, für den Nichtgläubigen bleibt das Paradoxon ohne Trost bestehen.

II. Matthias Claudius *Der Tod*

1. Inhalt

Dunkelheit bestimmt die Kammer des Todes, Trauer seine Bewegungen, wenn er mit dem Hammer die Stunde schlägt, die das Ende eines menschlichen Lebens bedeutet.

2. Formale und sprachliche Gestaltung

Es lassen sich die folgenden sprachlichen und formalen Mittel feststellen:
- trochäischer Vierzeiler, mit sechs, fünf, fünf und drei Hebungen, Kreuzreim, unreiner Reim in V.2 und 4: schwerfälliger Trochäus als Ausdruck der Trauer, der Bedrückung angesichts des Todes;
- Interjektion: *Ach* (V.1), gefolgt von einem einzigen Satz als Ausdruck der Resignation;
- *a-*, *o-*, *u-*Assonanzen unterstützen die Schwermut;
- verkürzter Schlussvers als Hinweis auf abrupte Endgültigkeit;
- Symbole: dunkle Kammer (vgl. V.1) als Ausdruck der Unentrinnbarkeit, das Schlagen der Stunde (vgl. V.4) als Todesstunde.

3. Aussage

Der Tod ist unerbittlich, ihm kann man nicht entrinnen. Im Symbol der dunklen Kammer wird die Unentrinnbarkeit und die Unheimlichkeit der Todesstunde besonders deutlich. Claudius bemüht sich nicht, eine Sinndeutung des Todes vorzunehmen.

C. Schluss: Der Tod ist das gemeinsame Thema beider Gedichte. Unterschiede in der Behandlung finden sich z.B. in der Sprache: So ist Schröders Gedicht sachlich formuliert, die religiöse Gewissheit kommt in der fehlenden Aufgeregtheit zum Ausdruck; bei Claudius spüren wir die Schwermut und die Trauer auch im schwerfälligen trochäischen Metrum. Dieser formalen Beobachtung schließt sich die inhaltliche an: Schröder gibt dem Leser die Hoffnung auf ein Leben nach dem Tod, Claudius hat dagegen nur Resignation und Schmerz und Hoffungslosigkeit zu setzen.

7 Romantik (1795-1835)

Inhaltliche Merkmale

Dichtung zusammen mit Malerei und Musik als Teil progressiver *Universalpoesie* (Schlegel); Weg in das Innere des Menschen (Themen: Sehnsucht, Traum, Sinnlichkeit, Kindheit, auch Unterwegs-Sein); Sehnsucht nach enger Verbindung mit der Natur; Wiederentdeckung der Tradition in Märchen und Volksbüchern – Verherrlichung des Mittelalters (als letzte Universalkultur); *Romantische Ironie* als Ausdruck des Widerspruchs zwischen Erstrebtem und Realem

Hauptvertreter und Werke

Joseph von Eichendorff (1788-1857): Gedichte;
E.T.A. Hoffmann (1776-1822): *Die Elixiere des Teufels;*
Ludwig Tieck (1773-1853): *Des Lebens Überfluß;*
Novalis (1772-1801): *Heinrich von Ofterdingen;*
Clemens Brentano (1778-1842) und Achim von Arnim (1781-1831): *Des Knaben Wunderhorn;*
Adelbert von Chamisso (1781-1838): *Peter Schlemihls wundersame Geschichte*

Formale Merkmale

Volkslied;
Lyrik (Sehnsucht nach enger Verbindung mit der Natur);
Fragment;
Kriminalgeschichte;
Leitmotiv

7.1 Joseph von Eichendorff

Mondnacht *

Arbeitsaufgabe: Interpretieren Sie das folgende Gedicht, indem sie insbesondere die Bezüge zu Bildern und Themen der Romantik herausarbeiten.

Joseph von Eichendorff (1788-1857)
Mondnacht (1837)

Es war, als hätt der Himmel
Die Erde still geküßt,
Daß sie im Blütenschimmer
Von ihm nun träumen müßt.

Die Luft ging durch die Felder,
Die Ähren wogten sacht,
Es rauschten leis die Wälder,
So sternklar war die Nacht.

Joseph von Eichendorff

Joseph Freiherr von Eichendorff wird 1788 auf Schloss Lubowitz in Oberschlesien geboren. Nach dem Jura-Studium tritt er in den preußischen Staatsdienst ein. Zwischen 1816 und 1857 lebt er in Berlin, Breslau, Königsberg und Neiße, wo er 1857 stirbt. Zu seinen bekanntesten Werken zählen *Das Marmorbild* (1819), *Aus dem Leben eines Taugenichts* (1826) und *Schloss Dürande* (1837).

Und meine Seele spannte
Weit ihre Flügel aus,
Flog durch die stillen Lande,
Als flöge sie nach Haus.

Lösungsvorschlag

Gliederung des Aufsatzes

A. Einleitung: Kunst der Romantik, Thema des Gedichtes

B. Hauptteil: Interpretation
- I. Inhalt und Aussage
  - 1. Inhalt
  - 2. Aussage
- II. Bezüge zur Romantik

C. Schluss: Aktualitätsbezug

Stichwortartige Ausarbeitung des Aufsatzes

A. Einleitung: Das Programm der Romantik lässt sich stichwortartig auf *Poetisierung der Welt* reduzieren. Auf Gemälden von Malern der Romantik, wie z. B. William Turner, Carl Rottmann oder Carl Philip Fohr, ist diese schwärmerische Verklärung der Wirklichkeit deutlich zu erkennen. In dem Gedicht *Mondnacht* von Joseph von Eichendorff wird mit Worten ein schwärmerischer Eindruck der Natur, wie sie dem lyrischen Ich in einer Mondnacht erscheint, gezeichnet.

B. Hauptteil: Interpretation

I. Inhalt und Aussage

1. Inhalt

1. Strophe: Dem lyrischen Ich erscheint es so (Traum), als hätte der Himmel die Erde geküsst; Folge: Erde träumt von ihm.

2. Strophe: Wind weht durch Felder und Wälder, die Nacht ist sternklar (Realität).

3. Strophe: Seele des lyrischen Ichs erhebt sich zum Flug durch die Nacht (Vorgänge im Innern des Menschen)

2. Aussage

Die Natur-Erfahrungen in einer Mondnacht erwecken im lyrischen Ich die Sehnsucht, seiner seelischen Heimat näher zu kommen; Ausdruck der Sehnsucht nach Überwindung aller Gegensätze, mündend in einer Hinwendung zu

Gott (*Seele*); erkennbar an den Rahmenversen V.1 und V.12 (Alliteration: *Himmel* und *Haus*).

II. Bezüge zur Romantik

Es lassen sich die folgenden Bezüge feststellen:

- Struktur des Gedichtes: Erzählbewegung von Himmel/Erde über Feld/Wald ins Innere des Menschen, dessen Seele wiederum die Weite wie in der 1. Strophe sucht: romantischer Entgrenzungsversuch;
- Naturerlebnis aus Traum und Realität;
- zentrale Bilder: Kuss von Himmel und Erde (1. Strophe), Flügel der Seele (3. Strophe, religiöser Begriff), *nach Haus* (V.12) als Ziel romantischer Sehnsucht;
- einfaches, romantisches Vokabular, das nicht genau begrifflich bestimmt ist, sondern durch seine Assoziationskraft wirkt: *Blütenschimmer* (V.3), *sternklar* (V.8);
- Konjunktiv zur Darstellung der Traumwelt, die in der 1. Strophe als ein hypotaktisch konstruierter Satz realisiert wird; 2. Strophe dagegen mit Parataxe für Realitätsdarstellung.

C. Schluss: Romantisches Menschenbild: Mensch als Suchender, als Wanderer zwischen Traum und Realität, getrieben vom Heimweh nach dem verlorenen Ursprung (*nach Haus*) und der Sehnsucht nach einem zukünftigen Ziel; Entgrenzungsversuche im 20. Jahrhundert auf wissenschaftlichem Gebiet, gleichzeitig findet in Zeiten wirtschaftlicher Krisen auch eine Besinnung auf religiöse Werte statt. Insofern ist das Menschenbild, das in dem Gedicht gezeichnet wird, auch heute noch aktuell.

7.2 Joseph von Eichendorff

Der Dichter *

Arbeitsaufgabe: Erarbeiten Sie den Inhalt des Gedichtes. Welche sprachlichen Mittel unterstützen seine Aussage?

Kurzbiografie Joseph Freiherr von Eichendorff s. S. 93

Joseph von Eichendorff (1788-1857)

Der Dichter

Ihm ist's verliehn, aus den verworr'nen Tagen,
Die um die andern sich wie Kerker dichten,
Zum blauen Himmel sich emporzurichten,
In Freudigkeit: Hier bin ich, Herr! zu sagen.

Das Leben hat zum Ritter ihn geschlagen,
Er soll der Schönheit neid'sche Kerker lichten;
Daß nicht sich alle götterlos vernichten,
Soll er die Götter zu beschwören wagen.

Tritt erst die Lieb' auf seine blühnden Hügel,
Fühlt er die reichen Kränze in den Haaren,
Mit Morgenrot muß sich die Erde schmücken;

Süßschauernd dehnt der Geist die großen Flügel,
Es glänzt das Meer - die mut'gen Schiffe fahren.
Da ist nichts mehr, was ihm nicht sollte glücken!

Lösungsvorschlag

Gliederung des Aufsatzes

A. Einleitung: Eichendorff als Dichter der Romantik, Thema des Gedichtes

B. Hauptteil: Interpretation

- I. Inhalt und Aussage
  - 1. Inhalt
  - 2. Aussage
- II. Sprachliche Gestaltung

C. Schluss: Zusammenfassende Interpretation und Stellungnahme

Stichwortartige Ausarbeitung des Aufsatzes

A. Einleitung: Die schwärmerische Beschreibung von Natur, Schönheit und Liebe ist ein wesentliches Kennzeichen der literarischen Epoche der Romantik. Einer ihrer wichtigsten Dichter ist Joseph von Eichendorff. In seinem Sonett *Der Dichter* unternimmt er den Versuch, eine Wesensbeschreibung des Dichters, der sich solcher Themen annimmt, zu geben.

B. Hauptteil: Interpretation

I. Inhalt und Aussage

1. Inhalt

1. Quartett: Dichter erhebt sich über Alltagsprobleme (Distanz) und ist optimistisch, wenn anderen Menschen die Schwierigkeiten und die Unübersichtlichkeit des Alltags über den Kopf wachsen;

2. Quartett: Dichter als Held, der die Schönheit preist und Menschen an die Existenz der Götter erinnert;

1. Terzett: Liebe als Thema, das den Dichter in besonderem Maße auszeichnet;

2. Terzett: Liebe als Thema, das dem dichterischen Werk die Weite der Phantasie öffnet; sie garantiert das Gelingen seiner Werke.

2. Aussage

Das lyrische Ich definiert mit Schönheit und Liebe die wichtigsten Themen des Dichters und sieht seine Funktion darin, Mut zuzusprechen und eine optimistische Einstellung zu vertreten. Dabei unterstreicht es die Bedeutung der Liebe, was sowohl als Thema des Werkes als auch als Liebe zum Werk zu verstehen ist, die essentiell für dichterisches Schaffen ist.

II. Sprachliche Gestaltung

Es lassen sich die folgenden sprachlichen und formalen Mittel feststellen:
- Sonett mit umarmenden Reimen, fünfhebiger Jambus, weibliche Endungen: ästhetischer Anspruch auch in der Form; Quartette als Vorbereitung auf das Fazit/den Höhepunkt in den Terzetten; Bedeutung von Liebe, die Mut bewirkt, wird dadurch unterstrichen;
- feierliche Sprache, Inversionen: *Er soll der Schönheit neid'sche Kerker lichten* (V.6), festliche Form für Lob des Dichters;
- Personifikationen: z.B. *Das Leben hat zum Ritter ihn geschlagen* (V.5, weitere Beispiele V.9, V.11, V.12), Berufung des Dichters unterstrichen;
- Metaphern: *der Schönheit neid'sche Kerker* (V.6) als anschaulicher Ausdruck für das, was die Entfaltung von Schönheit hemmt; *der Geist* (V.12) und *mut'ge Schiffe* (V.13) als Metaphern für die furchtlose und weitreichende dichterische Vorstellungskraft;
- Vergleich: *wie Kerker* (V.2) als anschaulicher Ausdruck für das, was die Entfaltung von Schönheit hemmt;
- Alliterationen: V.1 mit Kontrastwirkung;
- Assonanzen: *ü*-Assonanz in V.9-11, Verbindung positiver Begriffe, die die dichterische Phantasie und Kreativität metaphorisch repräsentieren;
- Ausruf: V.14, abschließendes Lob des Dichters.

C. Schluss: Überaus positive Darstellung von Aufgabe und Wirkungsmöglichkeit des Dichters; verständlich auf der Grundlage der romantischen Poetologie; im 20. Jahrhundert Zweifel an der Wirksamkeit von Lyrik bzw. von Literatur überhaupt (vgl. z.B. Kaschnitz *Nicht gesagt*).

7.3 Joseph von Eichendorff *Stimmen der Nacht* Ingeborg Bachmann *Entfremdung*

Kurzbiografie Joseph Freiherr von Eichendorff s. S. 93

Arbeitsaufgabe: Verfassen Sie eine Inhaltsangabe der beiden Gedichte und zeigen Sie, wie die formale und sprachliche Gestaltung die jeweilige Aussage unterstützt. Vergleichen Sie die Naturerfahrung des lyrischen Ichs in beiden Gedichten miteinander.

Joseph von Eichendorff (1788-1857)

Stimmen der Nacht

Weit tiefe, bleiche, stille Felder –
O wie mich das freut,
Über alle, alle Täler, Wälder
Die prächtige Einsamkeit!

Aus der Stadt nur schlagen die Glocken
Über die Wipfel herein,
Ein Reh hebt den Kopf erschrocken
Und schlummert gleich wieder ein.

Der Wald aber rühret die Wipfel
Im Schlaf von der Felsenwand,
Denn der Herr geht über die Gipfel
Und segnet das stille Land.

Ingeborg Bachmann (1926-1973)

Entfremdung (entst. zw. 1948 und 1953)

Kurzbiografie Ingeborg Bachmann s. S. 161

In den Bäumen kann ich keine Bäume mehr sehen.
Die Äste haben nicht die Blätter, die sie in den Wind halten.
Die Früchte sind süß, aber ohne Liebe.
Sie sättigen nicht einmal.
Was soll nur werden?
Vor meinen Augen flieht der Wald,
vor meinem Ohr schließen die Vögel den Mund,
für mich wird keine Wiese zum Bett.
Ich bin satt vor der Zeit und hungre nach ihr.
Was soll nur werden?

Auf den Bergen werden nachts die Feuer brennen.
Soll ich mich aufmachen, mich allem wieder nähern?

Ich kann in keinem Weg mehr einen Weg sehen.

Löungsvorschlag

Gliederung des Aufsatzes

A. Einleitung: Gemeinsames Thema der beiden Gedichte

B. Hauptteil: Vergleichende Interpretation
- I. *Stimmen der Nacht*
  - 1. Inhalt und Aussage
  - 2. Sprachliche Mittel
- II. *Entfremdung*
  - 1. Inhalt und Aussage
  - 2. Sprachliche Mittel
- III. Vergleich der Naturerfahrungen

C. Schluss: Modernität durch Zusammenschau der Gegensätze

Vgl. zu alternativen Vorgehensweisen bei der vergleichenden Gedichtinterpretation auch S. 8f.

Stichwortartige Ausarbeitung des Aufsatzes

A. Einleitung: Zwei Gedichte aus verschiedenen Epochen: Eichendorffs *Stimmen der Nacht* aus der Romantik, aus dem 20. Jahrhundert stammt Bachmanns *Entfremdung*; gemeinsames Thema der beiden Gedichte ist die Naturerfahrung des lyrischen Ichs. Beide Dichter bearbeiten das Thema in unterschiedlicher Weise.

B. Hauptteil: Vergleichende Interpretation

I. *Stimmen der Nacht*

1. Inhalt und Aussage

Gliederung in drei Strophen zu jeweils vier Versen:

1. Strophe: Ausdruck der Freude des lyrischen Ichs über die Stille und Einsamkeit von Feldern, Tälern und Wäldern;

2. Strophe: Konzentration der Aufmerksamkeit auf eine Störung des Idylls; der Klang von Glocken schreckt ein Reh aus dem Schlafe auf, nach einem kurzen Moment schläft es wieder ein;

3. Strophe: Erweiterung des Blickwinkels durch eine religiöse Komponente; Vorstellung einer metaphysischen Beseelung der Natur.

Aussage: Nächtliche Stimmung in der Natur nutzt das lyrische Ich zur Selbsterfahrung; Empfindung von Eins-Sein mit der stillen Natur und Vertrauen auf die Geborgenheit in einem segnenden Gott.

2. Sprachliche Mittel

Es lassen sich die folgenden sprachlichen und formalen Mittel feststellen:

- Kreuzreime und wechselndes Metrum: Trochäus und Daktylus, auch unterschiedliche Zahl der Hebungen in der ersten Strophe (4,3,5,3), in der dritten Strophe gleiche Hebungszahl (3), gebundene Sprache: Metrische Unruhe der ersten Strophe wird bis zur dritten Strophe (hier Erfahrung der metaphysischen Geborgenheit) beruhigt; Einfachheit der formalen Gestaltung als Ausdruck der (intendierten) Harmonie;
- *i*-Assonanzen in der 1. Strophe: helle Vokale signalisieren Freude;
- *u*- und *o*-Assonanzen in der 2. Strophe: dunkle Vokale zum Ausdruck der Störung;
- Wortwiederholungen: *alle* (V.3), *stille* (V.1, V.12), Betonung der Weite bzw. der Ruhe;
- Interjektion *O* (V.2) als unmittelbarer Gefühlsausdruck;
- romantisches Vokabular: *weit* (V.1), *bleiche* (V.1), *stille* (V.1), *Wälder* (V.3), *Felder* (V.1), *Einsamkei*t (V.4 und öfter).

II. *Entfremdung*

1. Inhalt und Aussage

Das lyrische Ich drückt in drei unterschiedlich langen Teilen sein gestörtes Verhältnis zur Natur aus.

Teil 1 (V.1-10): Bäume und Blätter erscheinen dem lyrischen Ich nicht mehr als das, was sie sind; es vermisst die Sättigungskraft der Früchte und auch deren Liebe; der Zugang zum Wald und auch zum Gesang der Vögel erscheint ihm verschlossen; die Wiese wird nicht mehr als einladende Ruhestätte gesehen; das lyrische Ich beklagt, dass es zu früh *satt* (V.9) geworden sei; zweimal fragt es, was nun werden solle.

Teil 2 (V.11f.): Nächtliche Feuer auf den Bergen sind Anlass zur Frage, ob es sich der Natur wieder nähern solle.

Teil 3 (V.13): Bekenntnis der Resignation, kein Weg erscheint dem lyrischen Ich als gangbar.

Aussage: Das lyrische Ich überwindet seine Einsamkeit nicht in der Natur. Es verspürt den Wunsch nach einem Aufhören rationalisierender Wirklichkeitserfahrungen, und es stellt sich die Frage, ob es einen neuen Versuch zur Annäherung an die Natur wagen solle. Das Individuum, das sich um eine intellektuelle Auseinandersetzung mit der Natur bemüht, verliert die Fähigkeit, sich gewissermaßen naiv der Naturerfahrung zu öffnen, weil es ständigem Erklärungszwang ausgesetzt ist. Daher kann auf logischem Wege auch kein Weg zu einer erneuten Annäherung gefunden werden.

2. Sprachliche Mittel

Die Auflösung der Einheit zwischen Natur und lyrischem Ich und seine Verzweiflung spiegeln sich auch in der Sprache wider:

- freie Rhythmen, unterschiedliche Hebungszahl, unterschiedliche Strophenlänge, Verzicht auf eine klare metrische Struktur;
- Wiederholung: *Was soll nur werden?* (V.5, V.10), unbeantwortete Frage als Ausdruck tiefer Verzweiflung;

- Paradoxon: z.B. V.1f. als Ausdruck der Beziehungsstörung;
- Kontrast/Paradoxon: *Ich bin satt vor der Zeit und hungre nach ihr.* (V.9), Hinweis auf Unerfülltheit;
- Parallelismen und Anaphern: z.B. gleiche Satzstruktur in V.2f. und 6f., unterstützt die Wirkung der Aufzählung und damit den Eindruck der Entfremdung.

III. Vergleich der Naturerfahrungen

Eichendorffs lyrisches Ich ist über die Erfahrung von Einsamkeit nicht unglücklich; es nutzt diese Erfahrung zur Vergewisserung seiner Einheit mit der Natur und seiner Geborgenheit in Gott. Bachmanns lyrisches Ich kann seine Einsamkeit auch in der Natur nicht aufheben, es ist nicht im Stande, die Entfremdung zu überwinden, auch wenn in der Frage in V.12 für einen Moment eine Aufhebung der Entfremdung möglich zu sein scheint; am Ende resigniert das lyrische Ich.

C. Schluss: Welches Gedicht ist aktueller? Der ungenügsame Mensch, der sich mit einfachen Antworten nicht zufrieden gibt und so ständig Entfremdung erleben muss, ist ein Bild des kritischen, nach Erkenntnis strebenden Menschen in Naturwissenschaft und Technik. Erfüllung finden viele heute in der Natur, aber nicht mehr durch Versenkung in ihre göttliche Beseeltheit, sondern eher in sportlicher Aktivität. Eine Mystifizierung der Natur findet auch heute dort statt, wo sie als absoluter Wert gesetzt wird, wo sie gewissermaßen heilig gesprochen wird.

Clemens Brentano

Clemens Brentano wird 1778 in Ehrenbreitstein geboren. Nach einer Kaufmannslehre studiert er in Halle und Jena Kameralwissenschaft und Medizin. Eine berufliche Tätigkeit gibt er bald auf und lebt vom Familienvermögen. Von 1803-1806 ist er mit der Schriftstellerin Sophie Mereau verheiratet, nach deren Tod für eine kurze Zeit mit Auguste Bußmann. 1814 wendet er sich wieder dem Katholizismus zu. In den darauffolgenden Jahren lebt er in Berlin, Bonn, Frankfurt, Koblenz, München. In Aschaffenburg ist er 1842 gestorben. Sein berühmtestes Werk ist die Volksliedersammlung *Des Knaben Wunderhorn* (1806), die er zusammen mit Achim von Arnim herausgegeben hat.

7.4 Clemens Brentano

Der Spinnerin Nachtlied *

Arbeitsaufgabe: Geben Sie den Inhalt des Gedichtes wieder und untersuchen Sie seine formale und sprachliche Gestaltung. Beurteilen Sie, wie die dargestellte Person mit ihrer Situation umgeht.

Clemens Brentano (1778 - 1842)
Der Spinnerin Nachtlied (1802)

Es sang vor langen Jahren
Wohl auch die Nachtigall,
Das war wohl süßer Schall,
Da wir zusammen waren.

Ich sing, und kann nicht weinen
Und spinne so allein
Den Faden, klar und rein,
Solang der Mond wird scheinen.

Da wir zusammen waren,
Da sang die Nachtigall,
Nun mahnet mich ihr Schall,
Daß du von mir gefahren.

Sooft der Mond mag scheinen,
Gedenk' ich dein allein,
Mein Herz ist klar und rein,
Gott wolle uns vereinen!

Seit du von mir gefahren,
Singt stets die Nachtigall,
Ich denk' bei ihrem Schall,
Wie wir zusammen waren.

Gott wolle uns vereinen,
Hier spinn' ich so allein,
Der Mond scheint klar und rein,
Ich sing' und möchte weinen!

Lösungsvorschlag

Gliederung des Aufsatzes

A. Einleitung: Vorstellung des Dichters, Thema des Gedichtes

B. Hauptteil: Interpretation
I. Inhalt und Aussage
II. Formale und sprachliche Gestaltung
III. Beurteilung (und C. Schluss:)

Stichwortartige Ausarbeitung des Aufsatzes

A. Einleitung: Liebe, und zwar meist die unerfüllte, ist ein beliebtes Motiv romantischer Dichter, als Beispiel sei nur an Eichendorffs *Das zerbrochene Ringlein* (1813) erinnert. Auch Clemens Brentano nimmt sich dieses Themas in seinem Gedicht *Der Spinnerin Nachtlied,* das 1802 entstanden ist, an.

B. Hauptteil: Interpretation

I. Inhalt und Aussage

Eine Spinnerin erinnert sich beim Gesang der Nachtigall, dass diese vor langer Zeit auch gesungen hat, als sie mit ihrem Geliebten vereint gewesen ist. In der zweiten Strophe schildert das lyrische Ich seine Traurigkeit. Die Spinnerin wird weiterhin in ihrer Einsamkeit ihren Faden spinnen. In der dritten Strophe erinnert sie der Gesang der Nachtigall daran, dass ihr Geliebter sie verlassen hat. In der vierten Strophe spricht sie ihn direkt an und versichert ihm ihre Treue und ewiges Andenken. Sie bittet Gott darum, sie wieder mit ihrem Geliebten zusammen zu bringen. In der fünften Strophe versichert sie ihrem Geliebten, dass sie beim Gesang der Nachtigall, die seit ihrer Trennung stets gesungen hat, immer an ihn denken muss. In der sechsten und letzten Strophe bittet sie Gott nochmals um die Erfüllung ihres Wunsches. Die Einsamkeit löst Trauer in ihr aus und sie beginnt zu weinen.
Aussage: Tiefe Zuneigung kann auch Jahre nach einer Trennung unverändert bleiben; findet die Sehnsucht nach dem vermissten Partner keine Erfüllung, so sind Schmerz und Trauer die Folge.

II. Formale und sprachliche Gestaltung

Es lassen sich die folgenden sprachlichen und formalen Mittel feststellen:
- 6 Strophen zu jeweils vier Versen, dreihebiger Jambus, umarmender Reim, Wechsel von männlichen und weiblichen Kadenzen: klarer Aufbau, der das Volksliedhafte (vgl. auch den Titel des Gedichtes) unterstützt;

- gleiche Reimwörter und teilweise gleiche Verse in den Strophen 1, 3, 5 und 2, 4, 6: Wechsel von Erinnerung an die Vergangenheit (Strophe 1, 3, 5) und Klage über den gegenwärtigen Zustand (V.2, 4, 6);
- kunstvolle Verschränkung einzelner Motive, die dem Gedicht etwas Artifizielles, auch Verspieltes, Verträumtes gibt;
- Symbol: *Herz* (V.15) als Hinweis auf ihre treue Liebe;
- Metapher: einen Faden spinnen (vgl. V.5-7) als Hinweis auf die Tätigkeit des Sich-Erinnerns;
- Kontrast: *süßer Schall* (V.3) im Vergleich mit V.11f.

III. Beurteilung
und
C. Schluss:

Die Spinnerin trauert einer verloren gegangenen Liebesbeziehung noch nach Jahren nach. Sie vermag es nicht, ihre Situation ins Positive zu wenden; vielmehr richtet sie ihre Gebete an Gott, der den Geliebten zurückbringen soll. Angesichts ihrer Situation versinkt sie am Ende in Melancholie. Dieses Verhalten lässt sich auf zwei Weisen beurteilen: Zum einen könnte man der Spinnerin mangelnde Tatkraft beim Versuch, den Schmerz über die Trennung zu überwinden, vorwerfen. Sie hängt weiterhin an Erinnerungen, die immer wieder vom Gesang der Nachtigall ausgelöst werden. Man könnte ein solches Verhalten auch als selbstquälerisch bezeichnen. Auf der anderen Seite ist der Gedanke, dass die Zuneigung zu einem Menschen dauerhaft ist und dem entsprechend auch schmerzhaft sein kann, durchaus erfüllend.

Vgl. zum Problemkreis „Ende einer Liebe" auch das nebenstehende expressionistische Gedicht

August Stramm (1874-1915)

Untreu

Dein Lächeln weint in meiner Brust
Die glutverbissnen Lippen eisen
Im Atem wittert Laubwelk!
Dein Blick versargt
Und
Hastet polternd Worte drauf.
Vergessen
Bröckeln nach die Hände!
Frei
Buhlt dein Kleidsaum
Schlenkrig
Drüber rüber!

7.5 Adelbert von Chamisso

Die Sonne bringt es an den Tag *

Arbeitsaufgabe: Verfassen Sie eine Inhaltsangabe. Erläutern Sie das zentrale Symbol der Ballade und deuten Sie deren Aussage.

Adelbert von Chamisso (1781-1838)
Die Sonne bringt es an den Tag

Gemächlich in der Werkstatt saß
Zum Frühstück Meister Nikolas;
Die junge Hausfrau schenkt' ihm ein,
Es war im heitern Sonnenschein. –
Die Sonne bringt es an den Tag.

Die Sonne blinkt von der Schale Rand,
Malt zitternde Kringeln an die Wand;
Und wie den Schein er ins Auge faßt,
So spricht er für sich, indem er erblaßt:
„Du bringst es doch nicht an den Tag." –

„Wer nicht? was nicht?", die Frau fragt gleich,
„Was stierst du so an? was wirst du so bleich?" –
Und er darauf: „Sei still, nur still!
Ich's doch nicht sagen kann noch will.
Die Sonne bringt's nicht an den Tag."

Die Frau nur dringender forscht und fragt,
Mit Schmeicheln ihn und Hadern plagt,
Mit süßem und mit bitterm Wort;
Sie fragt und plagt ihn fort und fort:
„Was bringt die Sonne nicht an den Tag?"

„Nein, nimmermehr!" – „Du sagst es mir noch." –
„Ich sag es nicht." – „Du sagst es mir doch." –
Da ward zuletzt er müd und schwach
Und gab der Ungestümen nach. –
Die Sonne bringt es an den Tag.

„Auf der Wanderschaft, 's sind zwanzig Jahr,
Da traf es mich einst gar sonderbar:
Ich hatt' nicht Geld, nicht Ranzen noch Schuh',
War hungrig und durstig und zornig dazu.
Die Sonne bringt's nicht an den Tag.

Adelbert von Chamisso

Adelbert von Chamisso wird 1781 auf Schloss Boncourt in der Champagne geboren. Er ist Dichter und Naturforscher. Seine literarische Produktion steht der Romantik nahe, mit deren Vertretern er Kontakt pflegt. Als Naturforscher nimmt von Chamisso 1815 an einer Weltumsegelung teil, über die er einen vielbeachteten Reisebericht verfasst. Er stirbt 1838 in Berlin. Eines seiner bekanntesten Werke ist die Novelle *Peter Schlemihls wundersame Geschichte* (1814), in der ein Mann dem Teufel seinen Schatten verkauft, sein Glück aber nicht in dem dafür erhaltenen Gold, sondern in der einsamen Natur findet.

Da kam mir just ein Jud in die Quer,
Ringsher war's still und menschenleer:
‚Du hilfst mir, Hund, aus meiner Not;
Den Beutel her, sonst schlag ich dich tot!'
Die Sonne bringt's nicht an den Tag.

Und er: ‚Vergieße nicht mein Blut!
Acht Pfennige sind mein ganzes Gut!'
Ich glaubt' ihm nicht und fiel ihn an;
Er war ein alter, schwacher Mann. –
Die Sonne bringt's nicht an den Tag.

So rücklings lag er blutend da,
Sein brechendes Aug in die Sonne sah;
Noch hob er zuckend die Hand empor,
Noch schrie er röchelnd mir ins Ohr:
‚Die Sonne bringt es an den Tag!'

Ich macht' ihn schnell noch vollends stumm
Und kehrt' ihm die Taschen um und um:
Acht Pfennige, das war das ganze Geld.
Ich scharrt' ihn ein auf selbigem Feld –
Die Sonne bringt's nicht an den Tag.

Dann zog ich weit und weiter hinaus,
Kam hier ins Land, bin jetzt zu Haus. –
Du weißt nun meine Heimlichkeit;
So halte den Mund und sei gescheit!
Die Sonne bringt's nicht an den Tag.

Wann aber sie so flimmernd scheint,
Ich merk es wohl, was sie da meint,
Wie sie sich müht und sich erbost –
Du, schau nicht hin und sei getrost:
Sie bringt es doch nicht an den Tag."

So hatt' die Sonn eine Zunge nun;
Der Frauen Zungen ja nimmer ruhn. –
„Gevatterin, um Jesus Christ!
Laßt Euch nicht merken, was Ihr nun wißt!" –
Nun bringt's die Sonne an den Tag.

Die Raben ziehen krächzend zumal
Nach dem Hochgericht, zu halten ihr Mahl.
Wen flechten sie aufs Rad zur Stund?
Was hat er getan? Wie ward es kund?
Die Sonne bracht es an den Tag.

Lösungsvorschlag

Gliederung des Aufsatzes

A. Einleitung: Dichter, Gattung, Thema des Gedichtes

B. Hauptteil: Interpretation
I. Inhalt
II. Formale und sprachliche Mittel
III. Deutung der Aussage (und C. Schluss:)

Stichwortartige Ausarbeitung des Aufsatzes

A. Einleitung: Unter einer Ballade versteht man eine Erzählung in Strophenform, die ein geheimnisvolles, außergewöhnliches Ereignis mit meist tragischem Ende beinhaltet. Ein solches Ende hat auch die Kunstballade *Die Sonne bringt es an den Tag* von Adelbert von Chamisso (1781-1838), in der ein Raubmörder Jahre nach seiner Tat noch zur Verantwortung gezogen wird.

B. Hauptteil: Interpretation

<u>I. Inhalt</u>

<u>1. Strophe:</u> Frühstücksszene im Hause des Handwerksmeisters Nikolas, der an einem sonnigen Morgen von seiner jungen Frau bedient wird.
<u>2. Strophe:</u> Das Sonnenlicht wird von der Schale an die Wand geworfen. Nikolas erblasst und spricht leise, dass die Sonne es nicht an den Tag bringe.
<u>3. Strophe:</u> Die junge Frau bemerkt diese Reaktion ihres Mannes und fragt, warum er so bleich werde.
<u>4. Strophe:</u> Die junge Frau möchte unbedingt wissen, was der Mann zu verbergen habe.
<u>5. Strophe:</u> Nikolas gibt nach langem Hin und Her nach und will es ihr erzählen.

6.-10. Strophe: Beginn der Erzählung: Vor 20 Jahren habe er sich als mittelloser Mann auf der Wanderschaft befunden. In seiner Not habe er einen alten, schwachen Juden überfallen, ihn getötet und ihm acht Pfennige geraubt, bevor er ihn auf in einem Feld verscharrt habe. Kurz vor seinem Tod habe der Jude gesagt, dass die Sonne das Verbrechen irgendwann an den Tag bringe.

11. Strophe: Nikolas hat die Erzählung beendet und ermahnt seine Frau, sie für sich zu behalten.

12. Strophe: Immer wenn die Sonne scheint, fühlt er sich an die Untat erinnert; er fordert auch seine Frau auf, nicht auf sie zu achten, weil das Verbrechen ohnehin verborgen bleibe.

13. Strophe: Die Frau erzählt das, was sie von Nikolas gehört hat, einer Bekannten mit der Bitte, es nicht weiter zu erzählen.

14. Strophe: Eine Hinrichtung wird geschildert; durch Andeutungen wird klar, dass es sich um Meister Nikolas handelt, der die Strafe für sein Verbrechen erhält.

Aufbau: Frühstück, Erinnerung an die Tat, Neugier der Frau, Erzählung des Tathergangs, Geschwätzigkeit der Frau, Hinrichtung.

II. Formale und sprachliche Mittel

Es lassen sich die folgenden sprachlichen und formalen Mittel feststellen:

- 14 fünfzeilige, meist jambische Strophen mit jeweils vier Hebungen pro Vers, zuweilen auch Anapäst (vgl. z.B. V.6-8), Reimform aa bb (Paarreim), der fünfte Vers als Waise, wird jeweils als Kehrreim und manchmal leicht abgewandelt in jeder Strophe wiederholt: Strophenform und Refrain betonen das Liedhafte der Ballade, Wechsel des Metrums lenkt die Aufmerksamkeit des Lesers auf die betreffenden Worte, Spannung wird erzeugt;
- Verwendung der direkten Rede: Betonung der Unmittelbarkeit, Leser ist direkt am Geschehen;
- Symbol: *Sonne* (z.B. V.5 und öfter): Der Refrain wird vom Erzähler, von Meister Nikolas, seiner Frau und dem Juden gesprochen. Der Erzähler kündigt in V.5, V.25, V.65 an, die Sonne werde es an den Tag bringen, d.h., das Verbrechen werde aufgeklärt werden; in V.70 verkündet er das Ergebnis im Rückblick. Eingerahmt von diesen Erzählerkommentaren stehen die Versicherung des Meister Nikolas, es werde nicht herauskommen (vgl. V.10, V.15, V.30, V.35, V.40, V.50, V.55, V.60) und die Frage der jungen Frau (vgl. V.20). In der Mitte der Erzählung ist es nur der Jude, der kurz vor seinem Tod mit dem Kehrreim Gerechtigkeit verlangt (vgl. V.45).

III. Deutung der Aussage

Als *Symbol* steht Sonne für das Licht; in der Ballade bringt sie Licht ins Dunkel eines vergessenen Verbrechens. Sie steht auch für das Gewissen des Nikolas, der sich bei ihrem Anblick an sein Verbrechen erinnern muss. Schließlich symbolisiert sie auch die Gerechtigkeit. Die Aussage lässt sich zusammenfassen in dem Satz: Verbrechen lohnt sich nicht, denn die gerechte Strafe trifft jeden Verbrecher irgendwann.

C. Schluss: Die romantische Auffassung, dass sich das Göttliche in der Natur widerspiegelt, findet sich auch in der Ballade wieder. Die Sonne als Symbol göttlicher Gerechtigkeit zieht den Meister Nikolas zur Verantwortung, indem sie die Erinnerung an das Verbrechen lebendig hält. Am Ende verrät er sich selbst. Ob er wirklich nur der Neugier seiner Frau nachgegeben hat oder ob er mit dem Geständnis nicht auch sein Gewissen erleichtern möchte, bleibt in das Belieben der Auffassung des Lesers gestellt. Klar ist, dass sein Geständnis die Voraussetzung bietet, ihm auch weltliche Gerechtigkeit zuteil werden zu lassen.

8 Realistische Literatur des 19. Jahrhunderts (1850-1890)

Inhaltliche Merkmale	Hauptvertreter und Werke	Formale Merkmale
Biedermeier; unpolitische Dichtung; Selbstbescheidung und Mäßigung, Liebe zum Kleinen; konservative Vorstellungen befriedigt Bedürfnis nach Ruhe und privatem Glück	Annette von Droste-Hülshoff (1797-1848): *Die Judenbuche;* Adalbert Stifter (1805-1868): *Der Nachsommer;* Eduard Mörike (1804-1875): *Mozart auf der Reise nach Prag*	Stimmungsbild; Novelle; Reisebild; Dingsymbol
Vormärz/Junges Deutschland; Ablehnung des Absolutismus, des Idealismus, von Klassik und Romantik; Forderung nach Presse- und Meinungsfreiheit	Georg Büchner (1813-1837): *Dantons Tod, Woyzeck;* Heinrich Heine (1797-1856) *Buch der Lieder*	Flugschrift; Offene Dramenform
Bürgerlicher Realismus; Stoffe aus der Wirklichkeit; distanzierte, mitunter künstlerische Umwandlung der Wirklichkeit durch humorvolle Betrachtung und Metaphorik; Thema: Beziehung des einzelnen Menschen zur Gesellschaft; Mensch in Kausalkette schicksalhafter Faktoren	Theodor Fontane (1819-1898): *Effi Briest;* Theodor Storm (1817-1888): *Der Schimmelreiter;* Conrad Ferdinand Meyer (1825-1898): *Das Amulett;* Friedrich Hebbel (1813-1863): *Agnes Bernauer*	(Gesellschafts-)Roman; Novelle

8.1 Heinrich Heine

Belsazar *

Arbeitsaufgabe: Erarbeiten Sie den inhaltlichen Aufbau der Ballade und entwickeln Sie ihre Aussage. Welche sprachlichen Mittel kommen zum Einsatz?

Heinrich Heine (1797-1856)
Belsazar (1822)

Die Mitternacht zog näher schon;
In stummer Ruh lag Babylon.

Nur oben in des Königs Schloß,
Da flackert's, da lärmt des Königs Troß.

Dort oben in dem Königssaal
Belsazar hielt sein Königsmahl.

Die Knechte saßen in schimmernden Reihn
Und leerten die Becher mit funkelndem Wein.

Es klirrten die Becher, es jauchzten die Knecht;
So klang es dem störrigen Könige recht.

Des Königs Wangen leuchten Glut;
Im Wein erwuchs ihm kecker Mut.

Und blindlings reißt der Mut ihn fort;
Und er lästert die Gottheit mit sündigem Wort.

Und er brüstet sich frech und lästert wild;
Die Knechteschar ihm Beifall brüllt.

Der König rief mit stolzem Blick;
Der Diener eilt und kehrt zurück.

Er trug viel gülden Gerät auf dem Haupt,
Das war aus dem Tempel Jehovas geraubt.

Und der König ergriff mit frevler Hand
Einen heiligen Becher, gefüllt bis am Rand.

Und er leert ihn hastig bis auf den Grund
Und rufet laut mit schäumendem Mund:

„Jehova! dir künd ich auf ewig Hohn –
Ich bin der König von Babylon!“

Doch kaum das grause Wort verklang,
Dem König ward's heimlich im Busen bang.

Das gellende Lachen verstummte zumal;
Es wurde leichenstill im Saal.

Heinrich Heine

Heinrich Heine wird 1797 in Düsseldorf geboren. Nach dem gescheiterten Versuch einer kaufmännischen Tätigkeit studiert er von 1819-1825 Rechtswissenschaft in Bonn und später in Göttingen. Sein Interesse gilt der Literatur; auf einer Wanderung entsteht Heines erstes bedeutendes Werk *Die Harzreise* (1824). Nach der gescheiterten Juli-Revolution emigriert er 1831 nach Paris und lebt dort als Journalist. 1856 stirbt er in Paris nach achtjähriger Krankheit. Heinrich Heine nimmt in seinem Werk in satirischer Weise Stellung zu politischen Fragen. Seine Ablehnung des Absolutismus und seine Forderung nach Presse- und Meinungsfreiheit führen schließlich zu seiner Emigration und zum Verbot seiner Bücher in Deutschland. Er zählt zusammen mit Büchner und den *Göttinger Sieben* zum Literatenkreis *Junges Deutschland.* Weitere Werke Heines sind: *Buch der Lieder* (1827), *Deutschland. Ein Wintermärchen* (1844).

Und sieh! und sieh! an weißer Wand,
Da kam's hervor wie Menschenhand;

Und schrieb, und schrieb an weißer Wand
Buchstaben von Feuer und schrieb und schwand.

Der König stieren Blicks da saß,
Mit schlotternden Knien und totenblaß.

Die Knechteschar saß kalt durchgraut
Und saß gar still, gab keinen Laut.

Die Magier kamen, doch keiner verstand
Zu deuten die Flammenschrift an der Wand.

Belsazar ward aber in selbiger Nacht
Von seinen Knechten umgebracht.

Lösungsvorschlag

Gliederung des Aufsatzes

A. Einleitung: Quelle der Ballade

B. Hauptteil: Interpretation
- I. Inhalt und Aussage
  - 1. Inhalt
  - 2. Aussage
- II. Sprachliche Mittel

C. Schluss: Heine als Balladendichter

Stichwortartige Ausarbeitung des Aufsatzes

A. Einleitung: Die Quelle der Ballade *Belsazar* von Heinrich Heine findet sich im Alten Testament, im 5. Kapitel des Buches Daniel. Dort wird berichtet, wie der Sohn des babylonischen Königs Nabonid, Belsazar, mit den aus dem Tempel in Jerusalem geraubten geweihten Gefäßen ein Gelage feiert, in dessen Verlauf eine Schrift an der Wand erscheint, die erst Daniel als vernichtendes göttliches Urteil über Belsazar entziffern kann. Der König belohnt Daniel noch für diesen Dienst und wird in derselben Nacht getötet. Sein Reich fällt an die Meder. Heine hat diesen Stoff in seiner Ballade in veränderter Form bearbeitet.

B. Hauptteil: Interpretation

I. Inhalt und Aussage

1. Inhalt

Nachtruhe in Babylon (V.1f.), Gelage im Schloss des Königs Belsazar, in dessen Verlauf der König Gott lästert (V.3-8), Tempelgefäße werden herbeigeholt und als Trinkgefäße entweiht (V.17-24), Verhöhnung Jehovas (V.25f.), Erscheinung der Feuerschrift (V.27-34), Erschrecken des Königs und der Knechte, Ratlosigkeit der Magier bei der Deutung der Zeichen, Tod des Königs (V.35-42).

2. Aussage

Die Überheblichkeit (*Hybris, superbia*) des Menschen, sich über Gott stellen zu wollen, wird bestraft.

II. Sprachliche Mittel

Es lassen sich die folgenden sprachlichen und formalen Mittel feststellen:
- vierhebiger Jambus mit männlichen Kadenzen;
- Wechsel des Versmaßes: Anapäst (vgl. V.14, V.15, V.25), Bruch des gewohnten jambischen Rhythmus zur Verdeutlichung des Frevels, in V.42 als Betonung der Strafe;
- Enjambement: z.B. V.2f., V.5f., V.39f., V.41f.;
- Tempuswechsel: Erzählbericht im Imperfekt (vgl. z.B. V.1f.), Darstellung der Überheblichkeit Belsazars im Präsens (vgl. V.15f., V.23-26);
- helle Vokale (*i, e, ü*) zur lautlichen Unterstreichung der ausgelassenen Stimmung (vgl. V.7f.);
- dunkle Vokale (*u, o*) zum Ausdruck der Spannung und des Schreckens (vgl. V.11f., 27f., V.35-38);
- Vergleiche: z.B. *leichenstill* (V.30), Steigerung der Eindringlichkeit des Ausdrucks, Erhöhung und Wiedergabe der Spannung, Andeutung des Todes Belsazars;
- Neologismus: *durchgraut* (V.37), Assoziation mit *Grauen* erhöht die Spannung;
- Wiederholungen (vgl. V.31, V.33), Steigerung der Aufmerksamkeit des Lesers, Ausdruck des Unbegreiflichen;
- Adjektive und Verben, die den Frevel des Königs kennzeichnen: *störrigen* (V.10), *kecker* (V.12), *lästert* (V.14), *sündigem Wort* (V.14), *brüstet* (V.15), *frech* (V.15), *wild* (V.15), *stolzem* (V.17) *frevler Hand* (V.21).

C. Schluss: Heine mag vielen als satirischer Dichter bekannt sein, der politische Ereignisse kritisch begleitet; dass er auch Balladen mit durchweg ernster Thematik zu dichten versteht, beweist nicht nur *Belsazar,* sondern auch *Loreley* oder *Die Grenadier.* Immer geht es ihm in diesen Balladen um das Ausgeliefertsein des Menschen an Mächte, die er nicht beeinflussen kann. Heine hat aufgrund seiner schwachen Gesundheit und seiner späteren Lähmung dieses Ausgeliefertsein an ein Schicksal, das sich dem eigenen Willen entzieht, selbst erfahren. Der politisch engagierte Dichter Heine lässt sich zumindest zwischen den Zeilen auch in der vorliegenden Ballade vernehmen, je nachdem, ob man den Tod des Königs als Sieg der Revolution über die Monarchie oder als konservative Wiederherstellung göttlich legitimierter Ordnung interpretieren möchte.

8.2 Heinrich Heine

Die schlesischen Weber *

Arbeitsaufgabe: Interpretieren Sie das folgende Gedicht.

Kurzbiografie Heinrich Heine s. S. 111

Heinrich Heine (1797-1856)
Die schlesischen Weber (1847)

Im düstern Auge keine Träne,
Sie sitzen am Webstuhl und fletschen die Zähne:
„Deutschland, wir weben dein Leichentuch,
Wir weben hinein den dreifachen Fluch –
Wir weben, wir weben!

Ein Fluch dem Gotte, zu dem wir gebeten
In Winterskälte und Hungersnöten;
Wir haben vergebens gehofft und geharrt,
Er hat uns geäfft und gefoppt und genarrt –
Wir weben, wir weben!

Ein Fluch dem König, dem König der Reichen,
Den unser Elend nicht konnt erweichen,
Der den letzten Groschen von uns erpreßt,
Und uns wie Hunde erschießen lässt –
Wir weben, wir weben!

Ein Fluch dem falschen Vaterlande,
Wo nur gedeihen Schmach und Schande,
Wo jede Blume früh geknickt,
Wo Fäulnis und Moder den Wurm erquickt –
Wir weben, wir weben!

Das Schiffchen fliegt, der Webstuhl kracht,
Wir weben emsig Tag und Nacht,
Altdeutschland, wir weben dein Leichentuch,
Wir weben hinein den dreifachen Fluch,
Wir weben wir weben!“

Lösungsvorschlag

Gliederung des Aufsatzes

A. Einleitung: Aufstand der schlesischen Weber als Thema

B. Hauptteil: Interpretation
- I. Inhalt und Aussage
  - 1. Inhalt
  - 2. Aussage
- II. Sprachliche und formale Mittel
- III. Bezug zu Heines Leben (und C. Schluss)

Stichwortartige Ausarbeitung des Aufsatzes

A. Einleitung: Die industrielle Entwicklung im Vormärz hatte weitreichende Folgen für das soziale Gefüge der Gesellschaft. Dies wurde am Beispiel der Weber besonders deutlich, da sie von der billigen Maschinenproduktion am härtesten betroffen wurden. Die maschinelle Herstellung machte sie arbeitslos, und auch die Löhne derjenigen, die 12-16 Stunden am Tag arbeiten durften, sank unter das Existenzminimum ab. Die um sich greifende Massenarmut führte 1844 zum Aufstand der schlesischen Weber, der vom preußischen Militär blutig niedergeschlagen wurde. Heinrich Heine setzt sich in seinem drei Jahre danach entstandenen Gedicht *Die schlesischen Weber* mit der aussichtslosen Rebellion auseinander.

B. Hauptteil: Interpretation

I. Inhalt und Aussage

1. Inhalt

1. und 5. Strophe als Rahmen, 2.-4. Strophe enthalten den eigentlichen Fluch.

1. Strophe: Wut der Weber, Fluch auf Deutschland

2. Strophe: Verwünschung Gottes, Enttäuschung über mangelnde Hilfe von ihm

3. Strophe: Verwünschung des Monarchen, Kritik an seinem fehlenden Mitleid, seiner Ausbeutung und der gewaltsamen Niederschlagung des Aufstandes

4. Strophe: Verwünschung des Vaterlands, aus dem nur Schlechtes erwächst

5. Strophe: Verwünschungen sollen zum Untergang des bisherigen Systems führen, Weber sind Tag und Nacht mit dem Weben des Leichentuchs beschäftigt

2. Aussage
Kritik am monarchistischen System und an Gott, die sich nicht um die miserablen Lebensumstände der Weber kümmern.

II. Sprachliche und formale Mittel
Es lassen sich die folgenden sprachlichen und formalen Mittel feststellen:
- 5 Strophen zu jeweils fünf Versen, paarweise gereimt mit abwechselnd männlichen und weiblichen Kadenzen, in den Paareimen jeweils vier Hebungen, freie Füllung der Senkungen, refrainartiger Vers *Wir weben, wir weben!* mit zwei Hebungen: Rhythmuswechsel durch unterschiedliche Füllung der Senkungen erzeugt Unruhe und eine dynamische Spannung, verdeutlicht die Unzufriedenheit;
- Wiederholung des Wortes *weben* (V.3, V.4, V.5, V.10, V.15, V.20, V.22-25), refrainartiger Vers: *Wir weben, wir weben!* (z.B. V.5) als Verstärkung der Drohung;
- Satzverkürzung, fehlendes Prädikat (vgl. V.1), Störung syntaktischer Regelmäßigkeit als Hinweis auf ungeordnete Lebensverhältnisse der Weber;
- Aufzählung (vgl. V.8), Ausdruck der Hoffnung der Weber;
- Aufzählung von umgangssprachlichen Ausdrücken: *Er hat uns geäfft und gefoppt und genarrt* (V.9), umgangssprachliche Wendungen verdeutlichen die Enttäuschung;
- Kontrast: *König der Reichen – unser Elend* (vgl. V.11f.), polare Struktur der Gesellschaft, Überzeugung, dass König nicht auf der Seite der Weber ist;
- Vergleich: *wie Hunde* (V.14), Steigerung der Eindringlichkeit durch Wahl des Vergleichs; Vorwurf, der König behandle Weber wie Tiere;
- Alliteration: *falsches Vaterland* (V.16), *Schmach und Schande* (V.17), lautliche Verbindung verweist auf die Zusammengehörigkeit beider Wörter;
- Anapher: vgl. V.17-19, Aufzählung der lebensfeindlichen Bedingungen in Deutschland;
- Alliteration/Wiederholung: *wir weben*, in letzter Strophe insgesamt fünfmal gebraucht, Hinweis darauf, dass die Weber am Umsturz des politischen Systems arbeiten, auch als Drohung gemeint.

III. Bezug zu Heines Leben
und
C. Schluss:

Die schlesischen Weber ist ein politisches Gedicht, das die nach wie vor existierende Unzufriedenheit mit den Lebensumständen des Proletariats, verkörpert am Beispiel der Weber, thematisiert. Die darin geäußerte Kritik an der Monarchie und der Religion erweist Heine als politischen Dichter, der die Konsequenzen seiner politischen Kritik in der Emigration und im Verbot seiner Bücher zu spüren bekam. Er selbst hat es nicht mehr erlebt, wie sich in der sozialdemokratischen Bewegung und in den Bismarckschen Sozialgesetzen mächtige Fürsprecher des Industrieproletariats annahmen – wenn auch aus unterschiedlichen Interessen heraus.

8.3 Eduard Mörike

An die Geliebte *

Arbeitsaufgabe: Erarbeiten Sie den gedanklichen Aufbau des Gedichtes und entwickeln Sie seine Aussage. Welche formalen und sprachlichen Mittel unterstützen die Aussage?

Eduard Mörike (1804 - 1875)
An die Geliebte (1830)

Wenn ich, von deinem Anschaun tief gestillt,
mich stumm an deinem heil'gen Wert vergnüge,
dann hör' ich recht die leisen Atemzüge
des Engels, welcher sich in dir verhüllt,

und ein erstaunt, ein fragend Lächeln quillt
auf meinem Mund, ob mich kein Traum betrüge,
daß nun in dir, zu ewiger Genüge,
mein kühnster Wunsch, mein einz'ger, sich erfüllt?

Von Tiefe dann zu Tiefen stürzt mein Sinn,
ich höre aus der Gottheit nächt'ger Ferne
die Quellen des Geschicks melodisch rauschen.

Betäubt kehr' ich den Blick nach oben hin,
zum Himmel auf – da lächeln alle Sterne;
ich kniee, ihrem Lichtgesang zu lauschen.

Eduard Mörike

Eduard Mörike wird 1804 in Ludwigsburg geboren. Nach dem Studium der Theologie und nach der Vikariatszeit versieht er von 1834-1843 den Pfarrdienst in Cleversulzbach, von 1844 bis 1851 in Mergentheim und von 1851-1867 in Stuttgart. Mörike stirbt 1875 in Stuttgart. Bekannte Werke von ihm sind z.B. *Idylle vom Bodensee* (1846) und *Mozart auf der Reise nach Prag* (1855).

Lösungsvorschlag

Gliederung des Aufsatzes

A. Einleitung: Vorstellung des Dichters, Thema des Gedichtes

B. Hauptteil: Interpretation
- I. Inhalt und Aussage
  - 1. Inhalt
  - 2. Aussage
- II. Sprachliche und formale Mittel

C. Schluss: Persönliche Bewertung

Stichwortartige Ausarbeitung des Aufsatzes

A. Einleitung: Der schwäbische Pfarrer Eduard Mörike greift in seinen Werken gerne auf romantische Motive zurück, auch wenn sein Werk in die literarische Epoche des Biedermeier einzuordnen ist. In dem vorliegenden Sonett *An die Geliebte* übersteigert das lyrische Ich seine Liebe in typisch romantischer Weise ins Göttliche.

B. Hauptteil: Interpretation

I. Inhalt und Aussage

1. Inhalt

Im ersten Quartett ergeht sich das lyrische Ich in der Betrachtung der (schlafenden?) Geliebten, in der es einen Engel zu sehen glaubt. Im zweiten Quartett kommt die Befürchtung zum Ausdruck, ob seine Liebe nur ein trügerischer Traum sein könnte. Im ersten Terzett beschreibt das lyrische Ich seine mystische Versenkung. Seine Liebeserfahrung wird metaphysisch gesteigert, weil es die Vorsehung des Schicksals erahnt. Im zweiten Terzett wendet es seinen Blick dem Himmel entgegen; in knieender Stellung erfährt es beglückt die Hamonie mit dem Universum.

2. Aussage

In der Liebe erfährt der Mensch die Anwesenheit des Göttlichen. Sie befähigt ihn, die harmonische Einheit mit dem Universum zu erleben.

II. Sprachliche und formale Mittel

Es lassen sich die folgenden sprachlichen und formalen Mittel feststellen:
- Sonett, fünfhebige Jamben, umarmende Reime in Quartetten, dreifache Reimreihe in Terzetten, Wechsel von weiblichen und männlichen Kadenzen: Form als Darstellung des Gedankengangs, Verbindung von Zusammengehörendem (Quartette bestehen aus einem Satz, eingeleitet mit *wenn);*
- zahlreiche Adjektive: z.B. *tief* (V.1), *stumm* (V.2), *heil'gen* (V.3), *leisen* (V.3), Ausmalung der Gefühle des lyrischen Ichs;

- Wortwahl aus dem religiösen Bereich: z.B. *heil'gen* (V.3), *Engel* (V.4), *Gottheit* (V.10), *Himmel* (V.13), verdeutlichen die Erhöhung der Liebeserfahrung in den religiösen Bereich;
- Synästhesie: *Lichtgesang* (V.14) als Ausdruck der die Sinne erfassenden (religiösen) Erfahrung der Natur;
- Personifikation: *da lächeln alle Sterne* (V.13), Projektion der Vorstellung des lyrischen Ichs auf die Sterne, die sich ihm als Gegenüber anbieten; sie verweisen auf den göttlichen Schöpfer;
- romantische Bilder von Traum (vgl. V.6), Sehnsucht/Wunsch (vgl. V.8), Ferne (vgl. V.10), Sterne (vgl. V.13), Erfahrung des Göttlichen in der Natur (vgl. V.12-14) unterstreichen die Aussage des Gedichtes, die das Erleben des Göttlichen in der irdischen Liebe, in der Natur beeinhaltet.

C. Schluss: Die Aussage des Gedichtes mag den heutigen Leser beeindrucken. Als ein Gegenentwurf zur Realität offenbart es die Sehnsucht nach Entgrenzung, aber auch nach dem Aufgehoben-Sein in einer göttlichen Weltordnung. Solches Denken begründet sich in der Zeit des Vormärz zum einen in der Enttäuschung über die politischen Verhältnisse, bei Mörike selbst könnte auch die bekannte Abneigung gegen seinen Beruf eine Rolle gespielt haben. Mit einem romantischen Gegenentwurf lässt sich die Realität ein wenig besser ertragen. Eine Veränderung der Realität bewirkt sie indes nicht. Diese Passivität mag den heutigen Leser auch befremden.

8.4 Theodor Storm

Abseits *

Arbeitsaufgabe: Erarbeiten Sie Inhalt und Aussage des Gedichtes. Welche sprachlichen und formalen Mittel unterstützen die Aussage?

Theodor Storm (1817-1888)
Abseits (1848)

Es ist so still, die Heide liegt
Im warmen Mittagssonnenstrahle,
Ein rosenroter Schimmer fliegt
Um ihre alten Gräbermale;
Die Kräuter blühn; der Heideduft
Steigt in die blaue Sommerluft.

Theodor Storm

Theodor Storm wird 1817 in Husum an der Nordsee geboren. Nach dem Studium der Rechtswissenschaft in Kiel und Berlin lässt er sich 1842 in Husum als Rechtsanwalt nieder und gründet eine Familie. Nachdem er aufgrund innenpolitischer Schwierigkeiten (Widerstand gegen

Dänemark, das zu dieser Zeit über Schleswig-Holstein herrscht) seine Zulassung als Anwalt verloren hat, geht Storm 1852 nach Berlin und findet dort Anschluss zu Fontane und Eichendorff. 1864 kehrt er als Landvogt nach Husum zurück. 1888 stirbt Storm in Hademarschen. Besonders in den späten Novellen werden die inhumanen Lebensverhältnisse im Industriezeitalter geschildert. Seine bekanntesten Werke sind *Immensee* (1849), *Hans und Heinz Kirch* (1882) und *Der Schimmelreiter* (1888).

Laufkäfer hasten durchs Gesträuch
In ihren goldnen Panzerröckchen.
Die Bienen hängen Zweig um Zweig
Sich an der Edelheide Glöckchen,
Die Vögel schwirren aus dem Kraut –
Die Luft ist voller Lerchenlaut.

Ein halbverfallen, niedrig Haus
Steht einsam hier und sonnbeschienen,
Der Kätner[1] lehnt zur Tür hinaus,
Behaglich blinzelnd nach den Bienen;
Sein Junge auf dem Stein davor
Schnitzt Pfeifen sich aus Kälberrohr.

Kaum zittert durch die Mittagsruh
Ein Schlag der Dorfuhr, der entfernten;
Dem Alten fällt die Wimper zu,
Er träumt von seinen Honigernten.
–, Kein Klang der aufgeregten Zeit
Drang noch in diese Einsamkeit.

[1] *Kätner = Kleinbauer*

Lösungsvorschlag

Gliederung des Aufsatzes

A. Einleitung: Vorstellung des Dichters, Thema des Gedichtes

B. Hauptteil: Interpretation
- I. Inhalt und Aussage
  - 1. Inhalt
  - 2. Aussage
- II. Sprachliche und formale Mittel

C. Schluss: Romantik/Realismus

Stichwortartige Ausarbeitung des Aufsatzes

A. Einleitung: Theodor Storm zählt zu den Dichtern des deutschen Realismus, seine zumeist auf dem Land angesiedelten Novellen, z.B. *Immensee* oder *Der Schimmelreiter*, sind weltberühmt geworden. In dem vorliegenden Gedicht *Abseits,* entstanden im Jahre 1848, dem Jahr der bürgerlichen Revolution in Deutschland, beschreibt der Dichter ein ländliches Idyll, das von den politischen und gesellschaftlichen Auseinandersetzungen der damaligen Zeit unberührt zu sein scheint.

B. Hauptteil: Interpretation

I. Inhalt und Aussage

1. Inhalt

1. Strophe: Es wird eine von der Mittagssonne erwärmte stille Heidelandschaft beschrieben. Blühende Kräuter und der spezifische Heidegeruch sind wahrnehmbar.
2. Strophe: Sie beschreibt die Tiere, laufende Käfer, Bienen und singende Vögel, die die Heide bevölkern.
3. Strophe: Hier konzentriert sich der Blick auf einen Kleinbauern, der sich zur Tür hinaus lehnt und nach den Bienen schaut, während sein Sohn Pfeifen schnitzt.
4. Strophe: Es wird ein alter Mann beschrieben, dem die Augen zufallen und der von der Honigernte träumt, während ihn weder das Schlagen der Dorfuhr noch andere Ereignisse, die nicht konkret benannt werden, stören.

2. Aussage

Der Mensch hat die Fähigkeit, im Einklang mit der Natur zu leben. In der Abgeschiedenheit kann er diese Harmonie verwirklichen.

II. Sprachliche und formale Mittel

Die verwendeten sprachlichen und formalen Mittel unterstützen die Aussage:
- 4 sechszeilige Strophen, vierhebiger Jambus, Reimschema ababcc (Kreuzreim, Paarreim), abwechselnd männliche und weibliche Kadenzen: Regelmäßigkeit im Aufbau spiegelt die beschriebene Harmonie und die Ruhe wider;
- Gedankenstrich (V.23) als Hinweis auf einen neuen Gesichtspunkt, der diese beschauliche Ruhe stören könnte;
- Symbol: *Dorfuhr* (V.20), Bild der verrinnenden Zeit, die auch Veränderungen mit sich bringen kann; lautlicher Zusammenhang mit dem *Klang der aufgeregten Zeit* (V.23);
- Enjambement: vgl. V.1f., 3f., 5f., Harmonie, Zusammengehörigkeit von Himmel, Luft und Erde;
- Alliterationen: z.B. *Luft/Lerchenlaut* (V.12), stimmungsvoller Natureindruck;
- ausdrucksstarke Adjektive: z.B. *still* (V.1), *warmen* (V.2), *rosenroter* (V.3), *hasten* (V.7), *goldnen* (V.8), Wiedergabe des intensiven Natureindrucks;
- Vergleich: *rosenroter* (V.3) s.o.
- Neologismus: *Lerchenlaut* (V.12) s.o.
- romantisches Vokabular: *Schimmer* (V.3), *einsam* (V.14), *träumt* (V.22), *Einsamkeit* (V.24).

C. Schluss: Auch wenn im Vokabular noch manche Anklänge an die Romantik zu erkennen sind und die Beschreibung des Idylls durchaus romantische Züge trägt, so fehlen doch die religiöse Komponente und die typisch romantische Harmonievorstellung, die Verschmelzung des lyrischen Ichs mit der Natur, in der das Göttliche erfahren wird. Es handelt sich vielmehr um eine dem Realismus verpflichtete Beschreibung einer Landschaft, die *abseits* liegt. Dass das Idyll durch die politischen Wirren und auch durch die Auswirkungen der Industrialisierung bedroht sein könnte, verrät das Wort *noch* im letzten Vers.

8.5 Annette von Droste-Hülshoff

Das Spiegelbild *

Arbeitsaufgabe: Interpretieren Sie das folgende Gedicht.

Annette von Droste-Hülshoff (1797-1848)
Das Spiegelbild (1844)

Schaust du mich an aus dem Kristall,
Mit deiner Augen Nebelball,
Kometen gleich die im Verbleichen;
Mit Zügen, worin wunderlich
Zwei Seelen wie Spione sich
Umschleichen, ja, dann flüstre ich:
Phantom, du bist nicht meines Gleichen!

Bist nur entschlüpft der Träume Hut,
Zu eisen mir das warme Blut,
Die dunkle Locke mir zu blassen;
Und dennoch, dämmerndes Gesicht,
Drin seltsam spielt ein Doppellicht,
Trätest du vor, ich weiß es nicht,
Würd' ich dich lieben oder hassen?

Zu deiner Stirne Herrscherthron,
Wo die Gedanken leisten Fron
Wie Knechte, würd ich schüchtern blicken;
Doch von des Auges kaltem Glast,
Voll toten Lichts, gebrochen fast,
Gespenstig, würd, ein scheuer Gast,
Weit, weit ich meinen Schemel rücken.

Und was den Mund umspielt so lind,
So weich und hülflos wie ein Kind,
Das möcht in treue Hut ich bergen;
Und wieder, wenn er höhnend spielt,
Wie von gespanntem Bogen zielt,
Wenn leis' es durch die Züge wühlt,
Dann möcht ich fliehen wie vor Schergen.

Es ist gewiß, du bist nicht Ich,
Ein fremdes Dasein, dem ich mich
Wie Moses nahe, unbeschuhet,
Voll Kräfte, die mir nicht bewußt,
Voll fremden Leides, fremder Lust;
Gnade mir Gott, wenn in der Brust
Mir schlummernd deine Seele ruhet!

Und dennoch fühl ich, wie verwandt,
Zu deinen Schauern mich gebannt,
Und Liebe muß der Furcht sich einen.
Ja, trätest aus Kristalles Rund,
Phantom, du lebend auf den Grund,
Nur leise zittern würd ich, und
Mich dunkt – ich würde um dich weinen!

Lösungsvorschlag

Gliederung des Aufsatzes

A. Einleitung: Vorstellung der Dichterin, Thema des Gedichts

B. Hauptteil: Interpretation
- I. Inhalt und Aussage
  - 1. Inhalt
  - 2. Aussage
- II. Formale und sprachliche Gestaltung

C. Schluss: Autobiografische Bezüge des Gedichtes

Annette von Droste-Hülshoff

Annette von Droste-Hülshoff wird 1797 auf dem Schloss ihrer Familie in der Nähe von Münster/Westfalen geboren. Nach der Ausbildung durch Hauslehrer wächst ihr Wunsch nach Emanzipation, die sich auch in einem unkonventionellen Verhalten gegenüber männlichen Verehrern äußert. Im Alter von 23 Jahren wählt sie sich aus zwei Verehrern den aus, den sie für den passenden hält, und löst damit einen familiären Eklat aus. Unverheiratet geblieben fügt sie sich in der Folgezeit den gesellschaftlichen Konventionen. Ihre Dichtung empfindet sie als einen Weg der Selbstbefreiung. Die Bekanntschaft mit und die unerfüllt gebliebene Zuneigung zu Levin Schücking von 1837-1841 gibt ihr die nötige Motivation, ihr einziges Prosawerk *Die Judenbuche* fertigzustellen. 1844 erscheinen ihre Gedichte und sorgen für eine späte gesellschaftliche Anerkennung als Dichterin.
Von Krankheit geschwächt stirbt Annette von Droste-Hülshoff im Jahre 1848, sie wird in Meersburg/Bodensee beigesetzt. Sie gilt heute nicht nur als eine bedeutende Dichterin des Biedermeier, sondern als eine der wichtigsten deutschen Schriftstellerinnen überhaupt.

Stichwortartige Ausarbeitung des Aufsatzes

A. Einleitung: In einer Szene ihres einzigen vollendeten Prosawerkes *Die Judenbuche* erzählt Annette von Droste-Hülshoff, wie Margret Mergel den unehelichen Sohn Simons aufgrund der Ähnlichkeit für ihren Friedrich hält. Der Doppelgänger Johannes übernimmt die Funktion der abgestreiften Identität Friedrichs, während sich Friedrich aufschwingt unter Anleitung seines Onkels der Anführer der Dorfjugend zu werden. Am Ende der Novelle nutzt Friedrich die Ähnlichkeit aus um als Johannes ins Dorf zurückzukehren. Dem Doppelgänger-Motiv und dem Grauen vor dem eigenen Ich widmet Annette von Droste-Hülshoff ihr Gedicht *Das Spiegelbild.*

B. Hauptteil: Interpretation

I. Inhalt und Aussage

1. Inhalt

Das lyrische Ich lehnt die Erscheinung seines eigenen Spiegelbildes ab. Es erahnt die Existenz zweier Seelen. In der zweiten Strophe äußert es die Vermutung, das Spiegelbild stamme aus Träumen und sei dazu da, um das lyrische Ich zu erschrecken. Dabei ist es sich unsicher, ob es einem aus dem Spiegel heraustretenden Bild mit Liebe oder Hass begegnen würde. In der dritten Strophe stellt es sich das herausgetretene Ich vor: Ehrfurcht würde seine Reaktion auf den Geist des Spiegel-Ichs bedeuten, die Kälte der Augen ließe es auf Distanz gehen. Anziehend würde die Weichheit des Mundes wirken, sein Hohn und Spott ließen das lyrische Ich erneut auf Distanz gehen. In der fünften Strophe gelangt das lyrische Ich zu dem Ergebnis, dass das Spiegelbild nicht identisch mit ihm selbst sei. Es naht sich dem Spiegelbild mit gläubiger Bewunderung und befürchtet dann doch, es könnte in ihm existent sein. Die Vorstellung weckt in ihm den Ruf nach Gnade. In der sechsten Strophe bestimmen Schauder und Liebe das Verhältnis zum Spiegelbild, in der Vision des ins wirkliche Leben hinaustretenden fremden Ichs erlebt das dichterische Ich ein wenig Angst und tiefe Trauer.

2. Aussage

Das verborgene und zwiespältige Ich des Menschen lässt sich in der Vorstellung zuweilen erahnen, es in die Realität, also in das eigene Selbstbildnis, zu übernehmen, davor scheut sich der Mensch.

II. Formale und sprachliche Gestaltung

Die verwendeten sprachlichen und formalen Mittel unterstützen die Aussage:

- 6 Strophen zu jeweils sieben Versen, vierhebiger Jambus, männliche und weibliche Kadenzen, regelmäßiger Reim (Paarreim und erweiterter umarmender Reim);

- zahlreiche Vergleiche zur bildhaften Verdeutlichung des Gemeinten, z.B. *Kometen gleich* (V.3), *wie Spione* (V.5), *wie Knechte* (V.17), *wie ein Kind* (V.23);
- Kontrast: *lieben oder hassen* (V.14), verdeutlicht den emotionalen Konflikt des lyrischen Ichs;
- Metonymie: *Kristall* (V.1) für Spiegel, deutet möglicherweise auf den hohen Wert des Spiegels als Selbsterkenntnisinstrument hin;
- Wiederholung: z.B. V.21, nachdrückliche Betonung der Distanz;
- Parallelismus, Anapher, Alliteration: *voll fremden Leids, fremder Lust* (V.33), lautliche Verstärkung, die die Zusammengehörigkeit zweier gegensätzlicher Gefühle unterstreicht (Kontrast);
- Enjambement: V.41f., drückt die Zusammengehörigkeit des Zitterns und Weinens aus, schafft Spannung, Erwartungshaltung des Lesers in Bezug auf den letzten Vers; weitere Enjambements z.B. in V.4-7.

C. Schluss: Das Spiegelbild, das die Dichterin sieht, ist ihre eigene Dichterexistenz, in der zwei Seelen hausen: die Seele der braven katholischen Landadligen und die der aufbegehrenden, nach Freiheit strebenden Frau. Ihre Emanzipationswünsche kommen schon in einem frühen Gedicht zum Ausdruck: *Fesseln will man uns am eig'nen Herde/Unsere Sehnsucht nennt man Wahn und Traum/Und das Herz, dieses kleine Klümpchen Erde/Hat doch für die ganze Schöpfung Raum.* Dass beide Seelen in ihr sind, will sie nicht wahrhaben, auch wenn sie es erahnt. Das Motiv der zwei Persönlichkeiten hat sie in den Figuren des Friedrich Mergel und Johannes Niemand in der eingangs erwähnten *Judenbuche* literarisch gestaltet. Friedrich Mergels Lebensbewältigung scheitert, und auch der Lebensversuch der Dichterin mündet schließlich in psycho-somatisch bedingte Krankheiten. Nur in ihrer Dichtung findet sie das Ventil für den unauflösbaren Zwiespalt.

9 Literatur der Jahrhundertwende (1890-1920)

Inhaltliche Merkmale	Hauptvertreter und Werke	Formale Merkmale
Naturalismus naturgetreue Abbildung ohne künstlerische Stilisierung oder metaphysische Überhöhung *(Wahrheit des Lebens);* radikale Objektivierung; Arno Holz: naturalistische Kunst = Natur minus x (künstlerische Gestaltungsfähigkeit); Radikaler Determinismus und Positivismus	Gerhart Hauptmann (1862-1946): *Bahnwärter Thiel, Die Weber, Die Ratten;* Arno Holz (1863-1929) und Johannes Schlaf (1862-1941): *Papa Hamlet*	Sekundenstil; Zustandsdrama; ausführliche Regieanweisungen; naturgetreue Wiedergabe
Impressionismus/Symbolismus Wiedergabe subjektiv-sinnlicher Eindrücke; Kritische Distanz zum Alltag; Melancholie; Suche nach dem inneren Zusammenhang zwischen den Dingen; autonome Kunst; Kunst gibt Halt in sinnentleerter Welt	Arthur Schnitzler (1862-1931): *Leutnant Gustl;* Stefan George (1868-1933): Gedichte; Rainer Maria Rilke (1875-1926): Gedichte	lautmalerische Sprache; Handlung im Hintergrund; absolutes Gedicht; innerer Monolog als neue Erzählperspektive im Roman; Dinggedicht
Expressionismus Grunderfahrung: Entfremdung (Krieg, Stadt); Ausdruck des inneren Erlebens, Pathos, Ekstase; Kunst als rein geistiger Ausdruck innerlich geschauter Wahrheit; Sehnsucht nach einer besseren Welt; Protest gegen Kaisertum; Forderung nach einem neuen Menschen; Antimilitarismus	Georg Heym (1887-1912): *Der Winter;* Georg Trakl (1887-1914): Gedichte; Gottfried Benn (1886-1956): *Morgue;* Georg Kaiser (1878-1945): *Die Bürger von Calais*	Chiffre; Bruch mit sprachlichen und allgemeinen ästhetischen Konventionen; Parabel

9.1 Georg Trakl

In ein altes Stammbuch

Arbeitsaufgabe: Interpretieren Sie das Gedicht.

Georg Trakl (1887-1914)
In ein altes Stammbuch (1912)

Immer wieder kehrst du Melancholie,
O Sanftmut der einsamen Seele.
Zu Ende glüht ein goldener Tag.

Demutsvoll beugt sich dem Schmerz der Geduldige
Tönend von Wohllaut und weichem Wahnsinn.
Siehe! es dämmert schon.

Wieder kehrt die Nacht und klagt ein Sterbliches
Und es leidet ein anderes mit.

Schaudernd unter herbstlichen Sternen
Neigt sich jährlich tiefer das Haupt.

Lösungsvorschlag

Gliederung des Aufsatzes

A. Einleitung: Vorstellung des Dichters, Thema des Gedichtes

B. Hauptteil: Interpretation
- I. Inhalt und Aussage
  - 1. Inhalt
  - 2. Aussage
- II. Sprachliche und formale Mittel

C. Schluss: Bezug des Gedichtes zum Leben Trakls

Stichwortartige Ausarbeitung des Aufsatzes

A. Einleitung: Die Gedichte, die Georg Trakl in dem kurzen Leben vor seinem freiwilligen Tod verfasst hat, werfen ein trauriges Bild auf seine seelische Befindlichkeit und seine Lebenseinstellung. Die Melancholie, die Traurigkeit, ist auch das beherrschende Gefühlserlebnis, das er in seinem Gedicht *In ein altes Stammbuch* gestaltet.

Georg Trakl

Georg Trakl wird 1887 in Salzburg geboren. Nach dem Abbruch des Gymnasiums arbeitet er in einer Apotheke, später studiert er Pharmazie. Seine beruflichen Pläne ändern sich häufig, auch wenn er ab 1911 als Apotheker zu arbeiten anfängt. 1914 wird er eingezogen und nimmt am Ersten Weltkrieg teil. Die Kriegserfahrungen verkraftet der Dichter nicht; am 03.11.1919 scheidet Trakl durch Freitod aus dem Leben.
Trakl zählt mit seinen Gedichten zum Expressionismus. Sie drücken die Empfindungen des bedrohten Individuums aus, das aus der Harmonie mit der Umwelt gerissen ist. Leiden, Verfall, Tod, Abschied sind die Themen seiner Gedichte.

B. Hauptteil: Interpretation

I. Inhalt und Aussage

1. Inhalt

Am Ende eines Tages kehrt die Melancholie in den Sprechenden zurück, der sich ihr voller Demut hingibt. Während es Nacht wird, leiden Menschen klagend. Die Melancholie nimmt mit den Jahren zu.

2. Aussage

So wie es in der Natur Nacht wird, so neigt sich das menschliche Leben dem Ende zu, und mit jedem Tag verstärkt sich die Trauer.

II. Sprachliche und formale Mittel

Die verwendeten sprachlichen und formalen Mittel unterstützen die Aussage:

- 4 Strophen mit 3 oder 5 Hebungen, erinnert an Sonett, daktylisches und trochäisches Versmaß, z.B. in V.2f.:
  ∪ | –∪ ∪ | – ∪ ∪ | – ∪
  ∪ | – ∪ | – ∪ | – ∪ ∪ | –
- feierliche Sprache, reimlos; in jeder Strophe stehen Natureindruck (das Außen) und Gefühlsausdruck (das Innen) nebeneinander, in der letzten Strophe als resignierende Zukunftsperspektive;
- Enjambement: V.1f., V.4f., verdeutlicht die Bewegung der zurückkehrenden Melancholie bzw. des sich dem Schmerz beugenden Geduldigen;
- Alliterationen: *Wohllaut und weichem Wahnsinn* (V.5), drückt die Sanftheit aus, mit der die Melancholie vom Sprechenden Besitz ergreift (vgl. auch V.2: *O Sanftmut der einsamen Seele*);
- Metapher: *Zu Ende glüht ein goldener Tag* (V.3, vgl. auch V.6 und V.9), Ausdruck der inneren Befindlichkeit des Sprechenden;
- Metapher: *herbstlichen Sternen* (V.9), assoziativ zu erschließen als der Herbst des Lebens, Vision der Vergänglichkeit; auch die Metapher des sich jährlich tiefer neigenden Kopfes lässt das Herannahen des Todes vermuten;
- Metapher: *Neigt sich jährlich tiefer das Haupt* (V.10), Bild für die fortschreitende Traurigkeit; mit den herbstlichen Sternen (V.9) könnte der Lebensherbst gemeint sein, also das nahe Lebensende;
- Titelbezug: Stammbuch als Herkunftsdokument; Melancholie als ererbtes, gewissermaßen dem Sprechenden von Geburt an mitgegebenes Gefühl, das ihn zeitlebens beherrscht.

C. Schluss: Dass das Gedicht auch die Lebenssituation Trakls ein Stück weit widerspiegelt, lässt sich mit einigem Recht vermuten, wenn man eine Stelle aus einem Brief an seinen Gönner und Freund Ludwig von Ficker aus dem Jahre 1913 heranzieht: *Ich sehne den Tag herbei, an dem die Seele in diesem unseeligen von Schwermut verpesteten Körper nicht mehr wird wohnen wollen und können, an dem sie diese Spottgestalt aus Kot und Fäulnis verlassen wird, die ein nur allzugetreues Spiegelbild eines gottlosen, verfluchten Jahrhunderts ist* (zitiert nach: Ausgabe, S. 519). Von der

Schwermut kann sich Trakl spätestens nach dem erschütternden Kriegserlebnis nicht mehr befreien: Er muss 90 Schwerverletzte ohne ärztliche Hilfe in einer Scheune zwei Tage lang betreuen. Ihre Bitten, sie von ihrem Leiden zu erlösen, kann er nicht erfüllen. Wenige Wochen später setzt er seinem Leben mit einer Überdosis Kokain ein Ende.

9.2 Georg Trakl

Verfall

Arbeitsaufgabe: Interpretieren Sie das folgende Gedicht. Arbeiten Sie die sprachlichen und formalen Mittel heraus, und zeigen Sie, wie sie die Aussage unterstützen.

Kurzbiografie Georg Trakl s. S. 127

Georg Trakl (1887-1914)
Verfall (1909)

Am Abend, wenn die Glocken Frieden läuten,
Folg ich der Vögel wundervollen Flügen,
Die lang geschart, gleich frommen Pilgerzügen,
Entschwinden in den herbstlich klaren Weiten.

Hinwandelnd durch den dämmervollen Garten
Träum ich nach ihren helleren Geschicken
Und fühl der Stunden Weiser kaum mehr rücken.
So folg ich über Wolken ihren Fahrten.

Da macht ein Hauch mich von Verfall erzittern.
Die Amsel klagt in den entlaubten Zweigen.
Es schwankt der rote Wein an rostigen Gittern,

Indes wie blasser Kinder Todesreigen
Um dunkle Brunnenränder, die verwittern,
Im Wind sich fröstelnd blaue Astern neigen.

Lösungsvorschlag

Gliederung des Aufsatzes

A. Einleitung: Individuum und Natur als Themen der Romantik und des Expressionismus

B. Hauptteil: Interpretation

I. Inhalt und Aussage

1. Inhalt
2. Aussage

II. Sprachliche und formale Mittel

C. Schluss: Expressionismus und Barock

Stichwortartige Ausarbeitung des Aufsatzes

A. Einleitung: Hat die Romantik in der Natur noch die Anwesenheit des Göttlichen erspüren können, so führt in der expressionistischen Gestaltung des gleichen Motivs das Betrachten zur trostlosen Erfahrung von Einsamkeit und Vergänglichkeit. Trakls Sonett *Verfall* trägt diese Erfahrung im Titel.

B. Hauptteil: Interpretation

I. Inhalt und Aussage

1. Inhalt

1. Quartett: Das lyrische Ich hört die abendlichen Kirchenglocken und folgt mit dem Blick den davon fliegenden Vögeln.
2. Quartett: In seiner Phantasie begleitet das lyrische Ich die Vögel noch weiter auf ihrem Flug, wobei es die verrinnende Zeit kaum mehr bemerkt.
1. Terzett: Der Gesang der Amsel und die roten Blätter der Reben erinnern das lyrische Ich an die Vergänglichkeit.
2. Terzett: Diesen Eindruck unterstützen blaue Astern.

2. Aussage

Das lyrische Ich kann die Entgrenzung seines Welteindrucks nur kurz im Traum erleben; angesichts der Vergänglichkeit verfällt es am Ende in Resignation. Der Traum, die Phantasie, vermag die Wirklichkeit nur kurz zu verlassen, als Vergänglichkeit kehrt sie in das Bewusstsein des Menschen zurück.

II. Sprachliche und formale Mittel

Die verwendeten sprachlichen und formalen Mittel unterstützen die positive Naturerfahrung der Quartette bzw. die Wahrnehmung des Verfalls in den Terzetten:

- Sonett, fünfhebiger Jambus, weibliche Kadenzen, umarmender Reim in Quartetten, erweiterter Reim mit Reimform ababab (Kreuzreim) in den Terzetten: Trennung in positive Naturerfahrung und Wahrnehmung des Verfalls;
- Vergleich: *gleich frommen Pilgerzügen* (V.3), religiöse Überhöhung des Natureindrucks;
- positiv besetzte Adjektive: z.B. *wundervollen* (V.2), *frommen* (V.3), *klaren* (V.4), *helleren* (V.6) zum Ausdruck der positiven Naturerfahrung;

- negativ besetzte Adjektive, Verben und Substantive: z.B. *Verfall* (V.9), *erzittern* (V.9), *klagt* (V.10), *entlaubten* (V.10), *schwankt* (V.11), *rostigen Gittern* (V.11), *blasser* (V.12), *Todesreigen* (V.12), *dunkle* (V.13), *verwittern* (V.13) zum Ausdruck der Wahrnehmung des Verfalls und des Todes;
- romantische Motive: Sehnsuchtsmotiv und Abendmotiv (1. Quartett), Traum (2. Quartett);
- Enjambement: vgl. V.1f., V.2f., Verdeutlichung der Bewegung der Vögel;
- Personifizierung: *Die Amsel klagt in den entlaubten Zweigen* (V.10), *Im Wind sich fröstelnd blaue Astern neigen* (V.14), Projektion des eigenen emotionalen Zustands; im Expressionismus steht der Ausdruck der Innenwelt des lyrischen Ichs im Vordergrund;
- Vergleich: *wie blasser Kinder Todesreigen* (V.12), Steigerung der Verfallswahrnehmung und als Kontrast zum Vergleich in V.3;
- Metaphern: klagende Amsel, roter Wein an rostigen Gittern, Todesreigen der Kinder, *dunkle Brunnenränder, blaue Astern* als Metaphern für Vergänglichkeit, Tod, Verfall.

C. Schluss: Die Sonettform, an der sich Trakl orientiert, ist eine beliebte Gedichtform des Barock. Ist dort jedoch die Erfahrung der Vergänglichkeit in den Quartetten und der Trost, die Hinwendung zu Gott, in den Terzetten zu lesen, so finden wir diese Reihenfolge im expressionistischen Gedicht Trakls beinahe umgekehrt. Sein Gedicht vermag keinen Trost zu geben, es klingt aus mit der resignierenden Erfahrung von Verfall und Tod.

Alfred Lichtenstein (1889-1914)

Nebel (1913)

Ein Nebel hat die Welt so weich zerstört.
Blutlose Bäume lösen sich in Rauch.
Und Schatten schweben, wo man Schreie hört.
Brennende Biester schwinden hin wie Hauch.

Gefangne Fliegen sind die Gaslaternen.
Und jede flackert, daß sie noch entrinne.
Doch seitlich lauert glimmend hoch in Fernen
Der giftige Mond, die fette Nebelspinne.

Wir aber, die, verrucht, zum Tode taugen,
Zerschreiten knirschend diese wüste Pracht.
Und stechen stumm die weißen Elendsaugen
Wie Spieße in die aufgeschwollne Nacht.

Noch deutlicher wird die Vergänglichkeit mittels expressionistischer Metaphorik im Gedicht *Nebel* thematisiert.

9.3 Georg Trakl

An die Verstummten

Kurzbiografie Georg Trakl s. S. 127

Arbeitsaufgabe: Arbeiten Sie die Beziehung des lyrischen Ichs zur Stadt heraus. Entwickeln Sie die Aussage des Gedichtes und untersuchen Sie in diesem Zusammenhang den Einsatz der formalen und sprachlichen Mittel.

Georg Trakl (1887-1914)
An die Verstummten (1913)

O, der Wahnsinn der großen Stadt, da am Abend
An schwarzer Mauer verkrüppelte Bäume starren,
Aus silberner Maske der Geist des Bösen schaut;
Licht mit magnetischer Geißel die steinerne Nacht verdrängt.
O, das versunkene Läuten der Abendglocken.

Hure, die in eisigen Schauern ein totes Kindlein gebärt.
Rasend peitscht Gottes Zorn die Stirne des Besessenen,
Purpurne Seuche, Hunger, der grüne Augen zerbricht.
O, das gräßliche Lachen des Golds.

Aber stille blutet in dunkler Höhle stummere Menschheit,
Fügt aus harten Metallen das erlösende Haupt.

Lösungsvorschlag

Gliederung des Aufsatzes

A. Einleitung: Entwicklung der Städte im 19. Jahrhundert, Thema des Gedichtes

B. Hauptteil: Interpretation
- I. Beziehung des lyrischen Ichs zur Stadt
- II. Aussage
- III. Sprachliche und formale Mittel

C. Schluss: Aktualisierung

Stichwortartige Ausarbeitung des Aufsatzes

A. Einleitung: Im Zuge der Industrialisierung wachsen die Städte im 19. Jahrhundert rasant. Berlin beispielsweise steigert seine Bevölkerungszahl von 172.000 im Jahre 1800 auf über 1,8

Millionen im Jahre 1900. Das Gesicht der Städte verändert sich durch die Vielzahl der in ihr lebenden Menschen. Das Lebensgefühl in einer großen Stadt drückt das Gedicht *An die Verstummten* von Georg Trakl eindrucksvoll aus.

B. Hauptteil: Interpretation

I. Beziehung des lyrischen Ichs zur Stadt

Inmitten der großen, hellen Stadt wird die Wirklichkeit als lebensfeindlich (*verkrüppelte Bäume,* V.2) und böse erlebt. Das Läuten der Abendglocken ist nicht mehr wahrnehmbar. Als etwas Versunkenes stellt es eine Erinnerung an vergangene, schönere Zeiten dar. Die Wahrnehmung der Lebensfeindlichkeit wird in der zweiten Strophe in der Metapher der Totgeburt ausgedrückt. In Chiffren drücken sich Wahnsinn, Hunger und das Streben nach Geld aus. Das Humane wird nur noch im Verborgenen von leidenden Menschen erfahrbar. Eine Erlösungsvision in der Form einer Chiffre beschließt das Gedicht.

II. Aussage

Die große Stadt ist ein Ort von Leiden und Inhumanität. Eine Erlösung mag von den leidenden Menschen selbst kommen.

III. Sprachliche und formale Mittel

Die verwendeten sprachlichen und formalen Mittel stehen im Dienste dieser Aussage:

- Verzicht auf Metrum und Reim, unterschiedliche Strophenlängen, unvollständige Sätze (z.B. V.1, V.5) als sprachliche Umsetzung des Harmonieverlustes, unter der das lyrische Ich leidet;
- Chiffren, z.B.: *Aus silberner Maske der Geist des Bösen schaut* (V.3), *Hure* (V.6), *Purpurne Seuche* (V.8), zur Kennzeichnung der Verführungskraft der Stadt, aber auch des menschlichen Leidens;
- Adjektive, die Kälte, Leblosigkeit und Bedrohung ausstrahlen: z.B. *eisigen* (V.6), *gräßliche* (V.9);
- Interjektion: *O* (V.1, V.5, V.9), Ausdruck des Leidens (V.1), des schmerzhaften Verlustes (V.5), der Anklage (V.9);
- romantisches Motiv: *Läuten der Abendglocken* (V.5), das aber *versunken* (V.5) ist; die Harmonie zwischen dem lyrischen Ich und seiner Umgebung und möglicherweise auch die religiöse Sinngebung (Kirchenglocken) bestehen nur noch in der Erinnerung;
- Chiffre/Metapher: die harten Metalle (vgl. V.11), aus denen *das erlösende Haupt* (V.11) gemacht ist, ist vielleicht als Hinweis darauf zu verstehen, dass die Erlösung sich gegen starke Widerstände erfolgreich durchsetzen muss; vielleicht sind mit den *harten Metallen* auch Schusswaffen gemeint, wodurch die Chiffre sich als Erwartung einer Rebellion, die von den leidenden Menschen ausgeht, verstehen ließe. Dieser *stummere(n) Menschheit* (V.10) widmet Trakl sein Gedicht, womit auch eine Hoffnung auf Veränderung verbunden sein könnte.

C. Schluss/Aktualisierung: Die Erfahrungen, die in dem Gedicht so eindrucksvoll beschrieben werden, lassen sich in den Millionenstädten der Welt auch heute noch nachvollziehen. In den Slums der Großstädte manifestiert sich das Leiden der Menschen, in den Vergnügungsvierteln regieren Geld, Gewalt und Drogen. Die vage Andeutung einer *Erlösung* konkretisiert sich heute in städtischen, kirchlichen, aber auch privaten Initiativen, die solchen Missständen zu Leibe rücken wollen.

9.4 Georg Heym

Der Krieg *

Georg Heym

Georg Heym wird 1887 in Hirschberg/Schlesien geboren. Nach dem Abschluss seines Jurastudiums erscheint sein Lyrikband *Der ewige Tag*. 1912 ertrinkt Heym beim Schlittschuhlaufen bei dem Versuch, einen Freund zu retten.

Arbeitsaufgabe: Interpretieren Sie das folgende Gedicht.

Georg Heym (1887-1912)
Der Krieg (1912)

Aufgestanden ist er, welcher lange schlief,
Aufgestanden unten aus Gewölben tief.
In der Dämmrung steht er, groß und unbekannt,
Und den Mond zerdrückt er in der schwarzen Hand.

In den Abendlärm der Städte fällt es weit,
Frost und Schatten einer fremden Dunkelheit.
Und der Märkte runder Wirbel stockt zu Eis.
Es wird still. Sie sehn sich um. Und keiner weiß.

In den Gassen faßt es ihre Schulter leicht.
Eine Frage. Keine Antwort. Ein Gesicht erbleicht.
In der Ferne zittert ein Geläute dünn.
Und die Bärte zittern um ihr spitzes Kinn.

Auf den Bergen hebt er schon zu tanzen an,
Und er schreit: Ihr Krieger alle, auf und an.
Und es schallet, wenn das schwarze Haupt er schwenkt,
Drum von tausend Schädeln laute Kette hängt.

Einem Turm gleich tritt er aus die letzte Glut,
Wo der Tag flieht, sind die Ströme schon voll Blut.
Zahllos sind die Leichen schon im Schilf gestreckt,
Von des Todes starken Vögeln weiß bedeckt.

Über runder Mauern blauem Flammenschwall
Steht er, über schwarzer Gassen Waffenschall.
Über Toren, wo die Wächter liegen quer,
Über Brücken, die von Bergen Toter schwer.

In die Nacht er jagt das Feuer querfeldein
Einen roten Hund mit wilder Mäuler Schrein.
Aus dem Dunkel springt der Nächte schwarze Welt,
Von Vulkanen furchtbar ist ihr Rand erhellt.

Und mit tausend hohen Zipfelmützen weit
Sind die finstren Ebnen flackend überstreut,
Und was unten auf den Straßen wimmelnd hin und her,
Fegt er in die Feuerhaufen, daß die Flamme brenne mehr.

Und die Flammen fressen brennend Wald um Wald,
Gelbe Fledermäuse zackig in das Laub gekrallt,
Seine Stange haut er wie ein Köhlerknecht
In die Bäume, daß das Feuer brause recht.

Eine große Stadt versank im gelben Rauch,
Warf sich lautlos in des Abgrunds Bauch.
Aber riesig über glühnden Trümmern steht,
Der in wilde Himmel dreimal seine Fackeln dreht,

Über sturmzerfetzter Wolken Widerschein,
In des toten Dunkels kalten Wüstenein,
Daß er mit dem Brande weit die Nacht verdorr,
Pech und Feuer träufet unten auf Gomorrh.

Lösungsvorschlag

Gliederung des Aufsatzes

A. Einleitung: Vorstellung des Dichters, Thema des Gedichts

B. Hauptteil: Interpretation
- I. Gliederung und Inhalt
- II. Aussage
- III. Formale und sprachliche Gestaltung

C. Schluss: Aktualität des Gedichts

Stichwortartige Ausarbeitung des Aufsatzes

A. Einleitung: Das Thema des vorliegenden Gedichtes *Der Krieg* ist die Brutalität, mit der der Krieg alles Lebendige vernichtet. Georg Heym nimmt in seinem zwei Jahre vor dem Ausbruch des Ersten Weltkriegs erschienenen Gedicht das Entsetzen und Grauen vorweg, das die 1914 begeistert in den Krieg ziehenden Männer erwartet.

B. Hauptteil: Interpretation

I. Gliederung und Inhalt

Gliederung in drei Teile: V.1-12 (auftauchender Krieg), V.13-32 (sein Vernichtungswerk), V.33-40 (Triumph des Kriegs).

Im ersten Teil des Gedichtes wird das Auftauchen des personifizierten Kriegs beschrieben. Der Krieg hat lange Zeit geschlafen und erhebt sich nun in der Dämmerung, der Mond ist sein erstes Vernichtungsopfer. Das Leben in den Städten erstarrt, wenn sein Schatten auf sie fällt. Die Menschen sind verunsichert und erschrecken. Von der dritten Strophe an beginnt der Krieg sein Vernichtungswerk, indem er zunächst seine Kämpfer auffordert, mit dem Kampf zu beginnen. Um den Hals des personifizierten Krieges hängt eine aus Menschenschädeln gefertigte Kette. Bereits mit dem Einbruch der Nacht sind die ersten Menschen getötet und liegen im Schilf. Das Tötungswerk wird in der Stadt fortgesetzt; auf Gassen, über Toren und auf Brücken liegen die Opfer. In der Nacht setzt er sein Zerstörungswerk mit Feuer fort; eine Feuersbrunst erhebt sich im ganzen Land, Wälder fallen ihm zum Opfer, der Krieg treibt alles Lebendige ins Feuer hinein. In den letzten beiden Strophen hat der Krieg sein Zerstörungswerk vollendet: Eine große Stadt liegt in Trümmern, das Land ist verwüstet, der Krieg aber triumphiert.

II. Aussage

Der Krieg zerstört alles Lebendige, die Natur und von Menschenhand Geschaffenes. Ist er einmal aufgestanden, beherrscht er die ganze Welt.

III. Formale und sprachliche Gestaltung

Im Dienste der Aussage werden die formalen und sprachlichen Mittel eingesetzt. Dabei fällt die Verwendung ausdrucksstarker Adjektive und Verben, die das Zerstörungswerk des Kriegs beschreiben, ganz besonders ins Auge. Weitere sprachliche und formale Mittel sind:

- zehn Vierzeiler mit Paarreim, sechshebiger Trochäus mit männlichen Kadenzen: Regelmäßigkeit der formalen Gestaltung möglicherweise als Kontrast zu dem Vernichtungswerk des Kriegs, der Unordnung mit sich bringt. Möglicherweise ist es auch ein Zeichen der Unerbittlichkeit und der Gesetzmäßigkeit des Krieges (vgl. Regelmaß des Marschtrittes);
- Alliteration: z.B. *Und es schallet, wenn das schwarze Haupt er schwenkt* (V.15); *Fegt er in die Feuerhaufen, daß die Flamme brenne mehr* (V.32);

- inhaltlicher Parallelismus von V.1-12 und V.33-40: der Krieg steht *aus Gewölben tief* (V.2) auf, die Stadt versinkt *in des Abgrunds Bauch* (V.38), der Krieg zerdrückt den am Himmel stehenden Mond (vgl. V.4), in V.40 schwenkt er *in wilde Himmel dreimal seine Fackeln*, dem Lärm der Stadt (vgl. V.5) steht deren Lautlosigkeit (vgl. V.38) gegenüber, Eis (V.8) wird *zu Feuer* (V.44). Diese Kontraste verdeutlichen die Wirkung des Kriegs;
- Vergleich: *wie ein Köhlerknecht* (V.35), verdeutlicht das Niederbrennen des Waldes;
- Inversion und Anapher in V.1f.: Betonung des Aufstehens, wirkt besonders durch die Wiederholung bedrohlich; weitere Inversion in V.17: Betonung der Unbesiegbarkeit des Krieges;
- Farbsymbole, die mit dem Unheimlichen (schwarz, vgl. V.4, V.15, V.22, V.27) und dem Zerstörungswerk (gelb, vgl.V.37) assoziiert werden können;
- Syntax: kurze Sätze in V.8 und V.10 als Ausdruck der Verwirrung und Ratlosigkeit (vgl. V.8) und des beginnenden Schreckens (vgl. V.10), längere Sätze als erzählende Auflistung der Zerstörungswerke;
- Gebrauch der Pronomina: *er* (V.1, V.3, V.13, V.17, V.22, V.25, V.32, V.35, V.43) für Krieg, *es* bzw. *ihr* (V.5, V.9, V.12) für das Zerstörungswerk und *sie* (V.8) für die Menschen; verdeutlicht insbesondere die Anonymität des Kriegs und die Ohnmacht der seinem Schrecken ausgelieferten Menschen;
- Vergleich/Anspielung in V.44: die Anspielung auf die alttestamentliche Erzählung von der Zerstörung von Sodom und Gomorrah wirft die Schuldfrage auf (Hinweis auf das ambivalente Verhältnis des Expressionismus zur Großstadt: Mischung aus Faszination und Erschrecken).

C. Schluss: Dort, wo heute Krieg herrscht, offenbart er das Gesicht, das Heym in seinem Gedicht eindrucksvoll beschreibt. Besonders in der letzten Strophe und in dem Bild der *Wüstenein* (V.42) kann sich der Leser an das von Atombomben zerstörte Hiroshima und Nagasaki erinnert sehen. Vielleicht lässt sich aus dem Gedicht ein Appell herauslesen, angesichts des Grauens und der Zerstörung, die ein Krieg unweigerlich zur Folge hat, alles Menschenmögliche zu seiner Verhinderung zu unternehmen. Möglicherweise denkt Heym hier aber auch eher pessimistisch und stellt die Unabwendbarkeit des Krieges und seine Herrschaft über den Menschen dar.

Ernst Stadler (1883-1914)

Sterben (1914)

Das Blut sickert schüchtern durch den Rock.
Ruhig welken die schmutzigen, grauen Glieder.
Lippen sind blasser und dünner, Nasen spitzer.
Auf geglätteten Stirnen glänzt der Schweiß.
Augen öffnen sich, alle mit gleichem Blick.
Die sind alle wie blau, alle sanft und groß,
Voll unendlicher Ferne und Güte;
Und vergeben der Welt und uns das höllische Treiben.

Der Schrecken des Krieges gehört zu den Themen expressionistischer Gedichte.

9.5 Ernst Stadler

Vorfrühling

Ernst Stadler

Ernst Stadler wird 1883 in Colmar geboren und stirbt 1914 bei Ypern an der Westfront. In seinen Gedichten (Gedichtsammlung *Der Aufbruch* 1914) wendet er sich gegen den Impressionismus. Er gestaltet ekstatischen Lebensgenuss (vgl. *Fahrt über die Kölner Rheinbrücke bei Nacht*) und Tatendrang; Schicksal und Krieg versteht er als Herausforderung und Elebnis. Seine Lebenseinstellung kommt z.B. in seinem Gedicht *Form ist Wollust* (1914) zum Ausdruck (s. unten).

Arbeitsaufgabe: Interpretieren Sie das Gedicht. Gehen Sie dabei auf die Zusammenhänge von äußerer Umgebung und innerer Verfassung des lyrischen Ichs ein und erarbeiten Sie in diesem Kontext die formalen und sprachlichen Mittel.

Ernst Stadler (1883-1914)
Vorfrühling (1914)

In dieser Märznacht trat ich spät aus meinem Haus.
Die Straßen waren aufgewühlt von Lenzgeruch und grünem Saatregen.
Winde schlugen an. Durch die verstörte Häusersenkung gieng ich weit hinaus
Bis zu dem unbedeckten Wall und spürte: meinem Herzen schwoll ein neuer Takt entgegen.
In jedem Lufthauch war ein junges Werden ausgespannt.
Ich lauschte, wie die starken Wirbel mir im Blute rollten.
Schon dehnte sich bereitet Acker. In den Horizonten eingebrannt
War schon die Bläue hoher Morgenstunden, die ins Weite führen sollten.

Die Schleusen knirschten. Abenteuer brach aus allen Fernen.
Überm Kanal, den junge Ausfahrtwinde wellten, wuchsen helle Bahnen,
In deren Licht ich trieb. Schicksal stand wartend in umwehten Sternen.
In meinem Herzen lag ein Stürmen wie von aufgerollten Fahnen.

Ernst Stadler
Form ist Wollust (1914)

Form und Riegel mußten erst zerspringen,
Welt durch aufgeschlossne Röhren dringen:
Form ist Wollust, Friede, himmlisches Genügen,
Doch mich reißt es, Ackerschollen umzupflügen.
Form will mich verschnüren und verengen,
Doch ich will mein Sein in alle Weiten drängen–
Form ist klare Härte ohn' Erbarmen,
Doch mich treibt es zu den Dumpfen, zu den Armen,
Und in grenzenlosem Michverschenken
Will mich Leben mit Erfüllung tränken.

Lösungsvorschlag

Gliederung des Aufsatzes

A. Einleitung: Epocheneinordnung, Thema des Gedichts

B. Hauptteil: Interpretation
- I. Inhalt und Aussage
  - 1. Inhalt
  - 2. Aussage
- II. Sprachliche und formale Mittel
- III. Umgebung und lyrisches Subjekt

C. Schluss: Hinweis auf motivgleiche Gedichte

Stichwortartige Ausarbeitung des Aufsatzes

A. Einleitung: Ein bedeutsames und häufig zu beobachtendes Kennzeichen expressionistischer Gedichte ist der Bruch mit tradierten ästhetischen oder formalen Vorgaben. Im Verzicht auf wohlklingende Reim- und Versgestaltung und in der Verwendung kühner, ausdrucksstarker Metaphern finden die Dichter, als Beispiel dafür sei Gottfried Benns Gedicht *Morgue I. Kleine Aster* genannt, die angemessenenen Ausdrucksmittel, um Themen wie Verfall, Tod und Krieg, aber auch dynamische Aufbruchserlebnisse zu gestalten. Ernst Stadtler benutzt in seinem 1914 entstandenen Gedicht *Vorfrühling* diese Metaphorik, um die Natureindrücke des aufbrechenden lyrischen Subjekts darzustellen.

Gottfried Benn (1886-1956)
***Morgue*[1] *I. Kleine Aster* (1912)**

Ein ersoffener Bierfahrer wurde auf den Tisch gestemmt.
Irgendeiner hatte ihm eine dunkelhellila Aster
Zwischen die Zähne geklemmt.
Als ich von der Brust aus
unter der Haut
mit einem langen Messer
Zunge und Gaumen herausschnitt,
muß ich sie angestoßen haben, denn sie glitt
in das nebenliegende Gehirn.
Ich packte sie ihm in die Brusthöhle

[1] Leichenschauhaus

zwischen die Holzwolle,
als man zunähte.
Trinke dich satt in deiner Vase!
Ruhe sanft,
kleine Aster!

B. Hauptteil: Interpretation

I. Inhalt und Aussage

1. Inhalt

1. Strophe: Das lyrische Ich unternimmt in einer Märznacht einen Spaziergang. Es nimmt den Frühlingsgeruch auf den Straßen wahr. Der Spaziergang führt es bis zur Stadtmauer, wo es einen unbestimmten Ruf, einen *neue(n) Takt* (V.4), vernimmt.

2. Strophe: Das lyrische Ich nimmt den Duft werdenden Lebens wahr (Blüten?) und fühlt sich angesprochen. Es bemerkt das eigene Aufgeregt-Sein und sieht eine neue Zukunft am Horizont auftauchen.

3. Strophe: Die Zukunft ist abenteuerlich. Die Schleusen knirschen, der Fluss scheint das lyrische Ich in das neue Leben zu führen. Es ist äußerst erregt und erwartet das Schicksal mit großer Spannung.

2. Aussage

Im Frühling erwacht das Leben in der Natur. Der Spaziergang in einer Märznacht steht symbolisch für die Veränderung im menschlichen Leben. Der Mensch, der aufbricht sein altes Leben zu verlassen und sein neues Leben zu suchen, wird von einem ekstatischen Lebensgefühl beherrscht.

II. Sprachliche und formale Mittel

Es lassen sich die folgenden sprachlichen und formalen Gestaltungsmittel feststellen:

- ungleichmäßiges Metrum, Zunahme der Hebungszahl zum Ende der Strophen hin;
- Rhythmus bestimmt durch Wechsel von Enjambements (vgl. V.3f., V.7f., V.10f.), Wechsel mit Versen, in denen Satz- und Verschluss zusammenfallen;
- dynamisches Wortfeld, Verben der Bewegung wie z.B. *aufgewühlt* (V.2), *trat* (V.1), *gieng* (V.3), *ausgespannt* (V.5), *rollten* (V.6), *dehnte* (V.7), *ins Weite führen* (V.8), *brach aus* (V.9), *wuchsen* (V.10), *Stürmen* (V.12);
- Symbole: *Abenteuer* (V.9) als Hinweis auf das Außergewöhnliche, *Schicksal* (V.11) weckt die Assoziation des Ausgeliefert-Seins, *aufgerollte Fahnen* (V.12) als Hinweis auf Krieg, Bewusstsein des nahenden Untergangs. *Vorfrühling* als Metapher für neuen Lebensabschnitt;
- Synästhesie: Wahrnehmung der Natur mit allen Sinnen, z.B. Geruchssinn (*Lenzgeruch*, V.2), Tastsinn (*Lufthauch*, V.5), Gehör (*Winde schlugen an*, V.3), Auge (*grüne(r) Saatregen*, V.2), als Ausdruck des ekstatischen Lebensgefühls;

- Sprache: pathetisch, erinnert an Hymne (vgl. Goethes *Prometheus, Ganymed*), z.B.: (...) *In den Horizonten eingebrannt / War schon die Bläue hoher Morgenstunden, die ins Weite führen sollten.* (V.7f.);
- Motiv des Weggehens, des Fortziehens: lyrisches Ich verlässt das Haus (vgl. V.1) um in die Ferne zu ziehen;
- Kontrast: bedrückende Enge der Stadt, *verstörte Häusersenkung* (V.3), Weite der sich offnenden Landschaft (vgl. V.8f.);
- Attribute, die das Entstehen von Leben unterstreichen: *ein neuer Takt* (V.4), *junges Werden* (V.5), *junge Ausfahrtwinde* (V.10).

III. Umgebung und lyrisches Subjekt

1. Strophe: Lyrisches Ich aktiv, dynamische Spannung;
2. Strophe: Lyrisches Ich hält inne, lauscht, nimmt die Weite wahr;
3. Strophe: „Anwort der Natur", Wiederaufnahme der Dynamik, aufgewühlte Bewegtheit und erwartungsvolle Haltung, Verschmelzung von Ich und Natur.

C. Schluss: Motive wie Abendstimmung, Aufbruch, Schrecken des Krieges, Todesahnung in anderen expressionistischen Gedichten: Mischung von gefühlsbetonter, ekstatischer Lebensstimmung und Untergangsvision, z.B. in Stadlers Gedicht *Fahrt über die Kölner Rheinbrücke bei Nacht*; auch bei Alfred Lichtenstein, der im Herbst 1914, wenige Wochen nach dem Verfassen seiner Vorahnungen in V.8 und V.10 seines Gedichtes *Abschied*, tatsächlich bei Vermandovillers stirbt.

Alfred Lichtenstein (1889-1914)

***Abschied* (1914)**

(kurz vor der Abfahrt zum Kriegsschauplatz für Peter Scher)

Vorm Sterben mache ich noch mein Gedicht.
Still, Kameraden, stört mich nicht.

Wir ziehn zum Krieg. Der Tod ist unser Kitt.
O, heulte mir doch die Geliebte nit.

Was liegt an mir. Ich gehe gerne ein.
Die Mutter weint. Man muß aus Eisen sein.

Die Sonne fällt zum Horizont hinab.
Bald wirft man mich ins milde Massengrab.

Am Himmel brennt das brave Abendrot.
Vielleicht bin ich in dreizehn Tagen tot.

Ernst Stadler (1883-1914)

Fahrt über die Kölner Rheinbrücke bei Nacht

Der Schnellzug tastet sich und stößt die Dunkelheit entlang.
Kein Stern will vor. Die ganze Welt ist nur ein enger, nachtumschienter Minengang,
Darein zuweilen Förderstellen blauen Lichtes jähe Horizonte reißen: Feuerkreis
Von Kugellampen, Dächern, Schloten, dampfend, strömend.. nur sekundenweis..
Und wieder alles schwarz. Als führen wir ins Eingeweid der Nacht zur Schicht.
Nun taumeln Lichter her.. verirrt, trostlos vereinsamt.. mehr.. und sammeln sich.. und werden dicht.
Gerippe grauer Häuserfronten liegen bloß, im Zwielicht bleichend, tot – etwas muß kommen.. o, ich fühl es schwer
Im Hirn. Eine Beklemmung singt im Blut. Dann dröhnt der Boden plötzlich wie ein Meer:
Wir fliegen, aufgehoben, königlich durch nachtentrissne Luft, hoch übern Strom. O Biegung der Millionen Lichter, stumme Wacht,
Vor deren blitzender Parade schwer die Wasser abwärts rollen. Endloses Spalier, zum Gruß gestellt bei Nacht!
Wie Fackeln stürmend! Freudiges! Salut von Schiffen über blauer See! Bestirntes Fest!
Wimmelnd, mit hellen Augen hingedrängt! Bis wo die Stadt mit letzten Häusern ihren Gast entläßt.
Und dann die langen Einsamkeiten. Nackte Ufer. Stille. Nacht. Besinnung. Einkehr. Kommunion. Und Glut und Drang.
Zum Letzten, Segnenden. Zum Zeugungsfest. Zur Wollust. Zum Gebet. Zum Meer. Zum Untergang.

9.6 Rainer Maria Rilke

Kindheit

Arbeitsaufgabe: Geben Sie den Inhalt des Gedichtes wieder und entwickeln Sie seine Aussage. Wie bringen die verwendeten sprachlichen Mittel die Kindheitserinnerungen zum Ausdruck?

Rainer Maria Rilke (1875-1926)

Kindheit

Da rinnt der Schule lange Angst und Zeit
mit Warten hin, mit lauter dumpfen Dingen.
O Einsamkeit, o schweres Zeitverbringen ...
Und dann hinaus: die Straßen sprühn und klingen
und auf den Plätzen die Fontänen springen
und in den Gärten wird die Welt so weit –.
Und durch das alles gehn im kleinen Kleid,
ganz anders als die andern gehn und gingen –:
O wunderliche Zeit, o Zeitverbringen,
o Einsamkeit.

Und in das alles fern hinauszuschauen:
Männer und Frauen; Männer, Männer, Frauen
und Kinder, welche anders sind und bunt;
und da ein Haus und dann und wann ein Hund
und Schrecken lautlos wechselnd mit Vertrauen –:
O Trauer ohne Sinn, o Traum, o Grauen,
o Tiefe ohne Grund.

Und so zu spielen: Ball und Ring und Reifen
in einem Garten, welcher sanft verblaßt,
und manchmal die Erwachsenen zu streifen,
blind und verwildert in des Haschens Hast,
aber am Abend still, mit kleinen steifen
Schritten nachhaus zu gehn, fest angefaßt–:
O immer mehr entweichendes Begreifen,
o Angst, o Last.

Und stundenlang am großen grauen Teiche
mit einem kleinen Segelschiff zu knien;
es zu vergessen, weil noch andre, gleiche
und schönere Segel durch die Ringe ziehn,
und denken müssen an das kleine bleiche
Gesicht, das sinkend aus dem Teiche schien–:
O Kindheit, o entgleitende Vergleiche.
Wohin? Wohin?

Rainer Maria Rilke

Rainer Maria Rilke wird 1875 in Prag geboren. Er studiert Philosophie, Kunst- und Literaturgeschichte in Prag. Seine ersten literarischen Versuche stammen aus dem Jahr 1894. Von 1897 an lebt er in Berlin, verbringt die folgenden Jahre aber hauptsächlich auf Reisen in die europäischen Nachbarländer. Von 1919 an lebt er in der Schweiz, wo er 1926 stirbt. Seine Gedichte wollen die Welt nicht nur deuten, sondern auch therapeutisch wirken, weil er die Welt *in die Hände der Menschen gefallen* glaubt. Eines seiner berühmtesten Werke ist der autobiografische Roman *Die Aufzeichnungen des Malte Laurids Brigge*.

Lösungsvorschlag

Gliederung des Aufsatzes

A. Einleitung: Vorstellung des Dichters, Thema seines Gedichtes

B. Hauptteil: Interpretation
- I. Inhalt und Aussage
  - 1. Inhalt
  - 2. Aussage
- II. Sprachliche Mittel

C. Schluss: Persönliche Wertung

Stichwortartige Ausarbeitung des Aufsatzes

A. Einleitung: Der 1875 geborene Dichter Rainer Maria Rilke, der seine Kindheit in Prag verbringt und in seinem späteren Leben nie richtig sesshaft wird, formuliert in seinem Gedicht *Kindheit* die teilweise melancholische Erinnerung eines offensichtlich schon erwachsenen Menschen an seine Kindheit.

B. Hauptteil: Interpretation

I. Inhalt und Aussage

1. Inhalt

Die Erinnerung wird in vier unterschiedlich lange Strophen gekleidet.

1. Strophe: Schulzeit wird als angstvolle Zeit erlebt, der Weg aus der Schule dagegen wird mit lebendigen Bildern positiv beschrieben; Straßen, Plätze und Gärten werden mit starken Emotionen verbunden; Hinweis auf die Kinderkleidung; verkürzte Verse, in denen die Melancholie des sich erinnernden lyrischen Ichs zum Ausdruck kommt.

2. Strophe: Erlebnis des Anders-Seins im Vergleich zu Erwachsenen und anderen Kindern; kindliche Gefühle wie Vertrauen und Furcht; verkürzte Verse, in denen die Melancholie des sich erinnernden lyrischen Ichs zum Ausdruck kommt.

3. Strophe: Erinnerung an Gartenspiele mit Ball, Ring und Reifen, oder an Fangspiele, in die auch Erwachsene mit einbezogen worden sind; der widerwillige Weg nach Hause an der Hand eines Erwachsenen; das lyrische Ich beklagt, dass die Erinnerung immer blasser wird.

4. Strophe: Spiel mit einem Segelschiff an einem Teich; vergleichende Beobachtung anderer Schiffe; das eigene Spiegelbild wird im Teich sichtbar und sinkt immer weiter hinab; Trauer über die vergangene Kindheit.

2. Aussage
Der Erwachsene erlebt die Kindheit nur noch in der Erinnerung, die ihn melancholisch stimmt, weil er die Kindheit als unwiederbringlich vergangen erfährt.

<u>II. Sprachliche Mittel</u>
Es lassen sich die folgenden sprachlichen Mittel feststellen:
- fünfhebiger Jambus, am Strophenende auf zwei bzw. drei Hebungen verkürzt, abwechselnd mit männlichen und weiblichen Kadenzen, vermittelt den Eindruck eines Kinderliedes mit Refrain;
- 2 Endreime pro Strophe unterstreichen den Eindruck eines Kinderliedes;
- Kontrast (V.1-3 und V.4-6): negatives Schulerlebnis (Angst) – positiver Weg von der Schule (Befreiung);
- wiederholte Interjektionen am Strophenende (vgl. z.B. V.9f., V.16f.) als Verdeutlichung der melancholischen Grundstimmung;
- *und*-Anaphern (vgl. z.B. V.5f. und V.13-15), Nachahmung kindlicher Ausdrucksweise;
- Verwendung von Gedankenstrichen vor den letzten beiden Versen: Ankündigung eines Perspektivenwechsels von der Erinnerung zur Bewertung der Erinnerung;
- zahlreiche Assonanzen und Alliterationen: *Haschens Hast* (V.21), Verklärung der Kindheit auch durch Gebrauch kindlicher Worte wie z.B. *Haschen* für ein Fangspiel;
- Metapher: *Teich* (V.26ff), möglicherweise als Bild für die Lebenszeit gemeint, in der die Erinnerung an das eigene Ich (*das kleine bleiche Gesicht,* V.30f.) langsam versinkt.

C. Schluss: In dem Gedicht *Kindheit* kommt eine melancholische Haltung zum Ausdruck, wie sie wohl vielen Menschen angesichts der mit dem fortschreitenden Lebensalter scheinbar immer schneller verrinnenden Zeit zueigen ist. Dabei erscheint es bemerkenswert, dass zumeist nur positive Erinnerungen das Gedenken bestimmen, die negativen Erlebnisse bleiben ausgespart. Auch wenn das Gedicht *Kindheit* zumindest die Schulerfahrungen sogar noch aus der Zukunft als Leiderfahrungen tituliert, so glorifiziert es doch im Nachhinein alle anderen Bereiche. Vielleicht resultiert diese Glorifizierung aus der mangelnden Verantwortung als Kind und einer gewiss menschlichen Sehnsucht danach, die mit dem Erwachsen-Werden einhergehende Aufgeklärtheit rückgängig zu machen (vgl. dazu auch Heinrich von Kleists Essay *Über das Marionettentheater*).

9.7 Rainer Maria Rilke

Ich fürchte mich so ...

Kurzbiografie Rainer Maria Rilke s. S. 143

Arbeitsaufgabe: Interpretieren Sie das Gedicht mit dem Blick auf die literarische Epoche, der es zuzuordnen ist.

Rainer Maria Rilke (1875-1926)
Ich fürchte mich so ...

Ich fürchte mich so vor der Menschen Wort.
Sie sprechen alles so deutlich aus:
Und dieses heißt Hund, und jenes heißt Haus,
und hier ist Beginn, und das Ende ist dort.

Mich bangt auch ihr Sinn, ihr Spiel mit dem Spott,
sie wissen alles, was wird und war;
kein Berg ist ihnen mehr wunderbar;
ihr Garten und Gut grenzt grade an Gott.

Ich will immer warnen und wehren: Bleibt fern.
Die Dinge singen hör ich so gern.
Ihr rührt sie an: sie sind starr und stumm.
Ihr bringt mir alle die Dinge um.

Lösungsvorschlag

Gliederung des Aufsatzes

A. Einleitung: Rilke als Antinaturalist

B. Hauptteil: Interpretation
- I. Inhalt und Aussage
  - 1. Inhalt
  - 2. Aussage
- II. Formale und sprachliche Gestaltung

C. Schluss: Rilkes Ausweg aus der Sprachkrise

Stichwortartige Ausarbeitung des Aufsatzes

A. Einleitung: In Hofmannsthals berühmtem *Chandos-Brief* (1902) wird die Sprachkrise des Impressionismus formuliert: Mit der Sprache lässt sich keine Beziehung zur Wirklichkeit mehr herstellen, das was wirklich ist, lässt sich nicht sagen. Zusammen mit

Stefan George und Hugo von Hofmannsthal stellte sich auch Rilke gegen die naturalistische Poetologie, wenn er, wie in seinem Gedicht *Ich fürchte mich so ...*, daran zweifelt, dass Wirklichkeit sprachlich überhaupt zutreffend darstellbar ist.

B. Hauptteil: Interpretation

I. Inhalt und Aussage

1. Inhalt

Das lyrische Ich drückt mit verschiedenen Beispielen seine Furcht vor der Sprache aus, die alles klar benennt und definiert. Nicht nur die Begriffe machen dem lyrischen Ich Angst, sondern auch die Unfähigkeit der Menschen, bewundern zu können. Sie erscheinen dem lyrischen Ich als an Gott heranreichende Allwissende. Die Benennung der Dinge führe aber zu deren Tod; daher appelliert das lyrische Ich an die Menschen, die Distanz zu den Dingen zu bewahren und auf deren Sprache zu achten.

2. Aussage

Appell, auf die Handhabung der Realität durch Sprache zu verzichten und Sensibilität für die den Dingen innewohnende Sprache zu entwickeln.

II. Formale und sprachliche Gestaltung

Die formale Gestaltung ist sowohl von einem regelmäßigen Metrum als auch von einem regelmäßigen Versbau geprägt (keine Enjambements, parataktische Konstruktion, wobei die jeweiligen vollständigen Sätze immer mit dem Versende zusammenfallen). Weitere Gestaltungsmittel sind:

- 3 Strophen, Jambus und Anapäst mit vier Hebungen, durchgehend männliche Kadenzen; Beispiel: metrische Analyse von Strophe 2:
  ∪ – | ∪ ∪– | ∪ – | ∪ ∪ – |
  ∪ – | ∪ – | ∪ ∪– | ∪ – |
  ∪ – | ∪– | ∪ ∪– | ∪ – |
  ∪ – | ∪ ∪ – | ∪– | ∪ ∪– |
- Alliteration: *Mich bangt auch ihr Sinn, ihr Spiel mit dem Spott* (V.5), *sie wissen alles, was wird und war* (V.6), *ihr Garten und Gut grenzt grade an Gott* (V.8), *warnen und wehren* (V.9), *starr und stumm* (V.11);
- Parallelismus in der syntaktischen Konstruktion in V.3f. undV.11f.;
- Anapher (vgl. V.3f., V.11f.).

Alliteration, Parallelismus und Anapher sind Mittel, die die Regelmäßigkeit des Aufbaus auch klanglich unterstreichen. Eine gewisse Kontrastwirkung wird durch den regelmäßigen, fast harmonisch zu nennenden Klang des Gedichtes und seinem anklagenden Inhalt erzielt. Vielleicht vermittelt das Gedicht auch einen klanglichen Eindruck von dem Harmonieempfinden des lyrischen Ichs: *Die Dinge singen hör ich so gern* (V.10).

C. Schluss: Einen Ausweg aus der Krise sucht Rilke in seinen Dinggedichten, in denen nur noch die Dinge ohne Vermittlung eines lyrischen Ichs sprechen. Ein Beispiel dafür ist das Sonett *Römische Fontäne:*

Rainer Maria Rilke
Römische Fontäne

Zwei Becken, eins das andre übersteigend
aus einem alten runden Marmorrand,
und aus dem oberen Wasser leis sich neigend
zum Wasser, welches unten wartend stand,

dem leise redenden entgegenschweigend
und heimlich, gleichsam in der hohlen Hand,
im Himmel hinter Grün und Dunkel zeigend
wie einen unbekannten Gegenstand;

sich selber ruhig in der schönen Schale
verbreitend ohne Heimweh, Kreis aus Kreis,
nur manchmal träumerisch und tropfenweis

sich niederlassend an den Moosbehängen
zum letzten Spiegel, der sein Becken leis
von unten lächeln macht mit Überhängen.

Eine literarische Reaktion auf die Krisenerfahrung der Sprachlosigkeit des Ichs ist Rilkes Versuch, die Dinge zum Sprechen zu bringen; aus ihrem Sprechen erschließt sich die ästhetische Sinngebung.

10 Literatur des 20. Jahrhunderts

Inhaltliche Merkmale	Hauptvertreter und Werke	Formale Merkmale
Einteilung z.B. nach politischer Situation in: Weimarer Zeit, Literatur des Exils und der inneren Emigration, Nachkriegsliteratur, Literatur in der DDR, Literatur in der BRD Reflexion der politischen Situation in der Literatur (z.B. äußere und innere Emigration, Umgang mit der Zeit des Nationalsozialismus); Poetik des „Kahlschlags", „Trümmerliteratur"; literarische Neuorientierung durch die *Gruppe 47* (Richter, Andersch, Bachmann, Böll, Celan, Grass u.a.); Trennung von Politik und Literatur in den 50er Jahren; Politisierung in den 60er Jahren; „Neue Subjektivität" in den 70er und 80er Jahren	Thomas Mann (1875-1955): *Buddenbrooks, Der Zauberberg;* Alfred Döblin (1878-1957): *Berlin Alexanderplatz;* Stefan Zweig (1881-1942): *Die Schachnovelle;* Carl Zuckmayer (1896-1977): *Der Hauptmann von Köpenick;* Bertolt Brecht (1898-1956): *Der gute Mensch von Sezuan, Galileo Galilei;* Werner Bergengruen (1892-1964): *Der Großtyrann und das Gericht;* Wolfgang Borchert (1921-1947): *Draußen vor der Tür;* Paul Celan (1920-1970): *Mohn und Gedächtnis;* Marie Luise Kaschnitz (1901-1974): Gedichte; Ingeborg Bachmann (1926-1973): *Der gute Gott von Manhattan;* Ernst Jandl (geb. 1925): Gedichte; Hans Magnus Enzensberger (geb. 1929): Gedichte; Günter Grass (geb. 1927): *Die Blechtrommel;* Reiner Kunze (geb. 1933): *Die wunderbaren Jahre*	Experimentieren mit allen literarischen Formen, Entwicklung neuer Formen (Episches Theater) Verfremdungseffekt; Kurzgeschichte als bedeutende Gattung nach dem Zweiten Weltkrieg; Montagetechnik in Epik, Drama und Lyrik; Groteske; Konkrete Poesie; Dokumentartheater; Autobiografie; Sciencefiction-Roman

Gottfried Benn

Gottfried Benn wird 1886 in Mansfeld geboren. Nach dem Studium der Medizin arbeitet er von 1912 an als Arzt in Berlin, im selben Jahr erscheint seine erste Gedichtsammlung *Morgue*, mit der er große Aufmerksamkeit besonders im expressionistisch orientierten Publikum erlangt. Am Ersten Weltkrieg nimmt er als Militärarzt teil. 1933 begrüßt er zunächst die Machtübernahme durch die Nationalsozialisten, erhält dann aber von 1938-1945 Schreibverbot. Bis zu seinem Tod im Jahre 1956 lebt er als Arzt und Schriftsteller in Berlin.

10.1 Gottfried Benn

Reisen *

Arbeitsaufgabe: Erarbeiten Sie Inhalt und Aussage des Gedichtes. Beziehen Sie in Ihre Interpretation auch formale und sprachliche Mittel ein.

Gottfried Benn (1886-1956)
Reisen (1950)

Meinen Sie, Zürich zum Beispiel
sei eine tiefere Stadt,
wo man Wunder und Weihen
immer als Inhalt hat?

Meinen Sie, aus Habana,
weiß und hibiskusrot,
bräche ein ewiges Manna
für Ihre Wüstennot?

Bahnhofstraßen und Rueen,
Boulevards, Lidos, Laan –
selbst auf den Fifth Avenueen
fällt Sie die Leere an –

Ach, vergeblich das Fahren!
Spät erst erfahren Sie sich:
bleiben und stille bewahren
das sich umgrenzende Ich.

Lösungsvorschlag

Gliederung des Aufsatzes

A. Einleitung: Benns expressionistische Lyrik, Thema des Gedichts

B. Hauptteil: Interpretation
- I. Inhalt und Aussage
  - 1. Inhalt
  - 2. Aussage
- II. Formale und sprachliche Mittel
- III. Zusammenfassung (und C. Schluss:)

Stichwortartige Ausarbeitung des Aufsatzes

A. Einleitung: Die Dichtung nach dem Zweiten Weltkrieg lehnt eine gefühlsintensive Sprache, die als verlogen empfunden wird, rigoros ab. Die Gedichte Gottfried Benns verwirklichen diese Sprachauffassung, indem sie ihre Themen mit klarer und ausdrucksstarker Diktion formulieren. Die Frage nach dem Sinn des menschlichen Lebens, ein Thema vieler expressionistischer Gedichte, bestimmt auch Benns Gedicht *Reisen*, das zu seinem Alterswerk zählt.

B. Hauptteil: Interpretation

I. Inhalt und Aussage

1. Inhalt

Strophe 1 besteht aus der Frage an einen direkt Angesprochenen, ob Zürich eine Stadt sei, die nicht oberflächlich sei und etwas Außergewöhnliches zu bieten habe. Strophe 2 besteht aus der Frage, ob der Angesprochene meine, er könne von Habana die Aufhebung seiner Einsamkeit und seiner existentiellen Not erwarten. Strophe 3 drückt aus, dass die Einsamkeit den Angesprochenen auch auf vielbevölkerten Plätzen überkomme. In Strophe 4 wird die Vergeblichkeit des Reisens als Mittel der Selbstfindung offenbart. Ich-Erfahrung sei erst in der Ruhe und im Bleiben möglich.

2. Aussage

Der Theorie, dass Reisen ein Weg der Selbstfindung sei, wird widersprochen. Das Individuum findet sein wahres Ich nur im Bleiben und in der Stille.

II. Formale und sprachliche Mittel

Die verwendeten formalen und sprachlichen Mittel unterstützen die Aussage:
- dreihebige Verse, Daktylen und Trochäen, Wechsel von weiblichen und männlichen Kadenzen, Reimschema: Kreuzreim (Ausnahme: Strophe 1 mit abcb);
- Sprechhaltung: feierliche Sprache in der zweiten Strophe, nüchterne Alltagssprache in den anderen Strophen (Bezug zu Inhalt, Absicht, Wirkung s. unten);
- Metapher und Anspielung: Manna (V.7) und Wüstennot (V.8), religiöse Anspielung auf Exodus und Wüstenzug des Volkes Israel, steht für die metaphysische Antwort, die als sinngebend erwartet wird (vgl. den feierlichen Sprachton, der möglicherweise auch als ironische Brechung verstanden werden kann);
- Alliteration: Wunder und Weihen (V.3), zusammengehörender Ausdruck als Hinweis auf die Besonderheit der Stadt, Weihen mit religiöser Implikation (vielleicht auch ironisch);
- Enjambement: vgl. V.1f., V.3f., V.5f., V.7f., V.11f., V.15f., in den ersten drei Strophen als Verstärkung des Aufzählungscharakters, in V.15f. als Betonung der Antwort auf die Sinnsuche;
- Anapher: V.1 und V.5, Parallelismus der rhetorischen Fragen in Strophe 1 und Strophe 2 als zwei Beispiele für die gescheiterte Suche;

- Wortspiel: Fahren (V.13) und erfahren (V.14), Verstärkung des Ausdrucks mit dem Hinweis, dass das Reisen als Mittel der Selbstfindung unternommen wird;
- Aufzählung: V.9f. und Kontrast: V.12, bevölkerte Straßen, auf denen das Leben pulsiert und die dennoch nur Einsamkeit vermitteln;
- Ausruf: V.13, Antwort auf die rhetorischen Fragen, emotionale Bewegung spürbar.

III. Zusammenfassung
und
C. Schluss:

Gedicht zu einem fiktiven Zuhörer gesprochen, in Wirklichkeit als gedanklicher Monolog des nicht erwähnten lyrischen Ichs (Gedankenlyrik); Resignation schwingt im Ausdruck: Spät erst erfahren Sie sich (V.14) mit, doch eine gewisse Hoffnung drückt sich in dem sich findenden Individuum aus. Ein transzendenter Bezug wird abgelehnt. In Benns Gedicht Nur zwei Dinge wird die Situation des Individuums noch stärker zugespitzt: Es gibt nur zwei Dinge: die Leere / und das umgrenzende Ich. Diese von den Erfahrungen zweier Kriege geprägte Aussage erweist ihre Modernität in ihrem tiefen Misstrauen gegenüber allumfassenden Sinnangeboten, seien sie politischer oder religiöser Natur. In Gottfried Benns Gedichten Reisen und Nur zwei Dinge wird das Individuum in existentialistischer Denkweise mit seiner Verantwortung für sein Dasein und dessen Sinngebung auf sich selbst zurückgeworfen.

10.2 Bertolt Brecht

An die Nachgeborenen

Bertolt Brecht

Bertolt Brecht wird 1898 in Augsburg geboren. Erste schriftstellerische Versuche fallen schon in seine Schulzeit. Als Dramaturg bei Max Reinhardt sammelt er wichtige Theatererfahrung, daneben veröffentlicht er sozialkritische Gedichte (*Bertolt Brechts Hauspostille*, 1927). *Die Dreigroschenoper* (1928) wird zum Skandalstück der Weimarer Republik, weil sie die Zuschauer nicht unterhalten, sondern im Sinne des epischen Theaters

Arbeitsaufgaben: Erarbeiten Sie Inhalt und Aussage des Gedichtes. Bestimmen Sie in diesem Zusammenhang den Einsatz der poetischen Mittel. Entwickeln Sie eine Deutung des Gedichtes mit Bezugnahme auf die Lebensumstände des Dichters zur Zeit der Abfassung.

Bertolt Brecht (1898-1956)
An die Nachgeborenen (1940)

I

Wirklich, ich lebe in finsteren Zeiten!
Das arglose Wort ist töricht. Eine glatte Stirn
Deutet auf Unempfindlichkeit hin. Der Lachende
Hat die furchtbare Nachricht
Nur noch nicht empfangen.

Was sind das für Zeiten, wo
Ein Gespräch über Bäume fast ein Verbrechen ist

Weil es ein Schweigen über so viele Untaten einschließt!
Der dort ruhig über die Straße geht
Ist wohl nicht mehr erreichbar für seine Freunde
Die in Not sind?

Es ist wahr: ich verdiene noch meinen Unterhalt
Aber glaubt mir: das ist nur ein Zufall. Nichts
Von dem, was ich tue, berechtigt mich dazu, mich sattzuessen.
Zufällig bin ich verschont. (Wenn mein Glück aussetzt, bin ich verloren.)

Man sagt mir: Iß und trink du! Sei froh, daß du hast!
Aber wie kann ich essen und trinken, wenn
Ich dem Hungernden entreiße, was ich esse, und
Mein Glas Wasser einem Verdurstenden fehlt?
Und doch esse und trinke ich.

Ich wäre gerne auch weise.
In den alten Büchern steht, was weise ist:
Sich aus dem Streit der Welt halten und die kurze Zeit
Ohne Furcht verbringen
Auch ohne Gewalt auskommen
Böses mit Gutem vergelten
Seine Wünsche nicht erfüllen, sondern vergessen
Gilt für weise.
Alles das kann ich nicht:
Wirklich, ich lebe in finsteren Zeiten!

II

In die Städte kam ich zur Zeit der Unordnung
Als da Hunger herrschte.
Unter die Menschen kam ich zu der Zeit des Aufruhrs
Und ich empörte mich mit ihnen.
So verging meine Zeit
Die auf Erden mir gegeben war.

Mein Essen aß ich zwischen den Schlachten
Schlafen legte ich mich unter die Mörder
Der Liebe pflegte ich achtlos
Und die Natur sah ich ohne Geduld.
So verging meine Zeit
Die auf Erden mir gegeben war.

Die Straßen führten in den Sumpf zu meiner Zeit.
Die Sprache verriet mich dem Schlächter.
Ich vermochte nur wenig. Aber die Herrschenden

aufrütteln will. Nach dem Beginn der faschistischen Diktatur in Deutschland verlässt Brecht Deutschland und ist mehrere Jahre in Österreich, Dänemark, Schweden, Finnland und der Sowjetunion unterwegs, bis er sich in Kalifornien niederlässt. Während des Exils entstehen seine bedeutendsten Stücke wie z.B. *Mutter Courage, Der gute Mensch von Sezuan* und *Leben des Galilei.* 1947 siedelt er nach Ost-Berlin über und inszeniert an seinem B*erliner Ensemble* Musteraufführungen seiner Werke, die ihn als Erneuerer des Theaters ausweisen. Brecht stirbt 1956 in Ost-Berlin.

Saßen ohne mich sicherer, das hoffte ich.
So verging meine Zeit
Die auf Erden mir gegeben war.

Die Kräfte waren gering. Das Ziel
Lag in großer Ferne. Es war deutlich sichtbar, wenn auch für mich
Kaum zu erreichen.
So verging meine Zeit
Die auf Erden mir gegeben war.

III

Ihr, die ihr auftauchen werdet aus der Flut
In der wir untergegangen sind
Gedenkt
Wenn ihr von unseren Schwächen sprecht
Auch der finsteren Zeit
Der ihr entronnen seid.
Gingen wir doch, öfter als die Schuhe die Länder wechselnd
Durch die Kriege der Klassen, verzweifelt
Wenn da nur Unrecht war und keine Empörung.

Dabei wissen wir doch:
Auch der Haß gegen die Niedrigkeit
Verzerrt die Züge.
Auch der Zorn über das Unrecht
Macht die Stimme heiser. Ach, wir
Die wir den Boden bereiten wollten für Freundlichkeit
Konnten selber nicht freundlich sein.

Ihr aber, wenn es so weit sein wird
Daß der Mensch dem Menschen ein Helfer ist
Gedenkt unsrer
Mit Nachsicht.

Lösungsvorschlag

Gliederung des Aufsatzes

A. Einleitung: Kurzinformation zu Brecht, Thema des Gedichtes

B. Hauptteil: Interpretation
- I. Inhalt und Aussage
- II. Poetische Mittel
- III. Lebensumstände des Dichters

C. Schluss: Bezug zu anderen Werken Brechts

Stichwortartige Ausarbeitung des Aufsatzes

A. Einleitung: Bertolt Brecht, geboren 1898 in Augsburg, einer der bedeutendsten deutschen Dichter dieses Jahrhunderts, muss 1933 Deutschland verlassen, kehrt erst 1947 nach Europa zurück; Exilerfahrungen als Hintergrund für das 1940 entstandene Gedicht *An die Nachgeborenen.*

B. Hauptteil: Interpretation

I. Inhalt und Aussage

Dreistrophiges Gedicht; erste Strophe mit Klage über negative Zeitumstände; Grund: Fröhlichkeit, Plauderei und Seelenruhe sind zu Ausdrucksformen der Ignoranz angesichts der Gewalt und des Leidens geworden; Betonung der Zufälligkeit des eigenen Glücks, verschont worden zu sein und weiterhin den Lebensunterhalt verdienen zu können; widersprüchliches Verhalten angesichts moralischer Skrupel dennoch weiterhin zu essen und zu trinken; das lyrische Ich beklagt die Unmöglichkeit, ohne Gewalt und ohne Egoismus zu leben; zweite Strophe mit Beispielen aus der Vergangenheit: Teilnahme an Protesten, die Kampfsituation, in der das lyrische Ich weder für Liebe noch Natur empfänglich ist, die Ausweglosigkeit des eingeschlagenen Wegs, das Eingeständnis der eigenen Machtlosigkeit und die Hoffnung, im Kleinen etwas erreicht zu haben, schließlich die Spannung zwischen den geringen eigenen Kräften und dem weit entfernten Ziel; in vier refrainartigen Doppelversen wird das Verstreichen der Lebenszeit ausgedrückt; dritte Strophe spricht direkt die Nachgeborenen an; Appell, bei aller Kritik an den Vorfahren deren Exilsituation zu berücksichtigen und nachsichtig zu urteilen (= Aussage).

II. Poetische Mittel

Im Dienste dieser Aussage stehen die verwendeten poetischen Mittel:
- Form: reimlos, freie Rhythmen als Ausdruck der Unordnung;
- Tempuswahl: Präsens (erste Strophe), Bestandsaufnahme, Imperfekt (zweite Strophe) als Rückblick, Futur (dritte Strophe) als Hinweis auf zukünftige Generationen;
- zahlreiche Enjambements: z.B. V.2-4, V.6f., als Zeichen für die Zerrüttung der Welt und des Subjekts;
- vier refrainartige Doppelverse: V.35f., V.41f., V.47f., V.52f., Empfindung eines unerfüllten Lebens;
- Vergleich: V.60, Hinweis auf Fluchtsituation;
- direkte Ansprache des Lesers: V.70, Appell;
- Ideologiesprache: *Kriege der Klassen* (V.61), Hinweis auf marxistische Weltanschauung.

III. Lebensumstände des Dichters

Amerika als Aufenthaltsort Brechts und zahlreicher anderer Exildeutscher zur Zeit der Abfassung; mit *furchtbare Nachricht* (V.4) und *Untaten* (V.8) sind wohl

Zweiter Weltkrieg und nationalsozialistische Terrorherrschaft gemeint; *Schlächter* (V.44) als direkter Hinweis auf Hitler (vgl. die *Reden des Anstreichers* in *Schlechte Zeit für Lyrik*), der wiederum stellvertretend (metonymisch) für die NS-Herrschaft steht; im Rückblick der zweiten Strophe Beschreibung der innenpolitischen Zustände in Deutschland zur Zeit der Weltwirtschaftskrise (wirtschaftlicher Niedergang, innenpolitische Auseinandersetzungen, Aufstieg der NSDAP); in V.45f. Andeutung der Flucht aus Deutschland, zu der Brecht als Marxist gezwungen ist (vgl. auch Ideologiesprache in V.70).

C. Schluss: Problem, wie der Mensch gut zu anderen Menschen sein kann (vgl. V.71) als Problem, wie es auch im Drama *Der gute Mensch von Sezuan*, entstanden zur selben Zeit wie das Gedicht, zum Ausdruck kommt; Veränderung der Wirklichkeit im marxistischen Sinne als Voraussetzung für neue Ethik von Brecht intendiert; Problem, wie sich der Einzelne in einem autoritären Regime angesichts der mangelnden Durchsetzung der Wahrheit zu verhalten hat (vgl. V.45f.), wird in *Leben des Galilei* thematisiert.

10.3 Paul Celan

Todesfuge

Paul Celan (eigentlich Paul Antzel)

Celan wird 1920 in Czernowitz geboren. Sein Medizin- und Romanistikstudium in Paris und Czernowitz wird durch die nationalsozialistische Gewaltherrschaft unterbrochen. Seine Eltern werden 1942 in ein Vernichtungslager deportiert, Paul Celan selbst wird nach Rumänien verschleppt. Nach dem Krieg nimmt er seinen Wohnsitz wieder in Paris und arbeitet von 1959 an als Lektor für deutsche Sprache. 1970 scheidet er durch Freitod aus dem Leben.

Arbeitsaufgabe: Interpretieren Sie das folgende Gedicht, indem Sie besonders auf die sprachlichen Gestaltungsmittel und deren Wirkung auf Inhalt und Absicht des Gedichtes eingehen.

Paul Celan (1920-1970)
Todesfuge (1945)

Schwarze Milch der Frühe wir trinken sie abends
wir trinken sie mittags und morgens wir trinken sie nachts
wir trinken und trinken
wir schaufeln ein Grab in den Lüften da liegt man nicht eng
Ein Mann wohnt im Haus der spielt mit den Schlangen der schreibt
der schreibt wenn es dunkelt nach Deutschland dein goldenes Haar Margarete
er schreibt es und tritt vor das Haus und es blitzen die Sterne er pfeift seine Rüden herbei
er pfeift seine Juden hervor läßt schaufeln ein Grab in der Erde
er befiehlt uns spielt auf nun zum Tanz

Schwarze Milch der Frühe wir trinken dich nachts
wir trinken dich morgens und mittags wir trinken dich abends
wir trinken und trinken
Ein Mann wohnt im Haus der spielt mit den Schlangen der schreibt

der schreibt wenn es dunkelt nach Deutschland dein goldenes Haar Margarete
Dein aschenes Haar Sulamith wir schaufeln ein Grab in den Lüften da liegt man nicht eng
Er ruft stecht tiefer ins Erdreich ihr einen ihr andern singet und spielt
er greift nach dem Eisen im Gurt er schwingts seine Augen sind blau
stecht tiefer die Spaten ihr einen ihr andern spielt weiter zum Tanz auf

Schwarze Milch der Frühe wir trinken dich nachts
wir trinken dich mittags und morgens wir trinken dich abends
wir trinken und trinken
ein Mann wohnt im Haus dein goldenes Haar Margarete
dein aschenes Haar Sulamith er spielt mit den Schlangen

Er ruft spielt süßer den Tod der Tod ist ein Meister aus Deutschland
er ruft streicht dunkler die Geigen dann steigt ihr als Rauch in die Luft
dann habt ihr ein Grab in den Wolken da liegt man nicht eng

Schwarze Milch der Frühe wir trinken dich nachts
wir trinken dich mittags der Tod ist ein Meister aus Deutschland
wir trinken dich abends und morgens wir trinken und trinken
der Tod ist ein Meister aus Deutschland sein Auge ist blau
er trifft dich mit bleierner Kugel er trifft dich genau
ein Mann wohnt im Haus dein goldenes Haar Margarete
er hetzt seine Rüden auf uns er schenkt uns ein Grab in der Luft
er spielt mit den Schlangen und träumet der Tod ist ein Meister aus Deutschland

dein goldenes Haar Margarete
dein aschenes Haar Sulamith

Fuge:
Die wesentlichen Bestandteile der Fuge sind Durchführungen und Zwischenspiele. Die Fuge beginnt einstimmig mit der Exposition des Themas (= Subjekt) in der Grundtonart. Anschließend bringt eine zweite Stimme das Thema in etwas abgewandelter Gestalt im Quintabstand, quasi als ‚Antwort', während die erste Stimme die Kontrapunktierung übernimmt (...). Der Begriff der Doppelfuge bezeichnet zwei verschiedene Fugentypen: der eine ist gekennzeichnet durch gleichzeitigen Vortrag zweier Themen von allem Anfang an – hier ist also das zweite Thema ein feststehender, obligater Kontrapunkt des ersten –, der andere ist im Grunde eine Kombination zweier Fugen. Beide Themen werden zunächst einzeln durchgeführt, um dann in der letzten Durchführung kontrapunktisch verschränkt zu werden.
(Stephan, S. 55f.)

Lösungsvorschlag

Gliederung des Aufsatzes

A. Einleitung: Vorstellung des Dichters, Thema des Gedichtes

B. Hauptteil: Interpretation
- I. Inhalt und Aussage
  - 1. Inhalt
  - 2. Aussage
- II. Gliederung
- III. Formale und sprachliche Mittel
  - 1. Fuge als Kompositionsprinzip
  - 2. Metrik
  - 3. Wortwahl, Satzbau, sprachliche Mittel

C. Schluss: Bedeutung der Auseinandersetzung mit der Vergangenheit

Stichwortartige Ausarbeitung des Aufsatzes

A. Einleitung: Der Dichter Paul Celan hat die Schrecken der nationalsozialistischen Gewaltherrschaft selbst erfahren; seine Eltern wurden in ein Vernichtungslager deportiert, er selbst nach Rumänien verschleppt. Die Erfahrungen des Dichters spiegeln sich in vielen seiner Gedichte wider, in denen er eine Art von Vergangenheitsbewältigung unternimmt. Auch in seiner *Todesfuge*, geschrieben 1945, also im Jahr des Endes der Hitler-Diktatur, spürt man seinen Versuch, das Erlebte zu bewältigen.

B. Hauptteil: Interpretation

I. Inhalt und Aussage

1. Inhalt

Das Gedicht beginnt mit der Feststellung, dass die Menschen, die mit *wir* (V.1) nicht näher bezeichnet werden, zu jeder Tageszeit die *schwarze Milch der Frühe* (V.1 u.ö.) trinken. Außerdem sind sie dabei, ein Grab zu schaufeln, in dem viele beerdigt werden können. Von einem Mann, der offensichtlich der Aufseher der mit *wir* bezeichneten Menschen ist, wird dann gesagt, dass er in einem Haus wohne, mit Schlangen spiele und abends einen Brief nach Deutschland schreibe, wo eine Frau namens Margarete wohnt. Im nächsten Vers tritt dieser Mann vor das Haus, das offensichtlich nahe bei oder in dem Lager steht, in dem die Gefangenen leben, und pfeift seine Hunde herbei. Er pfeift auch nach den jüdischen Gefangenen, lässt sie ein Grab ausheben und zum Tanz aufspielen. Während die einen tief ins Erdreich stechen sollen, sollen die anderen singen und spielen. Mit Drohungen treibt er die Gefangenen zu schnellerem Graben und weiterem Musizieren an. Dann ruft er ihnen zu, dass der Tod aus Deutschland komme und dass sie bald verbrannt würden. Am Ende des Gedichtes wird diese Ankündigung offensichtlich in die Tat umgesetzt, denn es heißt, dass der Mann seine Hunde auf die Gefangenen hetzt, die Menschen durch Schüsse tötet und dass die Getöteten ihr *Grab in der Luft* (V.33) finden.

2. Aussage

Gewalttätige und ins Zynische gehende Willkür des Aufsehers im Gegensatz zur Wehrlosigkeit und Verzweiflung der Gefangenen als Anklage von Inhumanität und Brutalität.

II. Gedanklicher Aufbau

Vier Wörter der Anfangszeile werden wiederholt (vgl. V.1, V.10, V.19, V.27), dadurch Verdeutlichung des strukturellen Rahmens; Thema *Schwarze Milch der Frühe* in vier Motive aufgeteilt: Deutschland-Motiv (V.6, V.14, V.28, V.30, V.34), das Grab-Motiv (V.4, V.8, V.15, V.26), das Haar-Motiv (V.6, V.14f., V.22f., V.32, V.35f.), Tanz-Motiv (V.9, V.18); Deutschland als Land, aus dem der Tod kommt (vgl. V.24, V.28, V.30, V.34); blaue Augen des Todes (vgl. V.30) und blaue Augen des Aufsehers (vgl. V.17) als Hinweis auf Identität beider, im Zusammenhang mit dem goldenen Haar Margaretes auch Anspielung auf das nationalsozialistische Schönheitsideal; Grabmotiv als Hinweis auf Verbrennung (von Gefangenen möglicherweise als Befreiung von ihrer Qual empfunden, daher die Vorstellung von Weite in V.4: *da liegt man nicht eng*), der Aufseher verlangt dagegen ein Grab in der Erde (vgl. V.8); Widersprüchlichkeit im Tanzmotiv: Tanz als Ausdruck der Lebensfreude/Tanz in den Tod (vgl. V.24); Verbindung von Musik und Tod schon im Titel *Todesfuge* erkennbar.

III. Formale und sprachliche Mittel

1. Fuge als Kompositionsprinzip

Kompositionsprinzip der Doppelfuge (Erklärung s. Randleiste S. 157). Aufbau des Gedichtes:

Thema 1:	*Schwarze Milch der Frühe* (V.1)
Kontrapunkt:	*wir trinken sie abends* (V.1)
	wir trinken sie mittags und morgens wir trinken sie nachts (V.2)
	wir trinken und trinken (V.3)
Fortführung:	*wir schaufeln ein Grab in den Lüften da liegt man nicht eng* (V.4)
Thema 2:	*Ein Mann wohnt im Haus* (V.5)
Kontrapunkt:	*der spielt mit den Schlangen der schreibt* (V.5)
	der schreibt wenn es dunkelt nach Deutschland dein goldenes Haar Margarete (V.6)
	er schreibt es und tritt vor das Haus und es blitzen die Sterne (V.7)
Fortführung:	*er pfeift seine Rüden herbei* (V.7)
	er pfeift seine Juden hervor und läßt schaufeln ein Grab in der Erde (V.8)
	er befiehlt uns spielt auf nun zum Tanz (V.9)

Durchführung beider Themen, Annäherung der Gefangenen und des Aufsehers, in V.35f. direkte Konfrontation beider Gruppen bzw. beider Themen

2. Metrik

Trochäen und Daktylen bestimmen das metrische Schema, z.B. V.1-3:

– ∪ | – ∪ | – ∪ | | ∪ | –∪ ∪ |– ∪
– | – ∪ ∪ | – ∪ ∪ | – ∪ | | ∪ | –∪ ∪ | –
∪ | – ∪ ∪ | – ∪

Die Zäsur in den Versen 1 und 2 teilt diese in zwei deutliche Hälften, wobei sie z.B. in V.1 und V.2 mitten im Daktylus steht, sodass der natürliche Sprachrhythmus nicht dem metrischen Schema entspricht; Hinweis auf die Zerrissenheit und die Störung der Normalität, die sich im Inhalt zeigt.

3. Wortwahl, Satzbau, sprachliche Mittel

Es lassen sich die folgenden poetischen Gestaltungsmittel feststellen:

- überwiegender Gebrauch von Substantiven bewirkt Eindruck von Kälte;
- Wiederholungen: z.B. wir, *schwarze Milch der Frühe*, Steigerung der Einprägsamkeit;
- Satzreihen: Steigerung der Einprägsamkeit durch Aneinanderreihung kurzer Hauptsätze;
- Oxymoron: *schwarze Milch der Frühe* (V.1 u.ö.), Konzentration des dem Gedicht innewohnenden Widerspruchs in einem Symbol; *schwarz* als Farbe des Todes mit deutlichem Hinweis auf den Titel, Milch als lebenspendendes Getränk (z.B. als Muttermilch);
- Paradoxon als typisches Stilmittel: auf der einen Seite stehen die dem Leben zugeordneten Metaphern (die aber den Tod bringen!): *goldenes Haar* (z.B. V.6), *blau* (z.B. V.17), *Milch* (z.B. V.1), *Margarete* (z.B. V.6), *Grab in den Lüften* (z.B. V.4) als Freiheitsgedanke; auf der anderen Seite die dem Tod zugeordneten Metaphern: *Grab in der Erde* (V.8), *schwarze* (z.B. V.1), *aschenes Haar* (z.B. V.36). Gegensätzlichkeit zwischen dem herrschenden System und den gequälten Opfern wird in den Schlussversen V.35f. auf die Namen *Margarete* und *Sulamith* konzentriert;
- Anapher: z.B. V.2-4, gefühlsverstärkende Wiederholungen am Versanfang;
- Epipher: V.15 und V.26, gefühlsverstärkende Wiederholungen am Versende;
- Anadiplose: z.B. V.5f., gefühlsverstärkende Wirkung durch Wiederholung des Versendes am Anfang des nächsten Verses;
- fehlende Satzzeichen vielleicht als Ausdruck der Hilflosigkeit der Gefangenen zu deuten; evtl. auch als Hinweis, dass angesichts der Grausamkeit des Beschriebenen keine Zeit für Satzzeichen bleibt.

C. Schluss: Betroffenheit des Lesers als mögliche Wirkung des Gedichtes; Appell, sich mit der Vergangenheit auseinanderzusetzen heute nach wie vor aktuell; die Auseinandersetzungen im Zusammenhang mit der Rede Martin Walsers zur Verleihung des Friedenspreises im Jahre 1998 haben gezeigt, dass Betroffenheit und kritische Diskussion den Umgang mit der deutschen Vergangenheit bestimmen.

10.4 Ingeborg Bachmann

Die gestundete Zeit

Arbeitsaufgabe: Erarbeiten Sie den gedanklichen Aufbau des Gedichtes und entwickeln Sie seine Aussage unter Berücksichtigung der verwendeten poetischen Mittel.

Ingeborg Bachmann (1926-1973)
Die gestundete Zeit (1953)

Es kommen härtere Tage.
Die auf Widerruf gestundete Zeit
wird sichtbar am Horizont.
Bald mußt du den Schuh schnüren
und die Hunde zurückjagen in die Marschhöfe.
Denn die Eingeweide der Fische
sind kalt geworden im Wind.
Ärmlich brennt das Licht der Lupinen.
Dein Blick spurt im Nebel:
die auf Widerruf gestundete Zeit
wird sichtbar am Horizont.

Drüben versinkt dir die Geliebte im Sand,
er steigt um ihr wehendes Haar,
er fällt ihr ins Wort,
er befiehlt ihr zu schweigen,
er findet sie sterblich
und willig dem Abschied
nach jeder Umarmung.
Sieh dich nicht um.
Schnür deinen Schuh.
Jag die Hunde zurück.
Wirf die Fische ins Meer.
Lösch die Lupinen!

Es kommen härtere Tage.

Ingeborg Bachmann

Im Jahre 1926 in Klagenfurt geboren studiert Ingeborg Bachmann Jura und Philosophie in Graz, Innsbruck und Wien. Nach einer kurzen Tätigkeit als Redakteurin lebt sie dann als freie Schriftstellerin in Wien, Rom, München und Zürich. Sie stirbt 1973 in Rom. Die Gefühle von Angst und Einsamkeit sind motivische Konstanten ihrer Dichtung. Ihre bekanntesten Werke sind das Hörspiel *Der gute Gott von Manhatten* (1958) und die Erzählbände *Das dreißigste Jahr* (1961) und *Malina* (1971).

Lösungsvorschlag

Gliederung des Aufsatzes

A. Einleitung: Ingeborg Bachmann und ihre Lyrik

B. Hauptteil: Interpretation
I. Gedanklicher Aufbau
II. Sprachliche Mittel

C. Schluss: Aktualität ihres Gedichtes

Stichwortartige Ausarbeitung des Aufsatzes

A. Einleitung: Die Themen der Lyrik Ingeborg Bachmanns sind die Verzweiflung und die Angst des Individuums und seine Entgrenzungsversuche. Auch in dem vorliegenden Gedicht *Die gestundete Zeit* begegnen wir diesen Motiven.

B. Hauptteil: Interpretation

I. Gedanklicher Aufbau

Gedicht besteht aus vier Strophen, wobei die letzte Strophe nur einen einzigen Vers umfasst.

1. Strophe: Ankündigung von Veränderungen durch die ins Bewusstsein gerückte Zeit; Zeichen der Veränderung sind die kalt gewordenen Fischeingeweide und verwelkende Lupinen. Aufbruchsankündigung: Schuhe schnüren, Hunde zurückjagen; der Angesprochene suche mit den Augen bereits seinen neuen Weg.

2. Strophe: Geliebte versinkt im Sand, der sie stumm macht; mehrmalige Abschiedsumarmungen

3. Strophe: Aufforderung sich nicht umzusehen, Schuhe zu binden, die Hunde zurückzujagen, die Fische ins Meer zu werfen und das Licht der Lupinen zu löschen.

4. Strophe: Ankündigung, dass härtere Zeiten kommen werden.

Aussage: Identifizierungsversuch des Lesers mit dem lyrischen Ich (Anrede *du*), Aufbruch in eine neue Lebensphase mit Abschied vom Gewohnten und neuartigen Anforderungen an das Individuum; eventuell auch Abschied von einer Liebesbeziehung, da ausdrücklich *Geliebte* (V.12) erwähnt wird; während des Liebesverhältnisses scheint das Zeitgefühl verloren gegangen zu sein, die Zeit scheint stehen geblieben zu sein, nun macht sich die Zeit wieder bemerkbar. Aufforderung sich auf das Leben ohne den Partner einzustellen.

II. Sprachliche Mittel

Es lassen sich die folgenden sprachlichen Gestaltungsmittel feststellen:
- Metrum: freie Rhythmen, optisch gegliederte Prosa;
- Sprache: einfache Alltagssprache, *Marschhöfe* (V.5), *Fische* (V.6), *Sand* (V.12) deuten auf Strandsituation hin;

- Wiederholung: V.1/V.24 und V.2f./V.10f., besondere Betonung der Ankündigung und der Begründung des Aufbruchs durch das Hereinbrechen der scheinbar angehaltenen Zeit;
- aussagestarke Verben: z.B. *versinkt* (V.12), *steigt* (V.13), *sterblich* (V.16), Veranschaulichung der Lage der Geliebten;
- Imperative in der dritten Strophe als deutliche Aufforderung;
- Metaphern: *Schuh schnüren* (V.4) als Aufbruch, kalt gewordene Eingeweide (vgl. V.6f.) und schwaches *Licht der Lupinen* (V.8) als Lebensverlust, der spurende Blick (vgl. V.9) als Neuorientierung, *Sand* (V.12) evtl. als Symbol für vergehende Zeit zu verstehen, Bild der versinkenden Geliebten (vgl. V.12f.) als vergangene Zeit;
- Anspielung: V.19, biblischer Bezug (Lots Frau erstarrt beim Sich-Umsehen zur Salzsäule) als Warnung vor einer Orientierung in die Vergangenheit.

C. Schluss: Lyrisches Ich muss sich neuen Weg ohne fremde Hilfe suchen; dies könnte als Metapher für den Menschen des 20. Jahrhunderts stehen, der sich nach den Vorstellungen der Existenzphilsophie (Heidegger und Sartre) ständig aufs Neue aktiv entscheiden muss und der bei seinen Entscheidungen keiner Religion vertrauen darf. Bachmann, die ihre Dissertation bei Heidegger geschrieben hat, scheint diese existentialistische Vorstellung in ihrem Gedicht in einem modernen Menschenbild zu gestalten.

10.5 Günter Grass

Kinderlied *

Günter Grass

Der Dichter wird am 16.10.1927 in Danzig geboren. Nach der Teilnahme am Zweiten Weltkrieg, nach Verwundung und Kriegsgefangenschaft lässt er sich zum Steinmetz ausbilden und studiert später Bildhauerei und Grafik. Mitglied der *Gruppe 47*. Seit 1961 engagiert er sich politisch für die SPD, er lebt seit 1987 in Behlendorf bei Mölln.

Arbeitsaufgabe: Interpretieren Sie das folgende Gedicht unter Berücksichtigung der Wirkungsweise von sprachlicher und formaler Gestaltung.

Günter Grass (geb. 1927)
Kinderlied (1971)

Wer lacht hier, hat gelacht?
Hier hat sich's ausgelacht.
Wer hier lacht, macht Verdacht,
daß er aus Gründen lacht.

Wer weint hier, hat geweint?
Hier wird nicht mehr geweint.
Wer hier weint, der auch meint,
daß er aus Gründen weint.

Grass publiziert seit 1955 in allen literarischen Gattungen. Seine bekanntesten Werke sind *Die Blechtrommel* (1959), *Katz und Maus* (1961), *Hundejahre* (1963), *Der Butt* (1977), *Die Rättin* (1986). Daneben hat er zahlreiche Hörspiele und Gedichte verfasst. 1999 erhält er den Nobelpreis für Literatur.

Wer spricht hier, spricht und schweigt?
Wer schweigt, wird angezeigt.
Wer hier spricht, hat verschwiegen,
wo seine Gründe liegen.

Wer spielt hier, spielt im Sand?
Wer spielt, muß an die Wand,
hat sich beim Spiel die Hand
gründlich verspielt, verbrannt.
Wer stirbt hier, ist gestorben?
Wer stirbt, ist abgeworben.
Wer hier stirbt, unverdorben
ist ohne Grund verstorben.

Lösungsvorschlag

Gliederung des Aufsatzes

A. Einleitung: Grass und seine Dichtung, Thema des Gedichts

B. Hauptteil: Interpretation
- I. Inhalt, Aufbau, Aussage
  - 1. Inhalt
  - 2. Aufbau
  - 3. Aussage
- II. Sprachliche Gestaltung

C. Schluss: Abschließende Beurteilung

Stichwortartige Ausarbeitung des Aufsatzes

A. Einleitung: Grass beschäftigt sich in seinem Werk, z.B. in der *Blechtrommel*, mit der – auch politischen – Wirklichkeit aus der Perspektive eines Kindes; in seinem Gedicht *Kinderlied* wählt er dieselbe Perspektive, um sich mit dem menschlichen Dasein auseinanderzusetzen.

B. Hauptteil: Interpretation

I. Inhalt, Aufbau, Aussage

1. Inhalt

In den ersten beiden Strophen werden Lachen und Weinen untersagt, da derjenige, der lacht oder weint, Gründe für diese Verhaltensweisen habe. Auch das Sprechen und das Schweigen werden sanktioniert, da sich dahinter gleichfalls Gründe vermuten lassen. Das Spielen wird mit der Todesstrafe geahndet. In der letzten Strophe wird von demjenigen, der *unverdorben* stirbt, gesagt, er sei grundlos gestorben.

2. Aufbau
Fünf Strophen zu jeweils vier Versen, wobei jede Strophe thematisch abgeschlossen ist; Lachen, Weinen und Spielen als emotionale Äußerungen, Sprechen als rationale Äußerungen; vier Handlungsweisen, die Kindern zueigen sind (Titel!); Kontrast dazu in der vorletzten Strophe: *Wer spielt, muß an die Wand* (V.14) und in der letzten Strophe: Tod.

3. Aussage
Pervertierung natürlicher Handlungsweisen durch Misstrauen; Schlüsselverse in V.19f.: *Wer hier stirbt, unverdorben / ist ohne Grund verstorben.* Gedicht will Absurdität der Situation sichtbar machen; Verlust kindlichen Urvertrauens angesichts einer Erwachsenenwelt, die natürliche Handlungsweisen in ihr Gegenteil verkehrt oder mit einem Verdikt belegt.

II. Sprachliche und formale Mittel
Es lassen sich die folgenden sprachlichen Mittel feststellen:
- Endreim, nur in der dritten Strophe Paarreim, dreihebiger Jambus, Wortwiederholungen, formelhafte Sätze: einprägsame, formelhafte Sprache als Ausdruck der Autorität;
- Kinderlied: Einfachheit des Ausdrucks, Hinweis auf kindliches Urvertrauen als Kontrast zu der Aussage des Gedichtes; Kinderreim und seine formelhafte Kürze als Stilmittel, um komplizierte und problematische Zusammenhänge zu veranschaulichen; dadurch Zuspitzung/Verschärfung der Aussage über die Absurdität menschlichen Daseins;
- Anapher: z.B. V.1, V.3, V.9 u.ö., Betonung durch Wiederholung von *wer*, jeder Mensch wird angesprochen;
- Epipher: z.B. V.1f., Betonung durch Wiederholung der Handlungsweise, dadurch besondere Einprägsamkeit, auch Mittel des einfachen Kinderreimes;
- Parallelismen und Wortwiederholungen: z.B. *geweint* (V.5f.), Betonung durch Wiederholung der Handlungsweise, dadurch besondere Einprägsamkeit, auch Mittel des einfachen Kinderreimes;
- Klimax (vom Lachen über Weinen, Sprechen, Spielen zum Sterben): Darstellung der Absurdität an verschiedenartigen Handlungen – Sterben als folgenreichste „Aktion".

C. Schluss: Pessimismus ist die Grundstimmung des Gedichts, es ist kein aufbauendes, ermunterndes Gedicht. Der Realitätsbezug kommt aufgrund der Radikalität und der Zuspitzung des Kontrastes nicht deutlich heraus. Die Intention des Gedichtes ist vielleicht so zu deuten, dass es Mut für ein vertrauenvolles Miteinander machen will: In einer Welt, die Kinder bzw. natürliche Handlungsweisen nicht duldet, kann man nicht gut oder überhaupt nicht (vgl. letzte Strophe) leben.

Hans Magnus Enzensberger

Enzensberger wird 1929 in Kaufbeuren/Allgäu geboren. Er studiert Germanistik, Literaturwissenschaft, Philosophie und Sprachen und arbeitet als Redakteur. Bekannt wird Enzensberger vor allem durch seine zeitkritische Lyrik. Werke: *Der Untergang der Titanic* (1978), *Zukunftsmusik* (1991). Von 1965 bis 1975 gibt er das *Kursbuch* heraus.

10.6 Hans Magnus Enzensberger

Bildzeitung

Arbeitsaufgabe: Erarbeiten Sie eine Inhaltsangabe. Untersuchen Sie die verwendeten sprachlichen und formalen Mittel, die die Aussage unterstützen.

Hans Magnus Enzensberger (geb. 1929)
Bildzeitung (1957)

Du wirst reich sein
Markenstecher Uhrenkleber:
wenn der Mittelstürmer will
wird um eine Mark geköpft
ein ganzes Heer beschmutzter Prinzen
Turandots Mitgift unfehlbarer Tip
Tischlein deck dich:
du wirst reich sein.

Manitypistin Stenoküre
du wirst schön sein:
wenn der Produzent will
wird dich Druckerschwärze salben
zwischen Schenkeln grober Raster
mißgewählter Wechselbalg
Eselin streck dich:
du wirst schön sein.

Sozialvieh Stimmenpartner
du wirst stark sein:
wenn der Präsident will
Boxhandschuh am Innenlenker
Blitzlicht auf das Henkerlächeln
gib doch Zunder gib doch Gas
Knüppel aus dem Sack:
du wirst stark sein.

Auch du auch du auch du
wirst langsam eingehn
an Lohnstreifen und Lügen
reich, stark erniedrigt
durch Musterungen und Malz-
kaffee, schön besudelt mit Straf-
zetteln, Schweiß,
atomarem Dreck:

deine Lungen ein gelbes Riff
aus Nikotin und Verleumdung
Möge die Erde dir leicht sein
wie das Leichentuch
aus Rotation und Betrug
das du dir täglich kaufst
in das du dich täglich wickelst.

Lösungsvorschlag

Gliederung des Aufsatzes

A. Einleitung: Vorstellung Enzensbergers, Thema des Gedichts

B. Hauptteil: Interpretation
- I. Inhalt und Aussage
  - 1. Inhalt
  - 2. Aussage
- II. Sprachliche Mittel

C. Schluss: Aktualitätsbezug

Stichwortartige Ausarbeitung des Aufsatzes

A. Einleitung: Der 1929 geborene Dichter Hans Magnus Enzensberger gehört mit Heinrich Böll, Günter Grass und Wolf Biermann zu den Autoren, die die gesellschaftliche Wirklichkeit in der Bundesrepublik Deutschland mit ihrem Werk kritisch begleiten. Auch in dem vorliegenden Gedicht *Bildzeitung* geht es um die Aufdeckung gesellschaftlicher Missstände; Enzensberger benutzt die Boulevardzeitung *Bild,* um den Einfluss von Massenmedien auf das Leben des Einzelnen darzustellen.

B. Hauptteil: Interpretation

I. Inhalt und Aussage

1. Inhalt

In vier Strophen, wobei die ersten drei Strophen thematisch eine Einheit bilden, wird das Thema des Gedichtes entfaltet:

1. Strophe: Dem Leser, der mit *du* und der neologistischen Umstellung *Markenstecher Uhrenkleber* (V.2) angesprochen wird, wird Reichtum versprochen, wenn er den richtigen Tipp in der wöchentlichen Toto-Auslosung abgibt. Wie dem Jüngling im Märchen, der mit d*em Tischlein deck dich* Reichtum erwirbt, so könnte es auch dem Leser bei einem richtigen Tipp gehen. Stimmt

der Tipp nicht, so verliert er seinen Einsatz. Assoziativ wird der Vergleich mit dem chinesischen Märchen von der Prinzessin Turandot hergestellt, die jeden Prinzen, der sich um ihre Hand bewirbt, köpfen lässt, wenn er ihre Frage nicht beantworten kann.

2. Strophe: Stellvertretend für den Leser wird die Stenotypistin angesprochen, der Schönheit versprochen wird, wenn es auch im Sinne des Produzenten ist. Der schöne Körper wird durch die Publikation, aber auch in sogenannten Misswahlen vermarktet, wobei sexuelle Aspekte eine Rolle spielen. Mit der Bezeichnung *Eselin* (V.15) wird die Frau, die an solchen Wettbewerben teilnimmt, negativ bewertet, weil sie dem Versprechen, sie werde schön sein, glaubt.

3. Strophe: Hier wird der Leser als Sozialpartner und Stimmvieh angesprochen, was die politische Dimension der Strophe verdeutlicht. Der Präsident entscheidet über die Macht des Lesers. Insignien der Macht sind der Boxhandschuh, das schnelle Auto und die Bekanntheit in den Medien (*Blitzlicht auf das Henkerlächeln*, V.21). Mit dem Ausdruck *Henkerlächeln* (V.21) wird auf den Zynismus der Herrschenden verwiesen.

4. Strophe: Die letzte Strophe setzt den Versprechungen, die bereits in den ersten drei Strophen assoziativ relativiert worden sind, den direkten Widerspruch entgegen: Der Leser werde langsam zugrunde gehen, er werde bis dahin nur viele Lohnstreifen und falsche Versprechungen bekommen haben, die staatliche Macht werde ihn erniedrigt haben, Arbeit, Zigaretten und Verleumdungen werden seine Gesundheit angegriffen haben. In den letzten vier Versen wird klar gemacht, dass der Kauf und die Lektüre der *Bildzeitung* den intellektuellen Tod des Lesers zur Folge haben.

2. Aussage

Die *Bildzeitung* steht als Beispiel für Massenmedien, die dem Leser eine falsche Wirklichkeit vormachen. Die Menschen, die sich täglich diese Zeitung kaufen, glauben den darin gemachten Versprechungen; insofern sind sie selbst schuld daran, dass sie manipuliert werden und der Willkür der Herrschenden ausgesetzt sind. In einem konkreten Sinn weist das Gedicht auch auf die besondere Rolle hin, die die Springer-Presse mit ihrem Produkt in der Zeit des Kalten Kriegs gehabt hat.

II. Sprachliche Mittel

Es lassen sich die folgenden poetischen Gestaltungsmittel feststellen:
- 4 Strophen zu 8, 8, 8 und 15 Versen; Trochäus fast durchgehend als Versmaß in den ersten drei Strophen, in der vierten Strophe Wechsel von Jambus, Daktylus, Trochäus und Anapäst: Zusammengehörigkeit der drei Achtzeiler, die allesamt Versprechungen enthalten; in der letzten Strophe wird dagegen die realistische Zukunftsperspektive offenbart;
- paralleler Aufbau der ersten drei Strophen, Wiederholungen (V.1 in V.8, V.10 in V.16, V.18 in V.24); dadurch Erhöhung der Merkbarkeit, Anklänge an Werbung, Wiederholung als Mittel der Beeinflussung;
- Montage: Zitate aus Grimms Märchen: *Tischlein deck dich* (V.7), *Eselin streck dich* (V.15), *Knüppel aus dem Sack* (V.23) in Verbindung mit den Versprechungen: *du wirst reich sein* (V.8), *du wirst schön sein* (V.16), *du wirst stark sein*

(V.23). Diese Versprechungen erweisen sich als märchenhaft und irreal. Weiteres Beispiel für Montage: *Markenstecher Uhrenkleber* (V.2, aus: Markenkleber, Stechuhr), *Manitypistin Stenoküre* (V.9, aus: Stenotypistin, Maniküre), *Sozialvieh Stimmenpartner* (V.17, aus: Sozialpartner, Stimmenvieh), ungewohnte neue Zusammensetzungen aus Bestandteilen täglich gelesener Wörter beanspruchen Aufmerksamkeit und regen den Leser zum Nachdenken an.

- Alliteration: z.B. *Sozialvieh* und *Stimmenpartner* (V.17), *Boxhandschuh* (V.20) und *Blitzlicht* (V.21) *Lohnstreifen und Lügen* (V.27), eingängige Begriffe, Anklänge an die Werbesprache;
- Emphase: *Auch du auch du auch du* (V.25), Verstärkung der Anrede;
- Metapher: (...) *ein gelbes Riff / aus Nikotin und Verleumdung* (V.33f.), eindrückliches Bild der körperlichen und geistigen Vergiftung;
- Metapher/Oxymoron: *wird dich Druckerschwärze salben* (V.12), Salbung als religiöses Zeichen, das dem Gesalbten besondere Kraft und göttliche Gnade zuteil werden lässt; Salböl ist geweihtes Öl, Druckerschwärze dagegen als negativ besetzter Begriff, der mit herkömmlichem Salböl nichts zu tun hat; Verweis auf die Bedeutung der Zeitung, die Einfluss auf die gesellschaftliche Anerkennung eines Menschen hat, von ihr ist es abhängig, ob dem Menschen „gesellschaftliche Gnade" zuteil wird;
- Vergleiche: *deine Lungen ein gelbes Riff* (V.33), *wie das Leichentuch* (V.36), besonders eindringliche Darstellungen der Wirkung der Propaganda;
- Ellipse: vgl. V.6, V.13, V.33f., Verknappung des Satzes, dadurch Konzentration auf den Inhalt; Erhöhung der Eindringlichkeit der Aussage;
- Asyndeton: vgl. V.5-8, V.14-16, V.20-24, schnelle Aneinanderreihung als Anklang an die Werbesprache, Sinngebung durch Assoziation;
- Apokoinu: vgl. V.2-4, V.10-12; V.3 und V.11 gehören jeweils zu V.2 und 4 bzw. V.10 und 13, dadurch Veränderung des Sinns, z.B. V.10-12: Wenn der Produzent es will, wird die Leserin schön sein; wenn er es will, wird sie *Druckerschärze salben* (V.12), d.h., ihr Körper wird in der Bildzeitung veröffentlicht;
- Übereinstimmung von Satz- und Strophenende als formales Zeichen für das Ende eines Gesichtspunkts.

C. Schluss: Das Ende des Gedichtes stimmt wenig optimistisch; es kann allerdings als Warnung einen Gedankenanstoß bewirken. Ob damit die Menschen, die tatsächlich Konsumenten der *Bildzeitung* sind, angesprochen werden, bleibt zu bezweifeln. Im Jahre 1974 setzt sich Heinrich Böll mit dem Phänomen der Massenmedien in seiner Erzählung *Die verlorene Ehre der Katharina Blum* auseinander. Böll zeigt, welchen vernichtenden Einfluss Boulevardblätter auf das Leben von Menschen haben können. Dieses Problem ist in einer Zeit, in der über das Internet potentiell alle Computernutzer auf der ganzen Welt angesprochen und entsprechend beeinflusst werden können, nach wie vor aktuell. Insofern muss Enzensbergers Warnung ernst genommen werden.

10.7 Marie Luise Kaschnitz

Nicht gesagt

Arbeitsaufgabe: Erarbeiten Sie Inhalt und Aussage des folgenden Gedichtes und untersuchen Sie dabei die sprachliche und formale Gestaltung.

Marie Luise Kaschnitz (1901-1974)
Nicht gesagt (1965)

Marie Luise Kaschnitz

Marie Luise Kaschnitz wird 1901 in Karlsruhe geboren. Nach der Ausbildung zur Buchhändlerin hält sie sich mehrere Jahre in Rom, Königsberg, Marburg und Frankfurt auf. Seit 1930 veröffentlicht sie Erzählungen, Romane und vor allem Gedichte, z.B. *Zukunftsmusik* (1950), *Ewige Stadt. Rom-Gedichte* (1952). Sie erhält zahlreiche Auszeichnungen, unter anderem den Georg-Büchner-Preis. In Rom stirbt sie 1974.

Nicht gesagt
Was von der Sonne zu sagen gewesen wäre
Und vom Blitz nicht das einzig richtige
Geschweige denn von der Liebe.

Versuche. Gesuche. Mißlungen
Ungenaue Beschreibung

Weggelassen das Morgenrot
Nicht gesprochen vom Sämann
Und nur am Rande vermerkt
Den Hahnenfuß und das Veilchen.

Euch nicht den Rücken gestärkt
Mit ewiger Seligkeit
Den Verfall nicht geleugnet
Und nicht die Verzweiflung

Den Teufel nicht an die Wand
Weil ich nicht an ihn glaube
Gott nicht gelobt
Aber wer bin ich daß

Lösungsvorschlag

Gliederung des Aufsatzes

A. Einleitung: Eichendorff und Kaschnitz mit gemeinsamem Thema

B. Hauptteil: Interpretation
I. Inhalt
II. Aussage
III. Formale und sprachliche Gestaltung

C. Schluss: Persönliche Bewertung des Gedichtes

Stichwortartige Ausarbeitung des Aufsatzes

A. Einleitung: In seinem Sonett *Der Dichter* setzt sich in der Romantik Joseph von Eichendorff mit der Funktion des Dichters und damit der Dichtung auseinander. In ihrem Gedicht *Nicht gesagt* widmet sich auch die moderne Dichterin Marie Luise Kaschnitz (1901-1974) diesem Thema. Die Ergebnisse, zu denen beide Gedichte bei der Behandlung ihres Themas kommen, sind denkbar verschieden.

B. Hauptteil: Interpretation

I. Inhalt

1. Strophe: Das lyrische Ich stellt fest, dass es weder beim Sprechen über das Wetter noch über die Liebe die richtigen Worte gefunden habe.
2. Strophe: Betonung der misslungenen Versuche
3. Strophe: Beispiele für misslungene Versuche aus der Natur
4. Strophe: Lyrisches Ich hat es nicht geschafft, Trost und Mut zu spenden
5. Strophe: Weder Warnung noch Gotteslob hat das lyrische Ich von sich gegeben; das Gedicht endet mit der Frage nach der Identität des lyrischen Ichs.

II. Aussage

Das Gedicht behandelt wesentliche Themenfelder der Lyrik: Natur, Liebe, Religion. Die wichtigsten Aufgaben des Dichters werden genannt: Trost spenden, Mut machen. In der desillusionierenden Betrachtungsweise des lyrischen Ichs wird das Scheitern beim Versuch, eines dieser Themen oder eine dieser Aufgaben wirklich zu erfüllen, eingestanden. Am Ende dieses Geständnisses stellt sich für das lyrische Ich die Frage, wer es sei. Eine Antwort auf diese Frage wird nicht gegeben, das Gedicht bleibt mit seiner desillusionierenden Betrachtungsweise bezüglich der Aufgabe und dem Wert von Dichtung im Gedächtnis des Lesers, der so möglicherweise angeregt werden soll, sich eigene Antworten auf die Fragen zu geben.

III. Formale und sprachliche Gestaltung

Es lassen sich die folgenden sprachlichen und formalen Gestaltungsmittel feststellen:

- Alltagssprache, reimlos, ohne Feierlichkeit, ohne Verzierung als Ausdruck des Zweifels an dem Wert von Dichtung;
- Einwortsätze (V.5) und Wortspiel als Betonung des Probierens und des Bittens, *Mißlungen* (V.5) als eindeutiges Resultat;
- Alliteration: *Verfall* (V.13), *Verzweiflung* (V.14) als zusammengehörige Begriffe, die die menschliche Not beschreiben, gegen die Dichtung mit Trost arbeiten sollte;
- Metapher: *den Rücken gestärkt* (V.11), als psychische Stärkung zu verstehen;
- Ellipse: V.15, V.18, der Selbstzweifel des lyrischen Ichs führt zu einer allmählichen Verstummung, die im letzten Vers sogar in einen Identitätskonflikt mündet. (Dahinter könnte die rhetorische Frage stehen: Wozu ist

Lyrik noch zu gebrauchen, wenn sie ihre ihr zugedachte Aufgabe in keiner Weise erfüllen kann?)

C. Schluss: Ist bei Eichendorff der Dichter als Mahner, Verkünder des Schönen und als Mutmacher in hohem Ansehen, so zweifelt Kaschnitz diese Stellung grundlegend an. Ihr Gedicht ist von tiefem Selbstzweifel durchzogen. Was soll ein Gedicht dann überhaupt noch? Die Antwort wird der Leser immer nur jeweils selbst geben können. Eine allgemeingültige Bestimmung des Wertes von Dichtung, zu dieser Bestimmung ist Eichendorff noch imstande, ist im 20. Jahrundert nicht mehr möglich. Die Möglichkeiten moderner Lyrik und die Frage nach ihrer Wirksamkeit überhaupt werden auch in Brechts *Schlechte Zeit für Lyrik* thematisiert.

10.8 Wolfgang Weyrauch

Mein Gedicht *

Wolfgang Weyrauch

Wolfgang Weyrauch wird 1907 in Königsberg geboren, er stirbt 1980 in Darmstadt. Nach einer Schauspielerausbildung studiert er Geschichte, Germanistik und Romanistik in Frankfurt. Tätigkeiten als Redakteur und Lektor, seit 1959 lebt er als freier Schriftsteller. Weyrauch gehört zu den frühen Mitgliedern der *Gruppe 47* und bemüht sich nach dem Krieg um eine literarische Neuorientierung (Herausgabe der Anthologie *Tausend Gramm).* Seiner Auffassung nach muss Literatur sozial, politisch und human engagiert sein.

Arbeitsaufgabe: Erarbeiten Sie den gedanklichen Aufbau des Gedichtes. Wie unterstützen sprachliche und formale Gestaltung die Aussage? Welche Aufgabe weist Weyrauch der Dichtung zu?

Wolfgang Weyrauch (1907-1980)
Mein Gedicht (1956)

Ich schreibe ein Gedicht.
Ich veranstalte eine Expedition.
Ich mache mich davon
aus Antwort und Beweis.
Ich trete in den Kreis
der Fragen. Ich bin im Licht,

das auf die Mitte des Dickichts fällt.
Warum und woher?
Ich schlage mich quer
durch Gelee und Asbest.
Die Meridiane sind verwest.
Mein Gedicht ist die Welt

der diagonalen Messer.
Ich bringe das Winzige heim.
Ich gehe dem Ungeheuren nicht auf den Leim.
Ich setze die Ewigkeit fort.
Ich versuche den Mord
an den Rechnungen. Mein Gedicht ist besser.

Lösungsvorschlag

Gliederung des Aufsatzes

A. Einleitung: Vorstellung des Dichters, Thema des Gedichts

B. Hauptteil: Interpretation
I. Gedanklicher Aufbau
II. Sprachliche und formale Gestaltung
1. Sprachliche Gestaltung
2. Formale Gestaltung
III. Aufgabe der Dichtung (und C. Schluss:)

Stichwortartige Ausarbeitung des Aufsatzes

A. Einleitung: Weyrauch gehört zu den frühen Mitgliedern der *Gruppe 47* und bemüht sich nach dem Krieg um eine literarische Neuorientierung (Herausgabe der Anthologie *Tausend Gramm).* Seiner Auffassung nach muss Literatur sozial, politisch und human engagiert sein. In *Mein Gedicht* aus dem Jahre 1956 unternimmt er den Versuch, den Wert von Dichtung zu bestimmen.

B. Hauptteil: Interpretation

I. Gedanklicher Aufbau

1. Strophe: Das lyrische Ich vergleicht das Schreiben eines Gedichtes mit einer Expedition in einen Bereich, in dem keine vorgefertigten Antworten, sondern nur Fragen existieren.
2. Strophe: Metaphern, die auf die Schwierigkeit der Suche hinweisen, zeigen die Orientierung am Gedicht, nachdem alte Ordnungskriterien abhanden gekommen sind.
3. Strophe: Das Gedicht wird als Untersuchungsinstrument verstanden, das auch dem Unbedeutenden Aufmerksamkeit leiht; das Gedicht kehrt sich ab vom Spektakulären und schafft eine Orientierung an ewigen Werten und eine Absage an *Rechnungen.* Das lyrische Ich ist am Ende von der Überlegenheit seines Werkes überzeugt.

II. Sprachliche und formale Gestaltung

1. Sprachliche Gestaltung:

- Enjambement (vgl. V.6f. und 12f.): Die Enjambements spielen mit doppelten Bedeutungen. V.6 sagt zunächst aus, dass sich das lyrische Ich im Lichte befinde, was auf einen Erkenntnisfortschritt hindeutet, zusammen mit V.8 bedeutet der Vers jedoch, dass es sich im Zentrum der ungelösten Fragen aufhält. Die gleiche Doppeldeutigkeit findet sich in V.12f.: Nimmt man V.12 für sich alleine, dann weist er auf die große Bedeutung hin, die das

Gedicht für das lyrische Ich hat. Zusammen mit V.13 wird es zu einem Analyseinstrument.
- Anapher und Parallelismus: vgl. V.1-3, 14-17, Wiederholung des Personalpronomens deutet auf starkes Selbstbewusstsein des lyrischen Ichs hin.
- Metaphern: *Licht* (V.6) als Zeichen der Erkenntnis, *Dickicht* (V.7) sowie *Gelee und Asbest* (V.10) als Ausdrücke für die Undurchsichtigkeit des Ungewohnten; *Die Meridiane sind verwest* (V.11) als Hinweis auf das Fehlen hergebrachter Orientierungspunkte; *Welt* (V.12) als Betonung der Bedeutung des Gedichtes, das den neuen und einzigen Orientierungspunkt ausmacht.

2. Formale Gestaltung:
- Versmaß: überwiegend Jambus, meist freie Rhythmen, d.h., regelmäßige Hebungen bei unterschiedlich langen Versen;
- Regelmäßiges Reimschema: abbcca;
- überwiegend männliche Kadenzen, nur zwei weibliche Kadenzen (V.13 und V.18), die die Vorzüglichkeit des Gedichtes besonders hervorheben.

III. Aufgabe der Dichtung
und
C. Schluss

Der Wert der Dichtung kommt in den Metaphern zum Vorschein. Gedichte sind Erkenntnisinstrumente (vgl. V.6), die Antworten auf schwierige Fragen geben können, viel besser als die herkömmlichen Erklärungsansätze. Der versuchte Mord an den Rechnungen kann auch verstanden werden als Ablehnung eines bloßen Kosten-Nutzen-Kalküls. Das Gedicht orientiert sich an neuen Werten, die auch dem Unscheinbaren, dem Winzigen (vgl. V.14), einen Platz einräumen und Aufmerksamkeit schenken. Das lyrische Ich ist von der Macht seiner Lyrik derart überzeugt, dass es am Ende diese Überlegenheit in einem Aussagesatz in einem Ton allgemeingültiger Wahrheit behaupten kann.

10.9 Erich Fried

Macht der Dichtung

Erich Fried

Erich Fried wird 1921 in Wien geboren. 1938 emigriert er nach London, nach verschiedenen Tätigkeiten kommt er 1952 zur BBC und arbeitet dort als Kommentator des deutschen Programms. Seit 1958 veröf-

Arbeitsaufgabe: Erarbeiten Sie den gedanklichen Aufbau des Gedichtes. Wie unterstützen sprachliche und formale Gestaltung die Aussage? Welche Aufgabe weist Fried der Dichtung zu?

Erich Fried (1921-1988)
Macht der Dichtung (1983)

„Dein geniales Gedicht
wird nicht nur sehr nützlich sein
und die Seefahrt sicherer machen

als je bisher
weil es so unüberhörbar
vor Eisbergen warnt
auf scheinbar offener See
sondern es wird
dank der Schönheit deiner Beschreibung
der Eisberge und der Wogen
und des Zusammenstoßes
zwischen der wilden Natur
und ihrem Besieger Mensch
auch dich unsterblich machen!“

Das etwa soll ein Mädchen
zu einem jungen Dichter
gesagt haben
den sie dabei
schwärmerisch ansah
im Schiffssalon
am Tag vor dem Ende der Fahrt
laut Bericht eines Zuhörers
dem die Worte dann nach dem Unglück
nicht aus dem Kopf gingen
auch nicht nach seiner Bergung
aus einem der überfüllten
Rettungsboote.

fentlicht er eine große Zahl von Gedichtbänden, z.B. *Warngedichte*, *Befreiung von der Flucht*, *und Vietnam*. Er versteht sich auch als ein Autor, der das Zeitgeschehen mit seiner Dichtung kritisch begleitet. 1988 stirbt Erich Fried in Baden-Baden.

Lösungsvorschlag

Gliederung des Aufsatzes

A. Einleitung: Vorstellung des Dichters, Thema des Gedichts

B. Hauptteil: Interpretation
- I. Gedanklicher Aufbau
- II. Sprachliche und formale Gestaltung
- III. Aufgabe der Dichtung (und C. Schluss:)

Stichwortartige Ausarbeitung des Aufsatzes

A. Einleitung: Fried als Dichter, der sich in seinem Werk kritisch mit dem Zeitgeschehen auseinandersetzt; im vorliegenden Gedicht gerät ihm die Dichtung selbst in die Kritik, indem er sich mit der Frage nach ihrem Nutzen beschäftigt.

B. Hauptteil: Interpretation

I. Gedanklicher Aufbau

Zweiteilige, antithetische Struktur:

1. Strophe: Dichterlob eines Mädchens während einer Schiffsreise, das den Nutzen seiner Dichtung im Dienste einer sicheren Seefahrt herausstellt; Schönheit der Dichtung mache den Dichter unsterblich.

2. Strophe: Worte der ersten Strophe erweisen sich als Zitat eines gefühlsbetonten Mädchens; einem geretteten Passagier gehen sie nach seiner Rettung durch den Kopf.

Aussage: Die Aussage besteht vordergründig darin, dass sich die *Macht der Dichtung* als gering erweist, ein konkreter Nutzen kann ihr nicht zuerkannt werden.

II. Sprachliche und formale Gestaltung

Es lassen sich die folgenden sprachlichen und formalen Gestaltungsmittel feststellen:

- Metaphern/Symbole: Eisberg, offene See, vielleicht übertragbar auf das menschliche Leben; Gedichte mit warnender Funktion, sich auch auf Schwierigkeiten im Leben rechtzeitig vorzubereiten;
- formale Gestaltung: reimlos, optisch gegliederte Prosa;
- Perspektivenwechsel von der ersten zur zweiten Strophe (Kontrast), dadurch Distanzierung und Relativierung des Gesagten;
- formale Gestaltung der ersten Strophe als direkte Rede veranschaulicht die Subjektivität der Aussage.

III. Aufgabe der Dichtung

und C. Schluss: Fried legt mit seinem Gedicht die unmittelbare Nutzlosigkeit eines Gedichtes und damit auch die Sinnlosigkeit der dichterischen Tätigkeit nahe – vor allem in Bezug auf den Rezipienten (der Dichter warnt ja zu Recht, wird aber nicht gehört). Er unterstellt, dass bestenfalls schwärmerische, also wenig ernst zu nehmende Menschen Gedichten einen echten Nutzen zusprechen. Wie dem Geretteten die Worte des Mädchens durch den Kopf gehen, so soll sich auch dem Leser die Frage nach der Macht der Dichtung stellen. Dies lässt sich auch abschließend als Intention des Gedichtes festhalten: Es will den Leser sensibilisieren, sich über die Sinnhaftigkeit von Lyrik Gedanken zu machen. Dass darauf bestenfalls eine subjektive Antwort zu erwarten ist, lässt die formale Gestaltung der ersten Strophe (direkte Rede/Zitat als persönliche Meinungsäußerung) bereits erkennen.

10.10 Wislawa Szymborska

Werbeprospekt *

Arbeitsaufgabe: Interpretieren Sie das folgende Gedicht. Analysieren Sie dabei besonders die Verwendung der sprachlichen Mittel und arbeiten Sie den Realitätsbezug heraus.

Wislawa Szymborska (geb. 1923)
Werbeprospekt (1972)

Ich bin die Beruhigungstablette.
Ich wirke zu Hause,
habe Erfolg im Amt,
setze mich zum Examen,
stelle mich der Verhandlung,
klebe exakt die zerschlagenen Krüge zusammen –

Nimm mich nur ein,
laß mich zergehen unter der Zunge,
schluck mich nur runter,
spüle mit Wasser nach.

Ich weiß, wie dem Unglück begegnen,
die schlechte Nachricht ertragen,
die Ungerechtigkeit mindern,
das Nichtvorhandensein Gottes erklären,
den kleidsamen Trauerhut wählen.

Was zögerst du noch –
vertraue dem chemischen Mitleid.

Noch bist du jung,
du solltest dich einrichten, denn
wer sagte,
man müsse das Leben tapfer durchleben?

Gib mir nur deinen Abgrund
ich überbrück ihn mit Schlaf,
du wirst mir dankbar sein
für die vier Pfoten des Fallens.

Verkauf mir deine Seele:
Andere Käufer findest du nicht.

Andere Teufel gibt es nicht mehr.

Wislawa Szymborska

Wislawa Szymborska wird 1923 geboren. Sie studiert polnische Philologie und Soziologie. 1996 wird sie für ihr literarisches Werk mit dem Nobelpreis ausgezeichnet. In der Begründung dazu heißt es, dass es ihr in den in ihren Gedichten gestalteten Fragmenten aus dem menschlichen Leben gelinge, mit ironischer Präzision den historischen und biologischen Kontext ans Tageslicht kommen zu lassen. Ihre bekanntesten Gedichte sind *Überfluß* (1979), und *Werbeprospekt* (1972). Sie lebt heute in Krakau/Polen.

Lösungsvorschlag

Gliederung des Aufsatzes

A. Einleitung: Vorstellung der Dichterin

B. Hauptteil: Interpretation
I. Inhalt
II. Sprachliche Gestaltung
III. Intention/Realitätsbezug

C. Schluss: Aktualität

Stichwortartige Ausarbeitung des Aufsatzes

A. Einleitung: Wislawa Szymborska, Literaturnobelpreisträgerin des Jahres 1996, thematisiert in ihrem 1972 erschienenen Gedicht *Werbeprospekt* das Phänomen Werbung.

B. Hauptteil: Interpretation

I. Inhalt
Die folgenden Punkte lassen sich herausarbeiten:
- beruhigende Wirkung des lyrischen Ichs sowohl im privaten als auch im beruflichen Bereich;
- Aufforderung, sich dem lyrischen Ich ganz zu überantworten;
- Fähigkeit des lyrischen Ichs, positives Denken zu fördern, Sinnhaftigkeit ohne Transzendenz herzustellen und Ratschläge bzgl. der Mode zu vermitteln;
- Aufforderung, dem lyrischen Ich ganz zu vertrauen und sich der Bequemlichkeit anzupassen;
- Aufforderung, heilsame Wirkung des lyrischen Ichs anzunehmen und eigene Seele dem lyrischen Ich zu verkaufen.

II. Sprachliche Gestaltung
Folgende sprachliche Gestaltungsmittel sind feststellbar:
- optisch gegliederte Prosa, keine Reimworte, einfache Sprache, Gedicht will unmittelbar, ohne künstliche Verzierung ansprechen und wirken;
- Imperative: z.B. V.7-10, V.17, V.22, verstärken Wirkung der Ansprache durch das lyrische Ich;
- Aufzählungen: V.2ff., V.11ff., Bereiche, in denen das lyrische Ich seine Wirkung entfaltet;
- Metaphern: *Abgrund* (V.22), Probleme des einzelnen Menschen; *vier Pfoten des Fallens* (V.25), Angebote des lyrischen Ichs, das Fallen erträglich machen;
- Schlüsselwort: *Seele* (V.26), Sitz der Persönlichkeit.

III. Intention/Realitätsbezug

Menschenbild der Werbung im lyrischen Ich verkörpert, menschliche Bedürfnisse werden angeblich durch Kauf der Produkte befriedigt.

Lyrisches Ich als Werbeprospekt:
- Erfolgsversprechen;
- Kauf ermöglicht es, unangenehmen Dingen aus dem Weg zu gehen;
- Kauf als Ausweg aus eigenen Problemen;
- Werbung als Seelenverkäufer, Mensch seines Menschseins beraubt;
- mündet in religiöse Qualifizierung von Werbung als *Teufel.*

C. Schluss: Gedicht, als Werbeprospekt geschrieben, bezieht sich auf Werbung; schon 1972 aktuelles Problem; Zunahme von Werbung nach Einführung der privaten Fernsehkanäle mit allen einhergehenden Problemen.

10.11 Wolf Biermann

Und als wir ans Ufer kamen

Arbeitsaufgabe: Geben Sie den Inhalt des Gedichtes wieder. Zeigen Sie, wie die formale und sprachliche Gestaltung die Aussage unterstützt.

Wolf Biermann (geb. 1936)
Und als wir ans Ufer kamen (1978)

Und als wir ans Ufer kamen
Und saßen noch lang im Kahn
Da war es, daß wir den Himmel
Am schönsten im Wasser sahn
Und durch den Birnbaum flogen
Paar Fischlein. Das Flugzeug schwamm
Quer durch den See und zerschellte
Sachte am Weidenstamm
– am Weidenstamm

Was wird bloß aus unsern Träumen
In diesem zerrissnen Land
Die Wunden wollen nicht zugehn
Unter dem Dreckverband
Und was wird mit unsern Freunden
Und was noch aus dir, aus mir –
Ich möchte am liebsten weg sein
Und bleibe am liebsten hier
– am liebsten hier

Wolf Biermann

Wolf Biermann wird 1936 in Hamburg geboren. Sein Vater wird als Kommunist in einem Konzentrationslager umgebracht. Von 1953 an studiert Biermann politische Ökonomie, später Philosophie und Mathematik an der Ostberliner Humboldt-Universität. Ab 1960 beginnt er zu komponieren, zusammen mit Freunden gründet er ein Theater. Wegen seiner kritischen Haltung zum SED-Regime wird 1965 das erste Auftritts- und Veröffentlichungsverbot gegen ihn erlassen. 1976 wird er nach einem Konzertaufenthalt in der Bundesrepublik aus der DDR ausgebürgert; seither lebt Biermann in Hamburg. Seine bekanntesten Werke sind Gedichte und Lieder, z.B. *Mit Marx- und Engelszungen* (1968), *Affenfels und Barrikade* (1986).

Lösungsvorschlag

Gliederung des Aufsatzes

A. Einleitung: Vorstellung des Dichters

B. Hauptteil: Interpretation
- I. Inhalt
- II. Aussage und sprachliche Gestaltung
  1. Aussage
  2. Sprachliche Gestaltung

C. Schluss: Aktualitätsbezug

Stichwortartige Ausarbeitung des Aufsatzes

A. Einleitung: Wolf Biermann, geboren 1936 in Hamburg, 1953 Übersiedlung in die DDR, dort Auftritts- und Veröffentlichungsverbot ab 1965, Ausweisung 1976 während einer Konzertreise durch die Bundesrepublik; Thema seines 1978 erschienen Gedichtes ist das geteilte Deutschland.

B. Hauptteil: Interpretation

I. Inhalt

Nach einer Bootsfahrt wieder am Ufer angekommen, bleiben das lyrische Ich und seine Begleitung in der ersten Strophe des Gedichtes noch im Boot sitzen und nehmen die Reflexionen der Wasseroberfläche wahr. Sie erkennen den Himmel, die Bäume und ein Flugzeug in teilweise surrealistischen Bildern. In der zweiten Strophe wenden sich die Gedanken der politischen Situation in einem geteilten Land zu. In drei Fragen möchte das lyrische Ich wissen, was aus den Träumen und den Freunden werden soll. Die letzten drei Verse der zweiten Strophe drücken aus, dass das lyrische Ich nicht weiß, ob es gehen oder bleiben soll.

II. Aussage und sprachliche Gestaltung

1. Aussage

Zerissenheit der Menschen in der ehemaligen DDR, die angesichts der Unmöglichkeit der Realisierung ihrer Träume ausreisen möchten, am liebsten aber in der DDR bleiben würden.

2. Sprachliche Gestaltung

Es lassen sich die folgenden sprachlichen Gestaltungsmittel feststellen:
- Anapher: V.1f., als Hinweis auf die Dauer des Verweilens;
- Enjambement: V.3f., V.5-8, Aufhebung der Trennung zwischen dem, was über der Wasseroberfläche ist, und dem, was darunter ist, Hinweis auf eine erträumte Vereinigung, diese Einheit erweist sich als nicht real (vgl. V.6-9);

- Wiederholung: V.8f., Verstärkung der Desillusionierung;
- Metapher: zerschellende Flugzeuge (vgl. V.6-9) für die erwartungsvollen Träume (vgl. V.10), die zunichte gemacht werden;
- Metapher: *Wunden* (V.12), die nicht zugehen wollen, als Zeichen der Konflikte, die zwischen der Bundesrepublik und der DDR bestehen;
- Metapher: *Dreckverband* (V.13), eventuell als Hinweis auf die Mauer in Berlin;
- Anapher: V.14f., Verstärkung der Frage, was aus den Menschen werden soll, die dem lyrischen Ich am wichtigsten sind;
- Assonanz: *dir, mir, hier* (V.15), Hinweis auf den Wunsch zu bleiben;
- Tempuswahl: Imperfekt in der ersten Strophe, Futur in der zweiten Strophe mit unbeantworteten Fragen;
- einfache Sprache und einfache Reime als Gegensatz zu der schwierigen Situation des lyrischen Ichs;
- Paradoxon: V.17f., Darstellung der Zerissenheit des lyrischen Ichs;
- Wiederholung: *am liebsten hier* (V.17f.), drückt aus, dass das lyrische Ich zum Bleiben entschlossen ist.

C. Schluss: Vor über 20 Jahren waren es die politischen Verhältnisse, die die Menschen in die vom lyrischen Ich beschriebene Gefühlslage gebracht haben; nach der Wiedervereinigung 1990 sind an ihre Stelle oftmals wirtschaftliche Schwierigkeiten getreten, die die Menschen zum ungewollten Verlassen ihrer Heimat zwingen.

10.12 Rolf Haufs

Jeden Tag

Arbeitsaufgabe: Interpretieren Sie das folgende Gedicht.

Rolf Haufs (geb. 1935)
Jeden Tag (1986)

Fällt hin der Mann. Steht auf
Kriegt Fresse voll. Ein Fotograf macht Geld
Mit seinem Blut. Bescheid weiß man
In vieler Welt: weit weg das Sterben
Hier der Duft Jasmin. Die Juniorgel
Wiegt in Schlaf die Neugeborenen
Laß. Laß. Es müßte sonst
Etwas geschehen.

Rolf Haufs

Rolf Haufs wird 1935 in Düsseldorf geboren. Nach der kaufmännischen Ausbildung ist er zunächst als Exportkaufmann tätig. 1960 siedelt er nach Berlin über, wo er als freier Schriftsteller arbeitet. 1972 wird er Redakteur beim Sender Freies Berlin. Sein Werk umfasst Hörspiele, z.B. *Harzreise* (1968), *Die Schläfer* (1965) und Gedichte.

Lösungsvorschlag

Gliederung des Aufsatzes

A. Einleitung: Eigenart und Thema des Gedichts, Dichter

B. Hauptteil: Interpretation
I. Inhalt und Aussage
1. Inhalt
2. Aussage
II. Sprachliche Gestaltung

C. Schluss: Aktualitätsbezug

Stichwortartige Ausarbeitung des Aufsatzes

A. Einleitung: Gedichte als literarische Gattung, in der der Problemgehalt höchst komprimiert dargeboten wird. Auch in *Jeden Tag,* das 1986 von Rolf Haufs veröffentlicht worden ist, lässt sich diese Komprimierung am Thema der medialen Welterfahrung beobachten.

B. Hauptteil: Interpretation

I. Inhalt und Aussage

1. Inhalt
- Schilderung des Leidens eines Mannes, mit dem ein Reporter Geld verdient;
- Leid existiert in aller Welt, dort, wo Informationen ankommen, herrscht Friede;
- Neugeborene von *Juniorgel* (V.5) in Schlaf gewiegt;
- Aufforderung, Aktionen zu unterlassen, weil dann Veränderungen notwendig würden;

2. Aussage
- Kritik an Medien, die am Leiden der Menschen Geld verdienen;
- Kritik an Medienkonsumenten, die Passivität pflegen;
- Aufgabe der Passivität würde dringenden Handlungsbedarf zur Folge haben; Aufforderung *Laß. Laß* (V.7) daher ironisch-sarkastisch zu verstehen.

II. Sprachliche Gestaltung

Es lassen sich die folgenden sprachlichen Gestaltungsmittel feststellen:
- einfacher, parataktischer Satzbau, zahlreiche Enjambements, umgangssprachliche Ausdrücke, optische Ausrichtung des Gedichts auf letzten Vers *Etwas geschehen* (V.8);
- Enjambement: V.1-8, Bewegung des fallenden und aufstehenden Mannes; Informationsfluss; *Juniorgel* (V.5), die in den Schlaf wiegt;

- Imperative: V.7, deutliche Mahnung, Handlung zu unterlassen;
- Kontrast: *Sterben* (V.4)/*Jasmin* (V.5) als Verdeutlichung der Diskrepanz von fernem Krieg und hiesiger Freude;
- Metaphern: V.5f., Assoziation Orgel/Kirche (Frieden), aber auch mit Stalinorgel (Krieg); *Neugeborene* (V.6) könnten Menschen sein, die sich im Frühjahr über aufkeimendes Leben in der Natur freuen.

C. Schluss: *Jeden Tag* erfahren wir vom Leiden in den Nachrichten. Aufforderung im Rahmen des Möglichen zu handeln und eigene Gleichgültigkeit zu bekämpfen.

11 Themen und Gedichte für Gedichtvergleiche

Themen	Gedichte
Liebe	Unbekannter Dichter *Du bist mîn* Albrecht von Johansdorf *Ich vant âne huote* Martin Opitz *Francisci Petrarchae* Eduard Mörike *An die Geliebte*
Gott	Martin Luther *Der XLVI. Psalm. Deus noster refugium et virtus* Johann Hess *O Welt, ich muß dich lassen* Andreas Gryphius *Auf das grausame Ungewitter / so den 24. Aug. 1654 entstanden* Johann Wolfgang von Goethe *Prometheus*
Politisches Zeitgeschehen	Walther von der Vogelweide *Ich saz ûf eime steine* Gottfried August Bürger *Der Bauer. An seinen durchlauchtigen Tyrannen* Friedrich Schiller *Das Lied von der Glocke* Heinrich Heine *Die schlesischen Weber* Bertolt Brecht *An die Nachgeborenen* Günter Grass *Kinderlied* Wolf Biermann *Und als wir ans Ufer kamen* Rolf Haufs *Jeden Tag*
Schönheit	Christian Hofmann von Hofmannswaldau *Vergänglichkeit der Schönheit*
Glück	Friedrich Schiller *Der Ring des Polykrates*
Abend/Nacht	Joseph von Eichendorff *Mondnacht* Georg Trakl *Verfall* Joseph von Eichendorff *Stimmen der Nacht*
Untreue/zerbrochene Liebe	Clemens Brentano *Der Spinnerin Nachtlied* August Stramm *Untreu*

Themen	Gedichte
Reisen	Gottfried Benn *Reisen* Ernst Stadler *Fahrt über die Kölner Rheinbrücke bei Nacht*
Krankheit/Tod/ Vergänglichkeit	Andreas Gryphius *Thränen in schwerer Krankheit. Anno 1640* Matthias Claudius *Der Tod* Rudolf Alexander Schröder *Zum Totensonntag* Georg Trakl *In ein altes Stammbuch* Georg Trakl *Verfall* Paul Celan *Todesfuge* Alfred Lichtenstein *Nebel* Gottfried Benn *Morgue I. Kleine Aster*
Natur	Johann Wolfgang von Goethe *Mailied* Johann Wolfgang von Goethe *Auf dem See* Ernst Stadler *Vorfrühling* Wolf Biermann *Und als wir ans Ufer kamen* Günter Eich *An die Lerche* Ingeborg Bachmann *Entfremdung*
Aufbruch	Ernst Stadler *Vorfrühling* Ingeborg Bachmann *Die gestundete Zeit*
Unwetter	Andreas Gryphius *Auf das grausame Ungewitter / so den 24. Aug. 1654 entstanden* Friedrich Schiller *Das Lied von der Glocke*
Der Mensch	Christian Fürchtegott Gellert *Der Tanzbär* Johann Wolfgang von Goethe *Prometheus* Johann Wolfgang von Goethe *Ganymed* Johann Wolfgang von Goethe *Gesang der Geister über den Wassern* Johann Wolfgang von Goethe *Das Göttliche* Johann Wolfgang von Goethe *Grenzen der Menschheit* Friedrich Schiller *Das Lied von der Glocke* Friedrich Schiller *Der Ring des Polykrates* Annette von Droste-Hülshoff *Das Spiegelbild* Ernst Stadler *Form ist Wollust* Rainer Maria Rilke *Ich fürchte mich so ...* Gottfried Benn *Reisen*

Themen	Gedichte
Dichter/Gedicht	Joseph von Eichendorff *Der Dichter* Marie Luise Kaschnitz *Nicht gesagt* Wolfgang Weyrauch *Mein Gedicht* Erich Fried *Macht der Dichtung*
Frühling	Johann Wolfgang von Goethe *Mailied* Ernst Stadler *Vorfrühling*
Gerechtigkeit	Adelbert von Chamisso *Die Sonne bringt es an den Tag* Heinrich Heine *Belsazar*
Land/Stadt	Theodor Storm *Abseits* Georg Trakl *An die Verstummten* Ernst Stadler *Vorfrühling* Ernst Stadler *Fahrt über die Kölner Rheinbrücke bei Nacht*
Krieg	Georg Heym *Der Krieg* Alfred Lichtenstein *Abschied* Ernst Stadler *Sterben*
Kindheit/Schule	Rainer Maria Rilke *Kindheit* Günter Grass *Kinderlied*
Massenmedien/Werbung	Hans Magnus Enzensberger *Bildzeitung* Wislawa Szymborska *Werbeprospekt* Rolf Haufs *Jeden Tag*

12 Die Grundbegriffe der Poetik

Absolute Poesie

Dichtung ohne konkreten Realitätsbezug, die sprachlichen Bilder werden zu einer eigenen Wirklichkeit zusammengesetzt; Sprache, Klang und Rhythmus werden ihrer selbst wegen gepflegt *(l'art pour l'art)*; verwirklicht bei Baudelaire, Mallarmé, Rimbaud.

Akzent

(lat. Zugesang)

Hervorhebung durch besondere Betonung (Erhöhung der Tonstärke); **Versakzent** wird durch die Anzahl der ⇒ Hebungen und ⇒ Senkungen in einem Vers bestimmt, die Hebungen ermittelt man durch die natürliche Betonung eines Wortes. **Wortakzent** richtet sich nach der Stammsilbe (z.B.: geben). **Satzakzent** wird bestimmt durch die Aussageabsicht. Das, was besonders betont werden soll, steht am Anfang oder am Ende des Satzes.

Alexandriner

Reimvers mit sechshebigem ⇒ Jambus, der nach der dritten ⇒ Hebung eine deutliche ⇒ Zäsur aufweist.

Beispiel:

Du siehst, wohin du siehst nur Eitelkeit auf Erden (Gryphius *Es ist alles eitel*, V.1)

| ∪ – | ∪ – | ∪ – | | ∪ – | ∪ – | ∪ – | ∪

Akkumulation

(lat. Anhäufung)

Anhäufung von Worten, dadurch größerer Nachdruck auf der Aussage

Beispiel: *Wer zählt die Völker, nennt die Namen*
Die gastlich hier zusammenkamen?
Von Theseus' Stadt, von Aulis Strand,
Von Phokis, vom Spartanerland,
Von Asiens entlegner Küste,
Von allen Inseln kamen sie
(Schiller, *Die Kraniche des Ibykus*)

Alkäische Strophe

Vierzeilige, aus zwei elfsilbigen Versen, einem neun- und einem zehnsilbigen Vers bestehende antike Strophenform, benannt nach dem griechischen Dichter Alkaios; die alkäische Strophe besteht aus Jamben, Trochäen und Daktylen, die folgendermaßen angeordnet sind:

◡ – ◡ – ◡ – ◡ ◡ – ◡ –
◡ – ◡ – ◡ – ◡ ◡ – ◡ –
◡ – ◡ – ◡ – ◡ – ◡
– ◡ ◡ – ◡ ◡ – ◡ – ◡

Beispiel: *Willkommen dann, o Stille der Schattenwelt!*
Zufrieden bin ich, wenn auch mein Saitenspiel
Mich nicht hinabgeleitet; einmal
Lebt' ich wie Götter, und mehr bedarf's nicht
(Hölderlin, *An die Parzen*)

Allegorie
(gr. *bildliche Redeweise*)
Bildhaft-konkrete Darstellung von etwas Abstraktem, Allegorie ist das, was sie meint (Unterschied zum ⇒ Symbol)
Beispiel: Greis, der Alter darstellt

Alliteration (Stabreim)
(aus lat. *hinzu*+Buchstabe)
gleicher Anlaut der Stammsilbe
Beispiel: *wiegende Welle*

Alternation
(lat. *abwechseln)*
Regelmäßiger Wechsel von einsilbiger ⇒ Hebung und einsilbiger ⇒ Senkung
Beispiel: *Fest gemauert in der Erden*
Steht die Form aus Lehm gebrannt
(Schiller, *Das Lied von der Glocke*)

Anadiplose
(gr. *Verdoppelung*)
Verstärkende Wiederholung des letzten Wortes oder von Teilen des letzten Satzes zu Beginn eines folgenden Satzes oder Verses
Beispiel:
Ein Mann wohnt im Haus der spielt mit den Schlangen der schreibt
der schreibt wenn es dunkelt nach Deutschland dein goldenes Haar Margarete
(Celan, *Todesfuge*, V.5f.)

Anapäst
(aus gr. *Zurückschlagen*)
Dreisilbiger ⇒ Versfuß, der aus zwei kurzen (unbetonten) Silben und einer langen (betonten) Silbe besteht
Beispiel: *Anapäst*
◡ ◡ –

Anapher
(gr. *Beziehung*)
Wiederholung desselben Wortes oder derselben Wortgruppe am Anfang von aufeinander folgenden Sätzen oder Satzgliedern
Beispiel:
Ist sie dann gleichwol was / wem ist jhr Thun bewust? /
Ist sie auch gut vnd recht/wie bringt sie böse Lust?
(Opitz, *Francisci Petrarchae*)

Anrede
Formulierung, die sich an Leser wendet

Anspielung
halb versteckte Andeutung

Antithetik
(aus lat. *gegen+Behauptung*)
Gegenüberstellung von Begriffen oder Inhalten
Beispiel:
Ist Liebe lauter nichts / wie daß sie mich entzündet? (Opitz, *Francisci Petrarchae*)

Apodiktische Aussagen
(gr. *Nachweis, Beweis*)
Keinen Widerpruch duldende Aussagen

Apostrophe
(*gr. Ablenkung*)
Abwendung vom Leser
Beispiel:
Fest gemauert in der Erden
Steht die Form, aus Lehm gebrannt.
Heute muß die Glocke werden,
Frisch, Gesellen, seid zur Hand. (Schiller, *Das Lied von der Glocke*)

Archaisierung
(gr. *Anfang*)
Benutzung altertümlicher Wörter
Beispiel: *sintemal* (für da)

Asklepiadische Strophe
Antike vierzeilige Strophenform, benannt nach dem Dichter Asklepiades, mit der folgenden Struktur:
– ◡ – ◡ ◡ – – ◡ ◡ – ◡ –
– ◡ – ◡ ◡ – – ◡ ◡ – ◡ –
– ◡ – ◡ ◡ – ◡
– ◡ – ◡ ◡ – ◡ –

Beispiel:
Schön ist, Mutter Natur, deiner Erfindung Pracht
Auf die Fluren verstreut, schöner ein froh Gesicht,
Das den großen Gedanken
Deiner Schöpfung noch einmal denkt (Klopstock, *Der Zürchersee*)

Assonanz
(gr. *gleich tönend*)
Halbreim durch Gleichklang der Vokale
Beispiel: *Ich weis nicht was ich wil/ich wil nicht was ich weis*
(Opitz, *Francisci Petrarchae*)

Asyndeton
(gr. *unverbunden*)
Reihung von Sätzen oder Satzgliedern ohne Konjunktion
Beispiel:
Jtzt Blumen / morgen Koth / wir sind ein Wind / ein Schaum/
Ein Nebel und ein Bach / ein Reiff / ein Thau' / ein Schatten.
(Gryphius, *Thränen in schwerer Krankheit. Anno 1640*)

Attribute
(lat. *Eigenschaft*)
Beifügung zur genaueren Bestimmung der Eigenschaft
Beispiel:
(...) ich sitz in <u>tausend</u> Schmertzen
(Gryphius, *Thränen in schwerer Krankheit. Anno 1640*)

Auftakt
Unbetonte, der ersten Hebung vorangehende Silbe(n) am Versanfang
Beispiel:
<u>Mir</u> ist ich weiß nicht wie / ich seufftze für und für.
(Gryphius, *Thränen in schwerer Krankheit. Anno 1640*)

Aufzählungen
(⇒ Trias)
Häufung von Begriffen oder Ausdrücken
Beispiel: s. Beispiel unter *Asyndeton*

Ausruf
Ausrufungssatz
Beispiel:
Der edle Mensch
Sei hilfreich und gut! (Goethe, *Das Göttliche*)

Binnenreim
⇒ Reimformen

Bänkelsang

Im 17. Jh. von umherziehenden Schaustellern zu Drehorgelmusik vorgetragene Geschichten, mit spannend-schauerlichem und lehrhaftem Inhalt (⇒ Moritat). Die Bezeichnung kommt von der Holzbank, von der aus diese Geschichten vorgetragenen wurden.

Ballade

(ital. *Tanzlied*)

Ursprünglich ein zum Tanzen gesungenes Lied, heute versteht man darunter eine knapp skizzierende Erzählung in Strophenform, die ein geheimnisvolles, außergewöhnliches Ereignis mit meist tragischem Ende aus der Geschichte, der Sage, der Legende oder aus dem zeitgenössischen Geschehen thematisiert. Die Spannung wird im Schluss, der Pointe, aufgelöst. Man unterscheidet Volksballaden, die als einfache Erzählungen mündlich tradiert wurden, und Kunstballaden, die von einem Dichter gestaltet werden und meist einen kunstvollen Aufbau besitzen.

Beispiel: Schiller, *Der Ring des Polykrates*, Goethe, *Der Zauberlehrling*

Bild

Sprachliche Form des anschaulichen, aber uneigentlichen Sprechens, d.h., der sprachliche Ausdruck meint nicht das Bild, sondern etwas anderes. Beispiel: *Hektor ist stark wie ein Löwe*. Das sprachliche Bild kann verschiedene Formen haben, z.B. ⇒ Allegorie, ⇒ Chiffre, ⇒ Emblem, ⇒ Metapher, ⇒ Personifizierung, ⇒ Symbol, ⇒ Synekdoche, ⇒ Vergleich.

Bilderlyrik

Gedichte, bei denen die grafische Anordnung des Textes eine bildliche Ergänzung zum Inhalt ist.

Beispiel:

Wörter
Meine Fallschirme
Mit euch
springe
ich
ab
Ich fürchte nicht die Tiefe
Wer euch richtig
öffnet
schwebt
(Bienek, *Wörter*)

Blankvers

reimloser, fünfhebiger ⇒ Jambus

Beispiel:

Es eifre jeder seiner unbestochnen,
Von Vorurteilen freien Liebe nach! (Lessing, *Nathan*)

Chevy-Chase-Strophe

(engl. *Jagd auf den Cheviotbergen*)

Strophenform der englischen Volksballade (15. Jh.) mit folgendem Aufbau:

∪ – ∪ – ∪ – ∪ –
∪ – ∪ – ∪ –
∪ – ∪ – ∪ – ∪ –
∪ – ∪ – ∪ –

Charakteristisch ist besonders die männliche Kadenz aller Verse.

Beispiel:

Der Weltraum fernt mich weit von dir,
So fernt mich nicht die Zeit.
Wer überlebt das siebzigste
Schon hat, ist nah bei dir.
(Klopstock, *Das Wiedersehen)*

Chiasmus

(Name von Gestalt des gr. Buchstaben χ)

Überkreuzung von Satzgliedern oder Wortgruppen, die sich inhaltlich oder formal entsprechen

Beispiel: *Die Kunst ist lang und kurz ist unser Leben* (Goethe, *Faust*)

Chiffre

(frz. *Zahl, Ziffer*)

Sprach- oder Bildsymbol, das verkürzt auf einen komplexen Zusammenhang, der meist aus dem Kontext erschlossen werden muss, verweist.

Beispiel: *Stadt* (Trakl, *An die Verstummten*)

Daktylus

(gr. *Finger*)

Dreisilbiger ⇒ Versfuß, der aus einer langen (betonten) Silbe und zwei kurzen (unbetonten) Silben besteht

Beispiel:

Daktylus
– ∪ ∪

Diminutive

(lat. *Verkleinerung*)

Verkleinerungsform eines Nomens durch Anhängung von *-chen*

Beispiel: *Kindchen*

Dinggedicht

distanzierte, „objektive" Beschreibung von Dingen durch ein ganz aus dem Gedicht zurückgezogenes lyrisches Ich

Beispiel: Heym, *Der Krieg*

Dingsymbol
(gr. *Kennzeichen, Merkmal*)
Gegenstand mit übertragener Bedeutung und Leitmotivcharakter (⇒ Symbol)
Beispiel: die Glocke in Schillers *Das Lied von der Glocke*

Distichon (Plural: Distichen)
(gr. *Doppelvers*)
Antike Strophenform, die aus einem ⇒ Hexameter und einem ⇒ Pentameter besteht
Beispiel:
Im Hexameter steigt des Springquells flüssige Säule,
Im Pentameter drauf fällt sie melodisch herab (Schiller *Das Distichon*)

Elegie
(vielleicht von gr. *Flöte*)
Ursprünglich Bezeichnung für ein in ⇒ Distichen abgefasstes Gedicht; später als Bezeichnung für Klagegedicht
Beispiel: Zuckmayer, *Elegie von Abschied und Wiederkehr*

Ellipse
(gr. *Auslassung*)
Auslassung eines Wortes/Satzgliedes in einem Satz
Beispiel:
Jtzt Blumen / morgen Koth / wir sind ein Wind / ein Schaum
(Gryphius, *Thränen in schwerer Krankheit. Anno 1640*)

Emblem
(gr. *Einlegearbeit*)
Kunstform, entstanden im Barock, die in einer Dreiteilung in Überschrift, Bild und erläuternden Text die symbolische Darstellung eines Sachverhaltes unternimmt.

Endreim
Gleichklang einer oder mehrerer Silben von der letzten Hebung an
Beispiel:
Ich weine Tag und Nacht / ich sitz in tausend Schmertzen;
Und tausend fürcht ich noch / die Krafft in meinem Hertzen
(Gryphius, *Thränen in schwerer Krankheit. Anno 1640*)

Enjambement
(frz. *Überschreitung*)
Zeilensprung, Vers- und Satzende stimmen nicht überein, dadurch besondere Hervorhebung des Inhalts, Zeichen von Zusammenordnung / Zusammengehörigkeit, Steigerung der Dynamik
Beispiel: *(nächste Seite)*

du solltest dich einrichten, denn
wer sagte,
man müsse das Leben tapfer durchleben?
(Szymborska, *Werbeprospekt*)

Epigramm
(gr. *Aufschrift)*
Sinngedicht, meist als Zweizeiler, das einen Gedanken treffend formuliert (Kurzform der ⇒ Gedankenlyrik)
Beispiel:
Spruch, Widerspruch: Ihr müßt mich nicht durch Widerspruch verwirren!
Sobald man spricht, beginnt man schon zu irren. (Goethe, *Epigrammatisch*)

Epipher
(gr. *Zugabe)*
Wiederholung desselben Wortes oder derselben Wortgruppe am Ende aufeinander folgender Satzglieder oder Sätze
Beispiel:
Ich sah auf dich und weinte nicht. Der Schmerz
Schlug meine Zähne knirschend auseinander;
Ich weinte nicht. (...)
(Schiller, *Don Karlos*)

Erlebnislyrik
Überholter Begriff für ein Gedicht, in dem ein lyrisches Ich Stimmungen und Gefühle ausdrückt; diese Stimmungen beeinflussen die äußere Wahrnehmung
Beispiel: Eichendorff *Mondnacht*

Erweiterter Reim
Gleichklang von Wörtern zweier oder mehr Verse, der schon vor der letzten Hebung einsetzt
Beispiel:
Freude dem Sterblichen,
den die verderblichen,
schleichenden, erblichen
Mängel umwandeln. (Goehte, *Faust*)

Euphemismus
(gr. *Worte von guter Vorbedeutung sprechen*)
positive Umschreibung negativer Sachverhalte, dadurch Verschleierung der Realität, Beschwichtigung
Beispiel: *Freisetzung von Arbeitskräften* für *Entlassung*

Erzählgedicht
⇒ Ballade

Farbsymbol

(Farbe + gr. *Kennzeichen, Merkmal*)

Konkrete Zeichen, in diesem Falle Farben, die auf abstrakten Inhalt hindeuten. Beispiele für Farbsymbole und ihre gängigen Bedeutungen:

- **braun:** Farbe des Bodens, mütterliche Farbe, im Mittelalter Symbol der Demut; auch als Farbe der Nationalsozialisten
- **blau:** Farbe der Unendlichkeit, Sehnsucht, Treue und Verlässlichkeit, auch als Trauerfarbe und Farbe des Bösen
- **gelb:** Fruchtbarkeit, Sinnlichkeit, auch negativ als Farbe der Ausgestoßenen, Farbe des Neides
- **grün:** Farbe der Hoffnung, des aufbrechenden Lebens, der Liebe, auch negativ als Farbe des Todes
- **weiß:** Farbe der Reinheit, der Unschuld, auch als Farbe der Trauer
- **rot:** Farbe des Lebens, der Liebe, auch für Kampf, Gefahr, Blut; in der Bibel auch für Sünde
- **violett:** Treue, auch Buße
- **schwarz:** Farbe des Unglücks, der Trauer, des Bösen

Figurengedicht

⇒ Bilderlyrik

Freie Rhythmen

Gedicht, bei dem feste metrische Formen, Reime, gleiche Vers- oder Strophenlänge aufgegeben werden, rhythmisch zumeist stark gegliedert (Unterschied zur Alltagssprache des ⇒ Prosavers)

Beispiel: Goethe *Prometheus, Gesang der Geister über den Wassern*

Freie Verse

Gedicht, das wie ⇒ freie Rhythmen unterschiedliche Verslängen aufweist; im Gegensatz zu ⇒ freie Rhythmen mit Reim und metrischem Schema

Beispiel:

Als mich mein Traum verschlug,
Fand ich mich wandern im schönsten Nachmittag
Den Hügel nieder, der schwebte und mit Flügeln schlug.
Zu meinen Füßen lag
Das Land in goldenem Staat,
Das Land in Schwaden rauschend der gereiften Saat. (Werfel, *Der Ritt*)

Gattung

Bezeichnung für die *Naturformen der Poesie* (Goethe), Lyrik, Drama, Epik, die sich auch gegenseitig durchdringen können; der Begriff *Gattung* wurde in neuerer Zeit durch *Textsorte* ersetzt.

Gedankenlyrik
Gedicht, in dem philosophische oder theologische Gedanken gestaltet werden
Beispiel: ⇒ Epigramm

Ghasel
(arab. *Gespinst*)
Orientalische Gedichtform, bei der der erste Vers des Gedichtes das Reimwort für alle geraden Verse vorgibt; die ungeraden Verse bleiben reimlos.
Beispiel:
Der Strom, der neben mir verrauschte, wo ist er nun?
Der Vogel, dessen Lied ich lauschte, wo ist er nun?
Wo ist die Rose, die die Freundin am Herzen trug,
Und jener Kuß, der mich berauschte, wo ist er nun?
Und jener Mensch, der ich gewesen, und den ich längst
Mit einem andern Ich vertauschte, wo ist er nun? (Platen)

Gleichnis
Erweiterter Vergleich, bei dem ein *tertium comparationis* – ein Vergleichspunkt – die Verbindung zwischen Bild- und Sachhälfte herstellt
Beispiel: Goethe, *Gesang der Geister über den Wassern*

Groteske
Verbindung von Unvereinbarem, dadurch Erheiterung, Wecken von Interesse, eventuell auch Entsetzen
Beispiel: Dürrenmatt, *Die Physiker*

Haiku
(jap. *Kettengedicht)*
Kürzeste japanische Dichtform, bestehend aus drei Versen mit insgesamt 17 Silben nach dem Schema fünf Silben (1. Vers), sieben Silben (2. Vers), fünf Silben (3. Vers)
Beispiel:
Der uralte Teich
Von dem Laubfroschsprung erzeugt:
Wasser-plitsch-platsch-laut. (Baschô)

Oder auch:
Lernen musst du heut.
Wenn du Bange-Bücher nimmst
Geht es wie von selbst.

Hebung
Bezeichnung für die betonte Silbe im Vers, Bezeichnung z.B. mit – oder mit x́

Hendiadyoin
(gr. *eins durch zwei*)
Ausdruck eines Sachverhaltes durch zwei gleichbedeutende Substantive oder Verben
Beispiel: *Rauch und Dunst* (Gryphius, *An sich selbst*)

Hexameter
(gr. *sechs* und *Maß*)
Antiker Vers, der aus sechs Versfüßen besteht und meist mit Daktylen gefüllt ist
Beispiel:
Sing, unsterbliche Seele, der sündigen Menschen Erlösung,
Die der Messias auf Erden in seiner Menschheit vollendet (Klopstock, *Messias*)

Hochwertwörter (auch religiöse Sprache)
Verwendung von Wörtern mit hohem moralischen oder religiösen Anspruch
Beispiel: *Treue, Standhaftigkeit, Heiligkeit*; Feierlichkeit und Ernsthaftigkeit der Aussage werden unterstrichen.

Humor
(lat. *Körpersaft*)
Haltung, die auch noch in widrigen Lebensumständen versöhnlich gestimmt ist und das Liebenswerte in der Unzulänglichkeit zu erkennen sucht; Gegensatz zum versöhnlichen Humor ist der *schwarze Humor* mit zynisch-pessimistischer Konfrontation.

Hymne
(gr. *Festgesang*)
Loblied auf Helden oder mit religiösem Inhalt, festlicher Grundton, nicht auf ein bestimmtes metrisches Schema festgelegt
Beispiel: Goethe, *Ganymed*

Hyperbel
(gr. *Darüberhinauswerfen*)
Übertreibung
Beispiel:
Mir ist ich weiß nicht wie / ich seufftze für und für.
Ich weine Tag und Nacht / ich sitz in tausend Schmertzen
(Gryphius, *Thränen in schwerer Krankheit. Anno 1640*)

Hypotaxe
(gr. *Unterordnung*)
Fügung aus Haupt- und Nebensatz
Beispiel: *(nächste Seite)*

Wenn ich, von deinem Anschaun tief gestillt,
mich stumm an deinem heil'gen Wert vergnüge,
dann hör' ich recht die leisen Atemzüge
des Engels, welcher sich in dir verhüllt (Mörike, *An die Geliebte*)

Ideologiesprache
(gr. *Lehre von den Ideen*)
Begriffe, die von einer politischen Weltanschauung bestimmt sind
Beispiel:
Gingen wir doch, öfter als die Schuhe die Länder wechselnd
Durch die Kriege der Klassen, verzweifelt
Wenn da nur Unrecht war und keine Empörung. (Brecht, *An die Nachgeborenen*)

Inversion
(lat. *Umstellung*)
Umkehr der gewöhnlichen Wortfolge, meist Subjekt nach Prädikat, Herausstellung bedeutungstragender Wörter, Erhöhung der Eindringlichkeit
Beispiel: *Fällt hin der Mann* (Haufs, *Jeden Tag*)

Ironie
(gr. *Verstellung, Vorwand*)
Unwahre Behauptung, die das Gegenteil von dem meint, was sie ausdrückt
Beispiel: *Das ist aber ein schönes Wetter* (bei Regen).

Jambus
(gr. *schleudern*)
Zweisilbiger ⇒ Versfuß, der aus einer kurzen (unbetonten) und einer langen (betonten) Silbe besteht
Beispiel:
Es eifre jeder seiner unbestochnen,
Von Vorurteilen freien Liebe nach! (Lessing, *Nathan*)

Kadenz
(zu lat. *fallen*)
Form des Versendes, einsilbig (stumpfe oder männliche Kadenz) oder zweisilbig (klingende oder weibliche Kadenz)
Beispiel:
– männliche Kadenz:
Acht Pfennige, das war das ganze Geld.
Ich scharrt' ihn ein auf selbigem Feld (Chamisso, *Die Sonne bringt es an den Tag*)
– weibliche Kadenz:
Ein Fluch dem König, dem König der Reichen,
Den unser Elend nicht konnt erweichen (Heine, *Die schlesischen Weber*)

Kehrreim
⇒ Refrain

Kinderlied

Für Kinder gedachtes Lied, das sich durch kurze, einfache Strophen und eingängige Reime auszeichnet; besonders in der Romantik und im Biedermeier beliebt.

Klapphornvers

Form des ⇒ Nonsens-Gedichts; Parodie auf ein Gedicht von Friedrich Daniel:
Zwei Knaben gingen durch das Korn,
Der andere blies das Klappenhorn.
Er konnt es zwar nicht ordentlich blasen,
Doch blies er's wenigstens einigermaßen.
Parodie behält zumeist den ersten Vers und die Reimwörter bei.

Klimax

(gr. *Leiter*)
Steigernde Aufzählung vom schwächeren zum stärkeren Begriff (Gegenteil: Antiklimax)
Beispiel: *Er kam, sah, siegte.*

Knittelvers

Paarweise gereimter Vierheber, beliebt vor allem in volkstümlichen Versen oder in Kinderliedern; freie Knittelverse weisen unregelmäßige Füllung der Senkungen auf, strenge Knittelverse füllen die Senkung nur mit einer Silbe.
Beispiel:
Da steh ich nun ich armer Tor,
Und bin so klug als wie zuvor!
Heiße Magister, heiße Doktor gar,
Und ziehe schon an die zehen Jahr'
Herauf, herab und quer und krumm
Meine Schüler an der Nase herum –
Und sehe, daß wir nichts wissen können!
Das will mir schier das Herz verbrennen. (Goethe, *Faust*)

Kolon

(gr. *körpergliedartiges Gebilde*)
Wort oder Wortgruppe als Sprecheinheit, bedingt durch Atempause oder Wechsel der Tonhöhe, nicht abhängig vom Metrum oder vom Versende
Beispiel: (die einzelnen Kola sind durch // gekennzeichnet)
Es ist so still, // die Heide liegt
Im warmen Mittagssonnenstrahle, //
Ein rosenroter Schimmer fliegt //
Um ihre alten Gräbermale; //
Die Kräuter blühn; // der Heideduft
Steigt in die blaue Sommerluft. // (Storm, *Abseits*)

Komik

(gr. *nächtlicher Umzug*)
Effekt, der sich als Lächeln, Lachen oder Spott äußert und der auf dem Widerspruch zwischen angestrebtem und tatsächlichem Sinn, zwischen Schein und Sein beruht.

Konkrete Poesie

Form der modernen Lyrik, die sich der Sprache z.B. unter visuellen oder akustischen Gesichtspunkten bedient (z.B. in Form ornamentaler Anordnung)

Kreuzreim

⇒ Reimformen

Kunstballade

⇒ Ballade

Langvers

Einheit, die aus zwei Kurzversen mit 2-4 Hebungen besteht und durch einen Einschnitt voneinander getrennt ist (⇒ Zäsur); besonders in der germanischen und mittelhochdeutschen Dichtung; ein Langvers ist auch der im Barock beliebte Alexandriner.
Beispiel: *Uns ist in alten maeren wunders vil geseit (Nibelungenlied)*
und Opitz, *Francisci Petrarchae*

Lautmalerei

Nachahmung von Lauten mit Hilfe der zur Verfügung stehenden Wörter
Beispiel:
Es klappert die Mühle am rauschenden Bach:
Klipp. Klapp! (Anschütz)

Lehrhafte Dichtung

Gedicht, meist aus dem Bereich der ⇒ Gedankenlyrik, mit einem lehrhaften, moralischen, aufklärenden Inhalt
Beispiel: Gellert, *Der Tanzbär*

Leitmotiv

Gegenstand, Situation oder Formulierung, die durch Wiederholung der Charakterisierung bzw. als Strukturhilfe dienen
Beispiel: die Glocke in Schillers *Das Lied von der Glocke*

Lied

Sangbare oder tatsächlich zu einer Melodie gesungene, strophisch gegliederte und gleichmäßig aufgebaute lyrische Kurzform, besonders in der Romantik beliebt, vgl. Vertonungen von Schubert; Bezeichnung steht auch für einfache Gedichte mit besonderer Betonung des Rhythmus.
Beispiel: Goethe, *Mailied*

Limerick

(Name einer irischen Stadt)

Zählt zu ⇒ Nonsens-Gedicht; einstrophiger Fünfzeiler mit dem Reimschema aabba, Hebungszahl vorgeschrieben: 3, 3, 2, 2, 3, im letzten Vers zumeist unsinnige, groteske Wendung

Beispiel:

There was a young lady of Riga,
Who rode with a smile on a tiger.
They returned from the ride
With the lady inside
And a smile on the face of the tiger. (Kipling)

Litotes

(gr. *Einfachheit*)

Verneinung des Gegenteils

Beispiel: *nicht schlecht*

Lyrisches Ich

Bezeichnung für den Sprecher im Gedicht (= Erzähler in epischen Texten), darf nicht mit dem Dichter verwechselt werden, auch wenn es ihm in Stimmungen und Gedanken sehr nahe kommt

Metapher

(gr. *Übertragung*)

Bildhafter Ausdruck, bildhafte Unterstützung der Aussage, Verstärkung der Suggestion im Dienste von Aufwertung oder Abwertung

Beispiel: *corall der lippen* (Hofmann von Hofmannswaldau, *Vergänglichkeit der Schönheit*)

Metonymie

(aus gr. *einen anderen Namen bekommen*)

Umbenennung, indem verwandte Begriffe vertauscht werden

Beispiel: *Sie liest Kafka.*

Metrum

(gr. *Maß*)

1. Bezeichnung für kleinste Einheit im Vers (= Versfuß), mehrere Metren bilden das Versmaß
2. Bezeichnung für Versmaß, das sich nach Betonung und Dauer bestimmt und den Takt (Versfuß) als kleinste rhythmische Einheit hat. Aufgrund der natürlichen Sinnbetonung unterscheidet man die Versfüße ⇒ Jambus, ⇒ Trochäus, ⇒ Daktylus, ⇒ Anapäst.

Minnesang
Hauptform der weltlichen Lyrik des Mittelalters; als unterhaltsame Gesellschaftsdichtung (keine Erlebnislyrik) gedachte Liebesdichtung, in der höfische Ideale wie *triuwe* und *mâze* verarbeitet werden
Beispiel: Albrecht von Johansdorf, *Ich vant âne huote*

Montage
(frz. *Zusammenstellung, Aufbau*)
Ausdruck aus Film, Drama, Epik und Lyrik, der die Zusammenstellung von Teilen unterschiedlicher Herkunft zu einem neuen Sinnzusammenhang meint; Ziel: Sichtbarmachung von Zusammenhängen, Anregung zum Nachdenken
Beispiel: *Markenstecher Uhrenkleber*, aus: Markenkleber, Stechuhr, *Manitypistin Stenoküre*, aus: Stenotypistin, Maniküre (Enzensberger, *Bildzeitung*)

Moritat
Lied des Bänkelsängers zur Drehorgel, Inhalt zumeist schaurige Mordgeschichte, andere Bezeichnung für ⇒ Bänkelsang

Motiv
(lat. *bewegen*)
Beweggrund von Handlung; in der Dichtung auch als abstraktes thematisches Grundschema Beispiel: Motiv der zwei Identitäten in Annette von Droste-Hülshoffs *Judenbuche* und *Das Spiegelbild*

Naturlyrik
Bezeichnung für Gedichte mit Beschreibungen von Naturerscheinungen
Beispiel: Goethe, *Mailied*

Neologismus
(aus gr. *neu* + *Wort*)
Wortneuschöpfung
Beispiel: *Knabenmorgenblütenträume* (Goethe, *Prometheus*)

Nominalstil
Übertriebener Gebrauch von Substantiven
Beispiel: *der Verkauf des Hauses des der Stadt Entflohenen*

Nonsens-Gedicht
(engl. *Unsinn*)
Gedicht, das in formaler und/oder inhaltlicher Hinsicht zwar korrekt bzw. stimmig ist, das aber keinen Sinn ergibt
Beispiel:
Kroklokwafzi? Semememi!
Seiokrontro – prafriplo:
Bifzi, bafzi; hulalemi:
Quasti basti bo...
Lalu lalu lalu lalu la! (Morgenstern, *Das große Lalula*)

Ode
(gr. *Gesang, Lied*)
Feierliches, meist reimloses Gedicht mit festgelegter Strophenform, das von Erhabenheit und Würde geprägt ist. Odenstrophen sind z.B. die ⇒ Alkäische Strophe, ⇒ Asklepiadische Strophe, Sapphische Strophe
Beispiel:
Schön ist, Mutter Natur, deiner Erfindung Pracht
Auf die Fluren verstreut, schöner ein froh Gesicht,
Das den großen Gedanken
Deiner Schöpfung noch einmal denkt. (Klopstock, *Der Zürcher See*)

Oxymoron
(aus gr. *scharf + dumm*)
Verbindung einander widersprechender Begriffe
Beispiel: *kalte Hitze*

Paarreim
⇒ Reimformen

Paradoxon
(gr. *gegen + Meinung, Lehre*)
Scheinwiderspruch
Beispiel: *Im Sommer ist mir kalt / im Winter ist mir heiß*
(Opitz, *Francisci Petrarcae*)

Parallelismen
(gr. *gleichlaufend*)
Wiederholung von gleichen syntaktischen Fügungen

Parataxe
(gr. *Danebenstellen*)
Aneinanderreihung von Hauptsätzen
Beispiel:
Ernst isst, Heike schläft, Klaus singt und Henriette liest.

Parenthese
(gr. *Einschub*)
Vollständiger Satz wird in geschlossene Satzkonstruktion eingeschoben
Beispiel:
Es war früh am Morgen – die Sonne war schon aufgegangen –, als sie endlich zu Hause ankamen.

Parodie
(gr. *Gegengesang*)
Form eines bekannten Gedichtes (oder eines anderen literarischen Werkes) wird übernommen und mit einem neuen, meist nicht zum ursprünglichen

Gehalt passenden Inhalt versehen (Gegenteil ist die Travestie, bei der der ursprüngliche Inhalt in eine veränderte Form eingepasst wird.)
Beispiel:
Er stand auf seines Daches Zinnen,
Und schaute mit vergnügten Sinnen
Auf zwei belegte Brote hin.
„Dies alles ist mir viel zu wenig",
Begann er zu Ägyptens König,
„Gestehe, dass ich hungrig bin." (Parodie auf Schiller, *Ring des Polykrates*)

Pars pro toto
⇒ Synekdoche

Pentameter
(gr. *fünf* und *Maß*)
Antikes Versmaß, das, anders als der Name vermuten lässt, aus sechs Hebungen besteht (dritter und sechster Daktylus ohne Senkung), daher als verkürzter Hexameter zu betrachten.
Beispiel:
Im Pentameter drauf fällt sie melodisch herab. (Schiller, *Das Distichon*)
– ∪ – ∪ ∪ – / / – ∪ ∪ – ∪ ∪ –

Periphrase
(aus gr. *ringsum einschließen*)
Umschreibung eines Begriffs
Beispiel: *dem großen Tröster* (für Gott) aus Gryphius, *An sich selbst*

Personifizierung
(aus gr. *Person + machen*)
Vermenschlichung
Beispiel: *die müde Seele ruft* (Gryphius, *An sich selbst*)

Pleonasmus
(aus gr. *reichlich vorhanden sein*)
Zusammenstellung von Wörtern mit ähnlicher Bedeutung
Beispiel: *weißer Schimmel*

Poesie
(gr. *machen*)
Allgemeine Bezeichnung für Dichtung; als Bezeichnung für Versdichtung steht sie im Gegensatz zur ⇒ Prosa

Pointe
(frz. *Spitze, Schärfe*)
Überraschende und effektvolle Wendung durch einen geistreichen Schlussgedanken

politische Lyrik
Gedichte, die politische Themen zum Inhalt haben. Ziel: Schärfung des Bewusstseins, der Kritikfähigkeit, auch politische Beeinflussung des Lesers
Beispiel: Brecht, *An die Nachgeborenen*

Polysyndeton
(aus gr. *viel + verbunden*)
Verbindung einzelner Wörter oder Satzglieder mit der gleichen Konjunktion
Beispiel: *Die Zeitung und das Fernsehen und das Radio und das Internet sind wichtige Informationsquellen.*

Prosa
(lat. *geradeaus gehende Rede*)
Nicht durch Reim oder Metrum gebundene Redeweise, Gegensatz zur ⇒ Poesie im engeren Sinne
Beispiel: ⇒ Prosa-Gedicht

Prosa-Gedicht
Lyrische Bearbeitung eines Stoffe, ohne Endreim oder exaktes Metrum, ohne besonders betonten Rhythmus (Mitte zwischen rhythmischer Prosa und ⇒ freien Rhythmen)
Beispiel:
Das kleine Haus unter Bäumen am See.
Vom Dach steigt Rauch.
Fehlte er,
Wie trostlos dann wären
Haus, Bäume und See. (Brecht, *Der Rauch*)

Refrain
(provenz. *regelmäßiges Sichbrechen der Wellen an Klippen*)
Wörtliche oder leicht veränderte Wiederholung eines Textteils in einem Gedicht oder einem Lied
Beispiel:
Röslein, Röslein Röslein rot,
Röslein auf der Heiden. (Goethe, *Heidenröslein*)

Reim
Gleichklang zweier oder mehrerer Wörter vom letzten betonten Vokal an
Beispiel:
Die Mitternacht zog näher schon;
In stummer Ruh lag Babylon. (Heine, *Belsazar*)

Reimformen
Binnenreim: Reimwörter innerhalb einer Verszeile
Beispiel: *(nächste Seite)*

Vom Himmel kommt es,
Zum Himmel steigt es,
Und wieder nieder
Zur Erde muß es
Ewig wechselnd. (Goethe, *Gesang der Geister über den Wassern*)

Kreuzreim: abab
Beispiel:
Ich vant âne huote
die vil minneclîchen eine stân.
sâ dô sprach diu guote,
‚waz welt ir sô eine her gegân?' (Albrecht von Johansdorf, *Ich vant âne huote*)

Paarreim: aabb
Beispiel:
Nur oben in des Königs Schloß,
Da flackert's, da lärmt des Königs Troß. (Heine, *Belsazar*)

Umschließender Reim: abba
Beispiel:
Sooft der Mond mag scheinen,
Gedenk' ich dein allein,
Mein Herz ist klar und rein,
Gott wolle uns vereinen! (Brentano, *Der Spinnerin Lied*)

Schweifreim: aabccb
Beispiel:
Als mitten in dem Feld mich / HErr / der Todt ergriff /
Der hinter mir in Sturm / vor mir in Flammen lieff /
Vor mir die Bahn verfällt / und über mir die Hütten
In leichte Splitter stieß. Doch lebt ich / HErr / durch dich /
Mir selber war ich todt / dein Engel wacht um mich /
Stets neu gebohren wird / den GOtt wil stets begütten.
(Gryphius, *Auf das grausame Ungewitter*)

Reiner Reim
Reimsilben zweier Verse sind vollkommen identisch
Beispiel: *verwesen, erlesen*

Rhetorische Fragen
(gr. *die Redekunst betreffend*)
Uneigentliche Fragen, die Zustimmung oder Ablehnung implizieren
Beispiel: *Ist damit nicht alles in bester Ordnung?*

Rhythmus
(zu gr. *fließen*)
Harmonische Sprachbewegung, die aus dem Metrum und der dem natürlichen Sinn folgenden Betonung resultiert

Rollengedicht
Lyrisches Ich spricht aus einer bestimmten Rolle heraus, die meist durch den Titel definiert wird Beispiel: Goethe, *Prometheus*, Bürger, *Der Bauer*

Romanze
Romanisches Gegenstück zur ⇒ Ballade
Beispiel: Heine, *Romanzero*

Romanzenstrophe
In altspanischer Dichtung: achthebiger, trochäischer Vierzeiler mit Mittelzäsur und Assonanz; in neuerer spanischer Lyrik vierhebiger, reimloser Vierzeiler mit Trochäen; in deutscher Poesie meist mit Kreuzreim und wechselnden Kadenzen
Beispiel:
Reich gezieret mit Geschenken
Seiner schönen Lindaraja,
Reiset ab der tapfre Gaul,
Geht nach Gelves zum Turniere.

Mit sich führet er vier Pferde,
Reich bedeckt mit goldnen Decken,
Wo sich tausendmal der Name
Bencerraja schlingt in Golde. (Herder, *Gazul und Zaida*)

Rührender Reim
Gleichklang zweier oder mehrere Wörter vom letzten betonten Vokal an, der auch die davor stehenden Konsonanten einschließt
Beispiel: *schwirrt es / Wirtes*

Satire
(lat. *mit verschiedenen Früchten gefüllte Opferschale*)
Keine Gattung, sondern eine Haltung, die mit allen literarischen Gattungen eine Verbindung eingehen kann. Kennzeichen: spöttische Haltung, die kritisiert und dadurch eine Verbesserung der Zustände erreichen will.
Beispiel:
Einst haben die Kerls auf den Bäumen gehockt,
behaart und mit böser Visage.
Dann hat man sie aus dem Urwald gelockt
Und die Welt asphaltiert und aufgestockt,
bis zur dreißigsten Etage.

Da saßen sie nun, den Flöhen entflohn,
in zentralgeheizten Räumen.
Da sitzen sie nun am Telefon
Und es herrscht noch genau derselbe Ton
Wie seinerzeit auf den Bäumen. (Kästner, *Die Entwicklung der Menschheit*)

Scherzgedicht
⇒ Nonsens-Gedicht

Schüttelreim
Reimspiel durch Vertauschung der anlautenden Konsonanten der Reimsilben
Beispiel: *Karl geht es heute richtig schlecht // Er gab mir vorhin sogar Recht.*

Schweifreim
⇒ Reimformen

Senkung
Unbetonte Silbe im Gegensatz zur betonten Silbe (⇒ Hebung). Bezeichnung z.B. mit ∪ oder x́

Sinnbild
Deutsches Wort für ⇒ Symbol bzw. ⇒ Emblem

Sinngedicht
Deutsches Wort für ⇒ Epigramm

Sonett
(zu ital. *Ton, Klang*)
Streng aufgebaute Gedichtform, bestehend aus zwei Quartetten und zwei Terzetten
Beispiel: Gryphius, *Thränen in schwerer Krankheit. Anno 1640*

Stabreim
⇒ Alliteration

Stanze
(ital. *Zimmer*)
Strophenform aus fünfhebigen jambischen Achtzeilern mit abwechselnd männlicher und weiblicher Kadenz und festgelegtem Reimschema:
ab ab ab cc
Beispiel:
Ihr naht euch wieder, schwankende Gestalten,
Die früh sich einst dem trüben Blick gezeigt.
Versuch' ich wohl, euch diesmal festzuhalten?
Fühl' ich mein Herz noch jenem Wahn geneigt?
Ihr drängt euch zu! nun gut, so mögt ihr walten,

Wie ihr aus Dunst und Nebel um mich steigt;
Mein Busen fühlt sich jugendlich erschüttert
Vom Zauberhauch, der euren Zug umwittert. (Goethe, *Faust I, Zueignung*)

Stil
(lat. *Griffel*)
Besondere Eigenart einer künstlerischen Darstellung

Stimmungslyrik
⇒ Erlebnislyrik

Strophe
(gr. *Wendung*)
Verbindung mehrerer Verse zu einer Sinneinheit als (auch optisches) Gliederungselement eines Gedichtes
Beispiel:
Zum Frühstück Meister Nikolas;
Die junge Hausfrau schenkt' ihm ein,
Es war im heitern Sonnenschein.
Die Sonne bringt es an den Tag.

Die Sonne blinkt von der Schale Rand,
Malt zitternde Kringeln an die Wand;
Und wie den Schein er ins Auge faßt,
So spricht er für sich, indem er erblaßt:
„Du bringst es doch nicht an den Tag."
(Chamisso, *Die Sonne bringt es an den Tag*)

Superlativ
(lat. *überragend*)
Höchststufe bei der Komparation des Adjektivs
Beispiel: *die einsamsten Lebewesen*

Symbol
(gr. *Kennzeichen, Merkmal*)
Konkrete Zeichen, die auf abstrakten Inhalt hindeuten
Beispiel: *Herz als Symbol für Liebe*

Synästhesie
(aus gr. *zusammen* + *Wahrnehmung*)
Vermischung verschiedener Sinneswahrnehmungen
Beispiel:
Betäubt kehr' ich den Blick nach oben hin,
zum Himmel auf - da lächeln alle Sterne;
ich kniee, ihrem Lichtgesang zu lauschen. (Mörike, *An die Geliebte*)

Synekdoche
(gr. *andeutend*)
Engerer Begriff steht für weiteren Begriff, ein Teil steht für das Ganze *(pars pro toto)*
Beispiel: *der Mensch für die Menschheit*

Takt
⇒ Metrum

Tautologie
(gr. *dasselbe + Wort*)
Ausdruck eines Sachverhaltes durch zwei sinnverwandte Wörter
Beispiel: *gut vnd recht* (Opitz, *Francisci Petrarchae*)

Terzine
Kettenreim (aba bcb cdc ded usw.), bestehend aus fünffüßigen Jamben
Beispiel:
Wir sind aus solchen Zeug wie das zu Träumen,
und Träume schlagen so die Augen auf
Wie kleine Kinder unter Kirschenbäumen,

Aus deren Krone den blaßgoldnen Lauf
Der Vollmond anhebt durch die große Nacht.
... Nicht anders tauchen unsre Träume auf.
(von Hofmannsthal, *Über die Vergänglichkeit III*)

Trias
(gr./lat. *Dreiheit*)
Drei-Wort-Häufung
Beispiel:
(...) schön besudelt mit Straf-
zetteln, Schweiß,
atomarem Dreck: (...) (Enzensberger, *Bildzeitung*)

Trochäus
(gr. *laufen*)
Zweisilbiger Versfuß, der aus einer langen (betonten) und einer kurzen (unbetonten) Silbe besteht
Beispiel: *Mauer* (–◡), *Leben* (–◡)

Umgangssprachliche Wendungen
Worte aus der gesprochenen Sprache
Beispiel:
Fällt hin der Mann. Steht auf
Kriegt Fresse voll. Ein Fotograf macht Geld
Mit seinem Blut. (...) (Haufs, *Jeden Tag*)

Umschließender Reim
⇒ Reimformen

Unreiner Reim
Reimsilben zweier Verse sind ähnlich, aber nicht identisch
Beispiel: *spannte/Lande*

Verbalstil
Art des Schreibens, bei der zahlreiche bedeutungstragende Verben vorkommen
Beispiel:
Drüben versinkt dir die Geliebte im Sand,
er steigt um ihr wehendes Haar,
er fällt ihr ins Wort,
er befiehlt ihr zu schweigen,
er findet sie sterblich
und willig dem Abschied
nach jeder Umarmung.
Sieh dich nicht um. (Bachmann, *Die gestundete Zeit*)

Vergleich
Verbindung zweier Bereiche mittels eines Vergleichspunkts (*tertium comparationis*), zumeist mit dem Vergleichswort wie
Beispiel: *Er ist so stark wie ein Löwe.*

Vers
(lat. *Reihe, Zeile, Umwendung*)
Gegliederte, poetisch gestaltete Wortfolge (Gegensatz: *Prosa)*
Beispiel:
Gemächlich in der Werkstatt saß
Zum Frühstück Meister Nikolas;
Die junge Hausfrau schenkt' ihm ein,
Es war im heitern Sonnenschein. –
Die Sonne bringt es an den Tag.
(Chamisso, *Die Sonne bringt es an den Tag*)

Versfuß
⇒ Metrum

Versmaß
⇒ Metrum

Volksballade
Mündlich überlieferte ⇒ Ballade mit meist einfachem Satz- und Strophenbau
Beispiel: Goethe, *Es war ein König in Thule*

Volkslied

Gereimtes Lied, das auf unbekannten Verfasser zurückgeht und eine große Popularität besitzt Beispiel: Arnim/Brentano: *Des Knaben Wunderhorn*)

Volksliedstrophe

Vierzeiler mit Kreuzreim, meist dreihebige Jamben mit abwechselnd männlicher und weiblicher Kadenz; meist allgemeinmenschliche Inhalte wie Schmerz, Abschied, Tanz, Tod
Beispiel:
In einem kühlen Grunde
Da geht ein Mühlenrad
Mein Liebste ist verschwunden,
Die dort gewohnet hat. (Eichendorff, *Das zerbrochene Ringlein*)

Waise

Reimloser Vers innerhalb eines gereimten Versgefüges
Beispiel: *Die Sonne bringt es an den Tag.*
(Chamisso, *Die Sonne bringt es an den Tag*)

Wiederholung

Begriffe oder ganze Sätze werden wortgleich mehrfach verwendet.
Beispiel:
Ich schreibe ein Gedicht.
Ich veranstalte eine Expedition.
Ich mache mich davon
aus Antwort und Beweis. (Weyrauch, *Mein Gedicht*)

Zäsur

(lat. *Einschnitt*)
Regelmäßig wiederkehrende Pause innerhalb eines Verses, durch die der Versfuß getrennt wird.
Beispiel: *Mir ist ich weiß nicht wie / ich seufftze für und für.*
Ich weine Tag und Nacht / ich sitz in tausend Schmertzen;
(Gryphius, *Thränen in schwerer Krankheit. Anno 1640*)

Zeugma

(gr. *Fessel, Joch*)
Ungewöhnliche Verbindung zweier Satzglieder, meist durch ein gemeinsames Prädikat
Beispiel: *Sie hat ein Auto und Kopfschmerzen.*

Quellennachweise

Albrecht von Johansdorf, *Ich vant âne huote.* In: Lachmann, K. et al. (Hrsg.), Des Minnesangs Frühling. Hirzel, Stuttgart 1962

Bachmann, Ingeborg, *Die gestundete Zeit.* In: Sämtliche Gedichte. Piper, München 1998

Bachmann, Ingeborg, *Entfremdung.* In: Liebe: Dunkler Erdteil. Piper, München ^{6}1997

Benn, Gottfried, *Reisen.* In: Wellershof , D. (Hrsg.), Gesammelte Werke. Bd. 3: Gedichte. Klett-Cotta, Stuttgart ^{10}1996

Benn, Gottfried, *Ein Wort.* In: Ebenda

Benn, Gottfried, *Morgue I. Kleine Aster.* In: Wellershof , D. (Hrsg.), Gesammelte Werke. Bd. 1: Gedichte. Limes, Wiesbaden 1960

Biermann, Wolf, *Und als wir ans Ufer kamen.* In: Preußischer Ikarus. Lieder. Balladen. Gedichte. Prosa. Kiepenheuer & Witsch, Köln 1978

Brecht, Bertolt, *An die Nachgeborenen.* In: Knopf , J. u.a. (Hrsg.), Bertolt Brecht. Werke. Bd. 12. Aufbau, Berlin/Weimar und Suhrkamp, Frankfurt/Main 1988

Brentano, Clemens, *Der Spinnerin Nachtlied.* In: Frühwald, W. (Hrsg.), Gedichte der Romantik. Reclam, Stuttgart 1984

Bürger, Gottfried August, *Der Bauer. An seinen durchlauchtigen Tyrannen.* In: Karthaus, U. (Hrsg.), Die deutsche Literatur. Sturm und Drang und Empfindsamkeit. Reclam, Stuttgart 1978

Celan, Paul, *Todesfuge.* In: Mohn und Gedächtnis. Deutsche Verlagsanstalt, Stuttgart ^{13}1994

Chamisso, Adelbert von, *Die Sonne bringt es an den Tag.* In: Reiners , L. (Hrsg.), Der ewige Brunnen. Beck, München ^{2}1985

Claudius, Matthias, *Der Tod.* In: Roedl, U. (Hrsg.), Werke. Cotta, Stuttgart 1966

Droste-Hülshoff, Annette von, *Das Spiegelbild.* In: Plachta, B., Wesler , W. (Hrsg.), Sämtliche Werke in zwei Bänden. Bd. 1: Gedichte. Deutscher Klassiker Verlag, Frankfurt/Main 1994

Eichendorff, Joseph von, *Mondnacht.* In: Nußbächer, K. (Hrsg.), Gedichte. Eine Auswahl. Reclam, Stutgart 1957

Eichendorff, Joseph von, *Stimmen der Nacht.* In: Novellen und Gedichte. München/Zürich 1961

Eichendorff, Joseph von, *Der Dichter.* In: Biallaß-Lankes, Brigitte et al. (Hrsg.), Blickpunkte. Winklers, Darmstadt 1989

Enzensberger, Hans Magnus, *Bildzeitung.* In: Gedichte 1950-1995. Suhrkamp, Frankfurt/Main 1996

Fried, Erich, *Macht der Dichtung.* In: Es ist was es ist. Wagenbach, Berlin 1983

Gellert, Christian Fürchtegott, *Der Tanzbär.* In: Poser, T. (Hrsg.), Fabeln. Reclam, Stuttgart 1975

Goethe, Johann Wolfgang von, *Prometheus.* In: Werke. Hamburger Ausgabe. Bd. 1. Wegner, Hamburg ^{7}1967
Goethe, Johann Wolfgang von, *Ganymed.* In: Ebenda
Goethe, Johann Wolfgang von, *Das Göttliche.* In: Ebenda
Goethe, Johann Wolfgang von, *Mailied.* In: Ebenda
Goethe, Johann Wolfgang von, *Gesang der Geister über den Wassern.* In: Ebenda
Goethe, Johann Wolfgang von, *Auf dem See.* In: Trunz, E. (Hrsg.), Goethe-Gedichte. Beck, München 1981
Grass, Günter, *Kinderlied.* In: Gedichte und Kurzprosa. Steidl, Göttingen 1997
Gryphius, Andreas, *Thränen in schwerer Krankheit. Anno 1640.* In: Szyrocki, M., Powell H., Gesamtausgabe der deutschsprachigen Werke. Bd. 1: Sonette. Niemeyer, Tübingen 1963
Gryphius, Andreas, *Auf das grausame Ungewitter / so den 24. Aug. 1654 entstanden.* In: Ebenda
Haufs, Rolf, *Jeden Tag.* In: Felderland. Gedichte. München, Wien 1986
Heine, Heinrich, *Belsazar.* In: Bode, D. (Hrsg.), Deutsche Gedichte. Eine Anthologie. Reclam, Stuttgart 1984
Heine, Heinrich, *Die schlesischen Weber.* In: Ebenda
Hess, Johann, *O Welt, ich muß dich lassen.* In: Krolow, K. (Hrsg.), Deutsche Gedichte. Insel, Frankfurt/Main 1982
Heym, Georg, *Der Krieg.* In: Schneider, K. (Hrsg.), Dichtungen und Schriften. Gesamtausgabe. Bd. 1: Lyrik. Ellermann, Hamburg/München 1964
Hofmann von Hofmannswaldau, Christian, *Vergänglichkeit der Schönheit.* In: Meid, V. (Hrsg.), Gedichte und Interpretationen. Bd. 1: Renaissance und Barock. Reclam, Stuttgart 1982
Kaschnitz, Marie Luise, *Nicht gesagt.* In: Gedichte. Suhrkamp, Frankfurt/Main 1975
Lichtenstein, Alfred, *Nebel.* In: Pinthus, K. (Hrsg.), Menschheitsdämmerung. Ein Dokument des Expressionismus. Rowohlt, Hamburg 1959
Lichtenstein, Alfred, *Abschied.* In: Kanzog, K. und Vollmer, H. (Hrsg.), Dichtungen. Arche, Zürich 1989
Luther, Martin, *Der XLVI. Psalm. Deus noster refugium et virtus.* In: Schmidt, J. (Hrsg.), Die deutsche Literatur. Ein Abriss in Text und Darstellung. Bd. 3: Renaissance, Humanismus, Reformation. Reclam, Stuttgart 1976
Mörike, Eduard, *An die Geliebte.* In: Göpfert, H. G. (Hrsg.), Sämtliche Werke. Hanser, München 1954
Neidhart von Reuental, *Uf dem berge und in dem tal.* In: Koschorreck, W. (Hrsg.), Minnesinger in Bildern der Manessischen Liederhandschrift. Insel, Frankfurt/Main 1975
Opitz, Martin, *Francisci Petrarchae.* In: Schulz-Behrend, G. (Hrsg.), Gesammelte Werke. Bd. 2. Stuttgart 1979

Rilke, Rainer Maria, *Ich fürchte mich so ...* In: Sämtliche Werke. Bd. 1. Insel, Frankfurt/Main 1976
Rilke, Rainer Maria, *Kindheit.* In: Der ausgewählten Gedichte anderer Teil. Insel, Frankfurt/Main 1966
Schiller, Friedrich, *Der Ring des Polykrates.* In: Turnitz, G. von (Hrsg.), Der Deutsche Balladenschatz. Heyne, München 1981
Schiller, Friedrich, *Das Lied von der Glocke.* In: Fricke, G. (Hrsg.) Gedichte. Reclam, Stuttgart 1952
Schröder, Rudolf Alexander, *Zum Totensonntag.* In: Gesammelte Werke. Bd. 1. Suhrkamp, Frankfurt/Main 1952
Stadler, Ernst, *Sterben.* In: Schneider, K. (Hrsg.) Dichtungen. Gedichte und Übertragungen. Ellermann, Hamburg 1954
Stadler, Ernst, *Vorfrühling.* In: Ebenda
Stadler, Ernst, *Form ist Wollust.* In: Ebenda
Stadler, Ernst, *Fahrt über die Kölner Rheinbrücke bei Nacht.* In: Rölleke, H. (Hrsg.), Der Aufbruch und ausgewählte Gedichte. Reclam, Stuttgart 1967
Storm, Theodor, *Abseits.* In: Conrady, K. (Hrsg.), Das große deutsche Gedichtbuch. Winkler, München 41995
Stramm, August, *Untreu.* In: Radrissani, R. (Hrsg.), Dramen und Gedichte. Reclam, Stuttgart 1979
Szymborska, Wislawa, *Werbeprospekt.* In: Dedecius, K. (Übers.), Deshalb leben wir. Gedichte. Suhrkamp, Frankfurt/Main 41996
Trakl, Georg, *In ein altes Stammbuch.* In: Killy, W., Szklenar, H. (Hrsg.), Dichtungen und Briefe. Otto Müller, Salzburg 21987
Trakl, Georg, *An die Verstummten.* In: Ebenda
Trakl, Georg, *Verfall.* In: Ebenda
Unbekannter Dicher, *Dû bist mîn.* In: Lachmann, K. et al. (Hrsg.), Des Minnesangs Frühling. Hirzel, Stuttgart 1962
Walther von der Vogelweide, *Ich saz ûf eime steine.* In: Wapnewski, P. (Hrsg.), Gedichte. Fischer, Frankfurt/Main 1962
Weyrauch, Wolfgang, *Mein Gedicht.* In: Gesang um nicht zu sterben. Neue Gedichte. Rowohlt, Reinbek bei Hamburg, 1956

Verwendete Fachliteratur:

Best, Otto, Handbuch literarischer Fachbegriffe. Fischer, Frankfurt/Main 1990
Lurker, Manfred, Wörterbuch der Symbolik. Kröner, Stuttgart 51991
Rötzer, Hans Gerd, Literarische Texte verstehen und interpretieren. Bd. 2. Manz, München 21995
Stephan, Rudolf, Das Fischer Lexikon Musik. Fischer, Frankfurt/Main 1961